Ullstein

ÜBER DAS BUCH:

Ein früher Seekriegsroman Kents, der stark durch eigenes Erleben geprägt ist. Er schildert den Kampf der britischen Torpedoschnellboote an der englischen Ostküste, vor Holland und im Kanal gegen den damals noch überlegenen deutschen Gegner zu Anfang der vierziger Jahre. Mit nur wenigen Monaten Kampferfahrung kommt der junge Leutnant Clive Royce zunächst als Erster Wachoffizier auf das Boot Nr. 1991. Schon bei einem der ersten Einsätze fällt sein Kommandant, und Royce muß selbst Verantwortung übernehmen und sich gegen den verhaßten Flottillenchef behaupten. In nächtlichen Gefechten gegen deutsche Geleitzüge und Schnellboote bewährt er sich und reift zu einem allseits geachteten Offizier heran, den das furchtbare Erleben jedoch schwer gezeichnet hat. Nur die Treue seiner Besatzung, die Kameradschaft der anderen Kommandanten und die Liebe zu einer verständnisvollen jungen Frau halten ihn aufrecht, als es zum Schlimmsten kommt.

DER AUTOR:

Alexander Kent kämpfte im Zweiten Weltkrieg als Marineoffizier im Atlantik und im Mittelmeer und erwarb sich danach einen weltweiten Ruf als Verfasser spannender Seekriegsromane. Seine marinehistorische Romanserie um Richard Bolitho machte ihn zum meistgelesenen Autor dieses Genres neben C. S. Forester. Seit 1958 mit *Schnellbootpatrouille* sein erstes Buch erschien, hat er über 50 Titel veröffentlicht, von denen die meisten bei Ullstein vorliegen. Sie erreichten bisher weltweit eine Gesamtauflage von etwa 24 Millionen und wurden in 14 Sprachen übersetzt. Alexander Kent, dessen wirklicher Name Douglas Reeman lautet, lebt in Surrey, ist Mitglied der Royal Navy Sailing Association und Governor der Fregatte *Foudroyant* in Portsmouth, des ältesten noch schwimmenden britischen Kriegsschiffs.

Alexander Kent

Schnellbootpatrouille

Roman

Ullstein

Ullstein Buchverlage GmbH & Co. KG,
Berlin
Taschenbuchnummer: 23792
Titel der Originalausgabe:
A Prayer for the Ship
Aus dem Englischen von
Hans und Hanne Meckel

Neuauflage der
deutschen Erstausgabe
4. Auflage August 1999

Umschlaggestaltung:
Hansbernd Lindemann
Umschlagillustration:
Chris Mayger

Printed in Germany 1999
Gesamtherstellung:
Ebner Ulm
ISBN 3 548 23792 4

Gedruckt auf alterungs-
beständigem Papier mit
chlorfrei gebleichtem Zellstoff

Die Deutsche Bibliothek –
CIP-Einheitsaufnahme

Kent, Alexander:
Schnellbootpatrouille : Roman /
Alexander Kent. [Aus dem Engl. von
Hans und Hanne Meckel]. –
Neuaufl. der dt. Erstausg., 4. Aufl. –
Frankfurt/M; Berlin: Ullstein, 1999
(Ullstein-Buch ; Nr. 23792 : Maritim)
ISBN 3-548-23792-4
NE: GT
Vw: Reeman, Douglas [Wirkl. Name]
→ Kent, Alexander

Vom selben Autor
in der Reihe
der Ullstein Bücher:

Atlantikwölfe (22151)
Aus der Tiefe kommen wir (23619)
Duell in der Tiefe (24639)
Der eiserne Pirat (23695)
Feindpeilung steht! (23784)
Feuer aus der See (24400)
Feuer aus der See/Atlantikwölfe
(24097)
Finale mit Granaten (23691)
Freiwillige vor! (24305)
HMS Saracen (23935)
In der Stunde der Gefahr (22509)
Insel im Taifun (23692)
Kanonenboot (24173)
Kurs Hongkong (23779)
Mittelmeerpartisanen (23938)
Das Netz im Meer (24482)
Operation Monsun (24403)
Rendezvous im Südatlantik (23790)
Rückkehr von den Toten (24395)
Torpedo läuft! (23688)
Die U-Boot-Jäger (22900)
Unter stählernen Fittichen (23793)
Die weißen Kanonen (22403)
Wrack voraus (23796)
Die Zerstörer (24301)

Außerdem 24 marinehistorische
Romane um Richard Bolitho
sowie 3 Romane um die Blackwood-
Saga

Dienstgradvergleich

Royal Navy	*Deutsche Kriegsmarine*
Rear-Admiral	Konteradmiral
Captain (RN)	Kapitän zur See
Commander	Fregattenkapitän
Lieutenant-Commander	Korvettenkapitän, Kapitänleutnant
Lieutenant	Oberleutnant zur See
Sub-Lieutenant	Leutnant zur See
Midshipman	Fähnrich/Oberfähnrich zur See
Chief Petty Officer	Oberfeldwebel/Feldwebel/ Bootsmann
Petty Officer	Unteroffizier
Leading Seaman	Gefreiter
Able Seaman	Obermatrose
Ordinary Seaman	Matrose
Royal Naval Reserve/RNR	*Königliche Marine-Reserve:* Männer der Handelsmarine, Berufsseeleute, die im Kriegsfall zur Royal Navy einberufen wurden.
Royal Naval Voluntary Reserve (RNVR)	*Freiwillige Marine-Reserve:* andere Berufe, häufig Freizeitsegler u. ä., die nach freiwilliger Meldung durch die Marine ausgebildet und für die Kriegsdauer eingezogen wurden.
WREN	*Woman Royal Naval Service:* weiblicher Marinehilfsdienst, als Kraftfahrer, im Fernmeldedienst und als Stabshelferinnen eingesetzt.
WAAF	*Woman Auxiliary Air Force:* weiblicher Luftwaffen-Hilfsdienst, Verwendung entsprechend WREN

Bezeichnung und Bewaffnung britischer und deutscher Schnellboote

Britisch

Motor Torpedo Boat	MTB	Torpedoschnellboot
Motor Gun Boat	MGB	Motor-Kanonenboot
Motor Launch	ML	Motorbarkasse (Minenleger)

Artillerie-Bewaffnung

Bofors Doppellafette	40 mm
Örlikon	20 mm
Maschinengewehr	12,7 mm

Deutsch

Schnellboote	S-Boote

Artillerie-Bewaffnung

2 Geschütze	20 mm

1

Auf die Liegeplätze der Marine rauschte der Regen herab, über die Bucht pfiffen Hagelböen und peitschten die grauen Wasser zu schaumgekrönten, wild durcheinanderlaufenden Wellen. Durch die öden Gassen am Hafen röhrte der Wind und fegte über die vor Nässe triefenden Anleger. Die Kriegsschiffe zerrten an ihren Ankerketten und Trossen. In glitzerndem Ölzeug suchten zusammengekauerte Gestalten Deckung hinter Geschützschilden und flatterndem Segeltuch. Jenseits der Hafensperre taumelten die Sperrballone wie trunkene Wale in der Luft, auf dem schlammigen Gelände kämpften Bedienungsmannschaften mit quietschenden Verankerungen. Die See sah noch grauer aus als sonst, der Übergang von den dahinjagenden Wellen zum Horizont war kaum erkennbar. Einmal von steilen Wellen ganz verdeckt und im nächsten Augenblick seinen wasserüberspülten Kiel zeigend, kämpfte draußen ein einsamer Trawler gegen den Sturm, offensichtlich mehr darum bemüht, schwimmend zu bleiben als nach umherschleichenden U-Booten zu horchen.

Der Sturm ließ die hohen, rostgestreiften Bordwände des Mutterschiffs *Royston* zwar erbeben, trotzdem blieb es das ruhigste Fahrzeug im Hafen. Vor- und Achterleinen waren zum Zerreißen gespannt, das Deck war mit kleinen Salzhöckern bedeckt. *Roystons* Schützlinge – Motortorpedoboote und Motorkanonenboote – lagen in ungemütlichen Dreierpäckchen rund um sie herum, schlugen und scheuerten gegeneinander, obwohl Taufender und alte Autoreifen die rüttelnden Bewegungen abzufangen versuchten. Oben auf dem Hauptdeck spähte der Wachhabende hinüber zum Eisenbahnkai und beobachtete fluchend das Motorboot des Schiffes, das den Schutz der Mauer verließ und über den Strom auf ihn zutanzte. Der Bootssteurer signalisierte kurz mit der Hand und zog sich schnell wieder in das kleine Steuerhaus zurück. Der Deckswachhabende wandte sich der anderen Gestalt zu, dem Wachhabenden Offizier, der – trotz seines Ölzeugs bereits vom Regen durchnäßt – versuchte, ein Signal zu lesen.

»Motorboot kommt zurück«, rief er. »Ein Offizier an Bord.«

Lieutenant Pike zeigte »verstanden«.

»Lassen Sie die Wache raustreten, wir wollen das Boot einsetzen. Heute keine Fahrten mehr.«

Der Deckswachhabende zog seine Bootsmannsmaatenpfeife heraus und schaltete das Lautsprechermikrophon ein; Pike beobachtete mit zusammengekniffenen Augen, wie das Motorboot zum Hauptfallreep aufdrehte und mit gewohnter Präzision einhakte. Sein Blick ging hinüber zu dem nächstgelegenen Motortorpedoboot, dem einzigen, auf dem sich Leben zeigte. Ein paar Männer vom Instandsetzungstrupp des Mutterschiffs waren dabei, die Gefechtsschäden der vergangenen Nacht zu beseitigen. In dem Gefecht war der junge Erste Wachoffizier des MTB gefallen.

Nun kam mit dem Motorboot Ersatz für ihn. Pike erwiderte den Gruß des schlanken Offiziers, der in nagelneuem, vor Nässe glänzendem Mantel über die Gangway kam.

»Sub-Lieutenant Clive Royce meldet sich an Bord«, rief er.

Nach der Begrüßung geleitete Pike ihn zum ersten Eingang, wo mürrische Matrosen sein Gepäck aufnahmen.

»Gehen Sie in die Messe«, sagte Pike. »Der Commander ist gerade unten und möchte Sie sofort sehen.«

Royce nickte und trat in den Durchgang. Sofort waren die Sturmgeräusche nur noch gedämpft vernehmbar, und ein Gefühl der Geborgenheit umgab ihn. Er nahm Mantel und Mütze ab, zog seine Uniform glatt und warf vor der altmodischen Tür mit der Aufschrift »Offiziersmesse« einen kurzen Blick in den Spiegel. Ein freundliches Gesicht mit lebhaften braunen Augen und einem festen, doch wohlgeformten Mund blickte ihm daraus entgegen: Das Haar, nun von Mütze und Regen plattgedrückt, war dunkel, fast schwarz. Royce holte einmal tief Luft, schob die Tür zur Seite und trat ein. Die Offiziersmesse war prächtig eingerichtet und früher der Salon für die erste Klasse gewesen, als die *Royston* noch als Passagier- und Frachtschiff fuhr. Wände und Decke waren eichengetäfelt und mit Schnitzereien geschmückt, die ganze Schmalseite nahm eine lange, polierte Bar ein. Im Raum verteilt standen schwere rote Ledersofas und Sessel, alle ziemlich abgenutzt, doch offensichtlich bequem. In den meisten räkelten sich junge Offiziere, Magazine lesend, Radio hörend oder einfach vor sich hin dösend.

Ein freundlicher, rundgesichtiger Commander lehnte an der Bar und hörte einem ernst aussehenden Lieutenant zu, der immer wieder auf die Tischplatte schlug, als ob er etwas, das sonst keiner verstand, betonen wollte.

Der Neuankömmling hustete nervös. »Ich soll mich bei Ihnen melden. Mein Name ist Royce.«

»Sehr gut. Ich bin Commander Wright und kümmere mich um die Personalangelegenheiten der Boote. Als erstes werde ich also mal für Ihre Unterbringung sorgen.« Und mit einem strahlenden Lächeln: »Das ist Ihr Kommandant, Lieutenant Harston. Ich lasse Sie beide allein, damit Sie sich kennenlernen.«

Mit dreiundzwanzig Jahren war Harston fast schon ein Veteran im Ostküsten- und Kanalkrieg. In seinem bleichen, sensiblen Gesicht waren die ersten Zeichen der Strapazen bereits erkennbar. Sein Händedruck war überraschend fest, aber kühl.

Er sprach leise und überlegt.

»Ich habe mir die Mühe gemacht, Ihre Personalunterlagen vorher durchzusehen. Wenn es wieder losgeht, werden wir dazu keine Zeit mehr finden.«

Er unterbrach sich und winkte dem Barmann mit dem Glas, der das jedoch übersah, weil er sich zuerst zwei älteren Offizieren an der Bar zuwandte.

Schulterzuckend fuhr er fort: »Schrecklicher Service

hier. Also, dann wollen wir mal: Sie sind zwanzig Jahre alt und seit drei Monaten Offizier. See-Erfahrung: ebenfalls drei Monate auf einem U-Boot-Jäger. Da werden Sie wahrscheinlich einen Unterschied merken, wenn Sie dreieinhalbtausend PS unter den Füßen haben. Verbessern Sie mich bitte, wenn ich mich irre, aber ich glaube, Sie haben als Yachtkonstrukteur angefangen, ehe Sie zur Marine kamen. Hat das irgendeinen Zusammenhang?«

»Die See, kleine Boote und all das haben mich immer fasziniert«, entgegnete Royce stockend.

»Sie meinen, Sie haben keine Ahnung, sind aber ein hart arbeitender Junge und bereit zu lernen. Ich bete nur darum, daß Sie mehr Zeit zum Lernen kriegen als Ihr Vorgänger«, setzte er erbittert hinzu. »Na, egal, morgen führe ich Sie durch das Boot, und morgen abend werden wir, fürchte ich, wieder auslaufen. Jetzt aber wollen wir uns diesen verdammten Steward schnappen und auf die Sonderzulagen oder so was trinken.«

Im weiteren Verlauf des Abends hatte Royce reichlich Zeit, seinen Vorgesetzten zu studieren und den für ihn typischen, atemberaubend schnellen Wechsel von Stimmung und Benehmen zu beobachten. Harston erzählte von seinen Erfahrungen in der Flottille und auf den Geleitzugwegen an der britischen Ostküste oder von den verrückten nächtlichen Vorstößen bis dicht unter die feindliche Küste; er beschrieb, weshalb und wie die einzelnen Unternehmungen zu einem Erfolg oder Fehlschlag wurden, und sprach leise und präzise, die blauen Augen mit leerem Blick in die Ferne gerichtet. Dann, mit einem Ruck, wurde er wieder unbeschwert und erzählte Jugendstreiche, wie er zum Beispiel einmal mit seinen Freunden einen Löschzug der Feuerwehr gestohlen hatte und durch die Stadt gerast war, die Militärpolizei hart auf den Fersen. Er lehnte sich in seinen Stuhl zurück und lachte seltsam schrill. »Das hat uns einen Mordsspaß gemacht. Aber sie haben uns nie erwischt. Der alte Benjy dort drüben hat immer noch einen Schlauch in seiner Kammer hängen.«

Immer wieder stellte er Royce seinen neuen Kameraden in der Bar vor und schien offensichtlich zufrieden, wie Royce auf die verschiedenen Typen reagierte. Da war zum Beispiel Ronnie Patterson, ein junger rotgesichtiger Mann aus dem Norden, dessen Aussprache einen Fremden zum Entsetzen bringen mußte, der hier aber offensichtlich überall beliebt war. Artie Emberson war Rechtsanwalt und sah auch so aus. Wenn er sich mit dem Steward über Drinks unterhielt, klang das, als befrage er einen dämlichen Zeugen. Benjy Watson, der unverbesserliche Spaßvogel, war nur aus reinem Glück bisher dem Kriegsgericht entgangen – zuletzt, als er in der Uniform eines gefangenen deutschen Offiziers ins Kino gegangen war. Sein spitzes, rosiges Gesicht überzog ein strahlendes Lachen, als er die Geschichte erzählte.

»Kein Mensch hat Notiz von mir genommen«, dröhnte er. »Und wenn ich nicht mit erhobenem Arm gegrüßt hätte, als ich an zwei Typen vom Heer vorbeikam, wäre es ein völlig nutzloser Landgang gewesen.«

Auch Jock Murray war Royce sofort sympathisch. Der kleine, ehemalige Fischer aus Aberdeen mit dem harten Gesicht, dessen Familie seit Generationen mit Schleppnetzen die Nordsee befahren hatte, war ein Mann weniger Worte und mit nur einem einzigen Interesse: der See.

Eines war ihnen allen gemeinsam: Sie waren über ihre Jahre hinaus gealtert durch Erlebnisse, die Royce nur ahnen konnte.

Als die Jalousien der Bar mit einem Knall geschlossen wurden, was wilde Protestschreie hervorrief, begab sich Royce mehr schwankend als gehend hinunter in seine kleine Kammer, die in Hafenliegezeiten sein Heim werden sollte. Ein frisch gereinigter Raum, wo sein Vorgänger einst geschlafen, gedacht und gehofft hatte. Obwohl erst achtundvierzig Stunden tot, waren die letzten seiner irdischen Spuren bereits beseitigt.

So begann für Clive Royce der Krieg. Unter dem endlosen Regen, der an die Wand seiner Kammer peitschte, fiel er in einen tiefen, traumlosen Schlaf.

Royces erster Tag bei der 113. Flottille dämmerte frisch und hell herauf. Der Sturm hatte sich während der Nacht ausgetobt, nur der Geruch von feuchtem Ölzeug und ein paar Pfützen auf den Segeltuchabdeckungen legten Zeugnis ab von dem wolkenbruchartigen Regen. Im ganzen Hafen herrschte reger Betrieb. Motorboote und Barkassen hasteten zwischen ihren Mutterschiffen hin und her, Schiffsbesatzungen und Stützpunktpersonal gingen an ihre Tagesarbeit.

Begeistert und eifrig sprang Royce vom Mutterschiff auf den Laufsteg zum ersten Motortorpedoboot, angeregt durch das offenherzige Vertrauen der anderen Offiziere beim Frühstück und auch durch eine etwas pompöse Ansprache des Stützpunkt-Operationsoffiziers über »die Nation, die in ihrer Stunde der Not von diesen jungen Männern abhängt«. Da lag es, sein Boot: niedrig, grau und schlank, die Nummer 1991 groß auf den Bug gemalt, das Deck voller Gestalten in Overalls. Ein kleiner, rundlicher Mann, die abgenutzte Unteroffiziersmütze schief über das struppige blonde Haar gezogen, richtete sich auf, grüßte und legte einen riesigen Schraubenschlüssel ab.

»Petty Officer Raikes, Sir, der Bootsmann. Ich nehme an, Sie sind der neue Offizier?« Er sprach mit einem leichten Liverpooler Akzent und schien sich über die untadelige Uniform von Royce zu amüsieren. »Der Kommandant ist dort hinten, Sir. Ich nehme an, er erwartet Sie.«

Lag in seiner Stimme ein Anflug von Sarkasmus? Royce war sich nicht ganz sicher, vielleicht war es nur die versteckte Verbitterung des erfahrenen Untergebenen gegenüber einem vorgesetzten Amateur.

»Danke, Bootsmann«, nickte er und schritt nach achtern. So war's richtig, dachte er, immer knapp und sachlich.

Er fand Harston auf einer Rauchbombe sitzend, vertieft in ein Gespräch mit einem Mann mit Melone, wohl einem leitenden Herrn von der Werft.

Royce lächelte. »Melde mich zur Einweisung, Sir. Übrigens ein herrlicher Tag nach dem Sturzregen, in den ich gestern geraten bin.«

Schnell wie eine Katze erhob sich Harston. »Wenn ich Ihre Ansichten über das Wetter hören will, lasse ich es Sie wissen«, stieß er hervor. »Vielleicht interessiert es Sie aber, daß ich seit sechs Uhr dreißig hier bin und zu erreichen versuche, daß die Reparaturen endlich beendet werden. Während Sie zweifellos bei angenehmem Geplauder ein hervorragendes Frühstück genossen haben, habe ich Ihren Dienstplan festgelegt.«

Royce errötete und stammelte, völlig verblüfft über diesen unerwarteten Angriff: »Der Operationsoffizier hat mich aufgehalten, Sir, er sagte ...«

»Das interessiert mich nicht. Wenn Sie eine Stütze auf einem kleinen Schiff sein wollen und nicht eine Null auf einem Schlachtschiff, müssen Sie sich ranhalten und die Kasernenroutine vergessen. Wir fangen hier nicht erst um neun Uhr an, mit drei Stunden Mittagspause. Wir bleiben in Gang, bis die Arbeit getan ist. Jetzt heißt das, dieses Boot so weit klarzumachen, daß es um zwanzig Uhr heute abend auslaufen kann.«

Er drehte sich zu dem gleichmütigen Herrn von der Werft um, der sich während dieses Anpfiffs plötzlich für die Relingstützen interessiert hatte.

Nun klang seine Stimme dunkel und müde. »In Ordnung, Angus, Sie tun das also für mich? Nett von Ihnen.« Ohne ein weiteres Wort schritt er zum Laufsteg. Als er über das andere MTB kletterte, wandte er sich um und rief nach dem Bootsmann.

»Veranlassen Sie, daß sich die Männer so schnell wie möglich um die Geschütze kümmern, ich möchte keine Störungen mehr erleben. Und besorgen Sie einige Overalls für Sub-Lieutenant Royce. Danach zeigen Sie ihm das Boot bis in den letzten Winkel. Ich werde jetzt erst mal frühstükken, falls man mir noch was übriggelassen hat.«

Royce sah ihn die Leiter hochklettern und verschwinden. Er war tief erschüttert. Das war also der Kerl, der ihm am Vorabend geraten hatte, sich keine Gedanken zu machen.

Der behäbige Mr. Angus hustete neben ihm. »Ich gehe jetzt. Ärgern Sie sich nicht über ihn, mein Junge, er ist der Beste von allen, und ich hab' schon einige erlebt. Aber er ist schon zu lange dabei und wohl ziemlich fertig.« Er schlug Royce schwer auf die Schulter und verschwand ebenfalls.

Während der nächsten Stunde kletterten und krochen Royce und der Bootsmann über jede Handbreit des dreißig Meter langen Bootes, wobei Raikes auf diese und jene Dinge hinwies, von denen er glaubte, daß sie von Interesse seien. Seine persönlichen Bemerkungen behielt er noch für sich, bis er herausgefunden hatte, mit was für einem Offizier er es da zu tun hatte.

Als er sich am späteren Morgen bei einem Schluck Rum dem Maschinenmaat »Pony« Moore anvertraute, meinte er: »Man weiß ja nie, was mit diesen Reserveoffizieren los ist. Manche hören so brav wie Babys zu, während du versuchst, sie vor einer Blamage zu retten, aber beim nächsten Mal melden sie dich zum Rapport, weil du irgendwas nicht so gemacht hast, wie sie's gern hätten.«

»Wann wirst du endlich lernen, Tom, daß alle Offiziere Scheißkerle sind?« war Moores einzige Antwort.

Royce jedoch erfuhr auf diese Weise, daß Flottille 113 die Aufgabe hatte, die beiden Hauptgruppen an der Ostküste, die von Harwich beziehungsweise von Yarmouth aus operierten, zu unterstützen. Aus diesem Grund waren ihre Einsätze nach Art und Zeitpunkt sehr verschieden, was den ganzen Stützpunkt ständig in Trab hielt.

Schließlich kehrten sie auf die kleine offene Brücke zurück, und der Bootsmann wies auf ein Sprechgerät in einer Ecke.

»Dies ist unser neuestes Gerät, Sir, für den Funksprechverkehr innerhalb der Gruppe. Damit kann das Führerboot uns unmittelbar anrufen und zum Beispiel über die Angriffsform sprechen. Das ist vor allem bei Nacht eine große Hilfe, wenn man keine Signallampen benutzen und meistens nicht mal den Vordermann sehen kann.«

»Hat irgendeines der Boote schon Radar?«

»Ach du lieber Himmel, nein, Sir«, lachte Raikes. »Um Radar stehen sie die ganze Küste entlang Schlange. Der nächste Krieg wird vorbei sein, bevor wir auch nur ein Gerät zu sehen kriegen.«

Plötzlich straffte er sich. »Kommandant kommt an Bord, Sir. Ich verschwinde jetzt, um die Geschützbedienungen aufzuscheuchen. Die Steuerbord-Örlikon ist in verdammt schlechtem Zustand.«

Gut gelaunt betrat Harston die Brücke. »Wie steht's, IWO*«, fragte er. »Alles kapiert?«

»Jawohl, Sir«, erwiderte Royce kalt. »Ich werde versuchen, mich nicht zu blamieren.«

Ein prüfender Blick traf ihn. »Nehmen Sie's nicht zu schwer, IWO, wir haben alle mal anfangen müssen. Nun schieben Sie ab zum Mutterschiff, lassen Sie sich Ihre Sonderbekleidung aushändigen, und melden Sie sich um zwölf Uhr im Geschäftszimmer des Flottillenchefs. Er möchte all seine neuen Jungs kennenlernen. Ehe sie sich blamieren«, setzte er trocken hinzu.

Man wies ihn sofort im Geschäftszimmer, dem früheren Büro des Zahlmeisters, zu Lieutenant Commander Arnold Paskins. Der Reserveoffizier, früher Autor, Yachtsegler, Bergsteiger und jetzt Chef der Flottille, konnte auf zwanzig Gefechte und zwei DSC** hinweisen. Groß, schlank und drahtig, mit einem scharfgeschnittenen, wohlgeform-

* Erster Wachoffizier

** Distinguished Service Cross, britische Kriegsauszeichnung (Anm. d. Übers.)

ten Gesicht und klarem, ruhigem Blick, erhob er sich hinter dem mit Funksprüchen, Fotografien und Seekarten bedeckten Schreibtisch.

»Setzen Sie sich, Royce. Ich halte es für richtig, Sie so bald wie möglich darüber zu unterrichten, was Ihnen hier blüht. In keinem Zweig der Streitkräfte tragen so junge Offiziere so große Verantwortung – Kerle wie Sie, die noch vor wenigen Monaten zu Hause entweder beachtliche Stellungen innehatten, auf die Universität gingen oder wie ich«, er grinste, »einfach das Leben genossen. Ich habe Ihre Papiere durchgesehen und bin zufrieden. Wenn Ihnen die Deutschen genügend Zeit lassen, sehe ich keinen Grund, warum Sie es nicht schaffen sollten. Sie wissen, daß wir heute abend auslaufen. Wenn etwas schiefgeht, müssen Sie möglicherweise das Boot in den Morgenstunden nach Hause bringen. Trauen Sie sich das zu?« Sein durchdringender Blick fixierte ihn.

Nach den Erlebnissen heute morgen scheint mir das noch verhältnismäßig einfach, dachte Royce. Laut sagte er nur: »Ich werde mein Bestes tun, Sir.«

Das Gespräch war beendet, er verließ den Raum. Paskins wandte sich erneut dem endlosen Papierkrieg zu.

Das Lagezimmer auf der *Royston* war voller Lärm, wie immer vor dem Auslaufen. Die Stühle vor den großen Wandkarten waren bereits mit Kommandanten und ihren Ersten Wachoffizieren besetzt. Sie schwatzten, riefen sich lebhaft etwas zu oder notierten Anmerkungen und Änderungen auf ihren Karten. Harston und Royce fanden zwei Stühle in der ersten Reihe. Nachdem sie alle begrüßt hatten, erläuterte Harston Royce die Einsatzgebiete auf der großen Hauptkarte. Erst als Commander Wright, Paskins und ein R.A.F.*-Offizier den Raum betraten, trat Ruhe ein.

* Royal Air Force, Luftwaffe

»Nehmen Sie Platz, meine Herren«, dröhnte Wright. »Es darf geraucht werden.«

Man hörte das Zünden von Streichhölzern, das Klicken von Feuerzeugen, und als die Pfeifen brannten, fuhr Wright fort: »Dies ist das Einsatzgebiet für heute nacht.« Er zeigte mit einem langen Stock darauf. »Sie erkennen, daß der regionale Küstengeleitzug etwa um Mitternacht den großen, nach Norden gehenden Geleitzug etwa hier passiert. Und da es sehr dunkel und bedeckt sein wird, können Sie mit einigem Ärger rechnen.«

Als nächster sprach der R.A.F.-Offizier, der Einzelheiten über den örtlichen Flugverkehr und den Jagdschutz in diesem Gebiet erläuterte. Er hatte eine langweilige, uninteressierte Stimme, und während er monoton vor sich hinredete, überdachte Royce die Geschehnisse des Tages. Unwillkürlich mußte er lächeln. Sein Kommandant war den ganzen Nachmittag außerordentlich hilfreich und freundlich gewesen und hatte anscheinend den Zusammenstoß am Morgen vergessen. Nun saß er vorgebeugt auf der Stuhlkante und hörte gespannt zu. Sein Gesicht strahlte vor jungenhafter Begeisterung und schnellem Begreifen. Es war ihm wohl kaum bewußt, daß er Royce beinahe dazu gebracht hatte, jedes Vertrauen in sich selbst zu verlieren.

Der Luftwaffenoffizier setzte sich, und sofort sprang Commander Wright auf. »Noch Fragen, meine Herren?«

Einer nach dem anderen erhoben sich die einzelnen Kommandanten und stellten ihre Fragen. Wetterbericht, feindliche Schiffsbewegungen, Erkennungssignale und eine Menge Einzelheiten, die Royce und die anderen Wachoffiziere auf ihre Notizblöcke kritzelten, kamen zur Sprache. Schließlich war die Einweisung zu Ende. Gruppenweise eilten sie zurück auf ihre Boote, die sich nun leicht in einer sanften Dünung wiegten.

Zitternd vor Erregung zog Royce seinen einteiligen, wasserdichten Overall über. In seinem Kopf wirbelten die

Anweisungen durcheinander, aber er war fest entschlossen, seinem Kommandanten nicht wieder Grund zur Klage zu geben. Jetzt hatte er niemanden mehr, an den er sich um Rat und Hilfe wenden konnte, das alles lag hinter ihm. Dies hier war die Front, und dennoch hätte er mit keinem anderen getauscht, trotz der langsam stärker werdenden Furcht. Furcht wovor? Vor dem Tod oder davor, daß er es nicht schaffen würde? Mit kurzem Ruck schloß er den Reißverschluß, drückte die Mütze auf und trat an Deck.

Harston beugte sich über das Brückenkleid und unterhielt sich laut mit Artie Emberson auf Nr. 1993, das längsseit lag. Dieser winkte mit einem Exemplar des *Daily Mirror*.

»Da steht, daß irgendein Kerl im Unterhaus erklärt hat, wir seien entbehrlich. Also müssen wir unsere Benzinmotoren weiter behalten, denn Diesel sind für uns anscheinend zu teuer. Wenn du also demnächst in Flammen stehst, alter Junge, denk dran: Niemand liebt dich!«

Harston grinste. »Ich hätte gern ein paar von diesen Flaschen auf meinem letzten Einsatz mit dabei gehabt. Da hätten sie sehen können, wie es ist, auf einer Zeitbombe zu schwimmen.«

»Na komm, komm«, stichelte Emberson. »Sei nicht so verbittert; hast du noch nicht gemerkt, daß Krieg ist?«

Harstons Entgegnung ging in ohrenbetäubendem Getöse unter, denn Embersons Motoren sprangen an. Royce roch die starken Dämpfe hochoktanigen Benzins. Qualm hüllte die Boote ein, dann sank das Getöse zu gleichmäßig pulsierendem Pochen ab. Emberson wickelte sich einen leuchtendgelben Schal um den Hals, grüßte Harston mit erhobenem Daumen und wandte sich dann ab, um die letzten Vorbereitungen zum Auslaufen zu treffen.

»Gut«, sagte Harston, als Royce auftauchte. »An die Leinen und klar zum Loswerfen.« Er lächelte kurz. »Der alte Artie hat das schnellste Boot der Flottille und tut alles, damit wir das nicht vergessen. Doch wenn wir draußen sind, werden wir's ihm zeigen.«

Auf dem engen Vorschiff beaufsichtigte Leading Seaman Parker, ein zäher, tüchtiger Mann in Ölzeug und dikken Lederhandschuhen, die Vorbereitungen zum Ablegen. Er warf einen abschätzenden Blick auf den neuen IWO, der nach vorn kam.

Royce erwiderte den lässigen Gruß. »Sie sind wohl Parker«, sagte er. »Machen Sie weiter, besetzen Sie die Leinen, klar zum Loswerfen.«

Er wollte noch hinzufügen, daß er sich nicht in Parkers Routinearbeit zu mischen gedenke, da fühlte er, wie das Boot erbebte und die Hauptmaschinen hustend ansprangen. Daß dieses leicht gebaute Boot solche Erschütterungen aushalten konnte, hätte er nicht gedacht; amüsiert bemerkte er, daß Parker wie ein Pudding auf dem Teller zitterte.

Parker wartete, bis die Maschinen in gleichmäßiges Rumpeln übergegangen waren, und rief dann: »Gehen wir nun nach diesem Einsatz in die Überholung oder nicht, Sir?« Seine heisere Cockney-Stimme übertönte ohne weiteres das Getöse, selbst den leicht besorgten Ton konnte Royce heraushören.

»Machen Sie sich Sorgen, Parker?« lachte Royce; die drei anderen Seeleute, die sich an die Reling lehnten, kicherten.

»Ich bin lange genug auf diesem Boot, um mir mit Recht Sorgen zu machen«, antwortete Parker verächtlich und spuckte über Bord.

Royce lief bei diesem unerwarteten Ausbruch rot an. Er bemerkte, daß die anderen Seeleute das Geschehen gespannt beobachteten.

»Das reicht«, bellte er, selbst über den Ton seiner Stimme überrascht. »Aber Sie sind offensichtlich noch nicht lange genug an Bord, um gelernt zu haben, wie man sich beherrscht. Und nun gehen Sie an die Leinen!«

»Aye, aye, Sir«, antwortet Parker gedehnt und wandte sich mit zornigem Gesicht ab.

Royce, wütend auf Parker und sich selbst, ging zur Brücke, wo der Kommandant durchs Glas zum Signalturm hinüberspähte. Allmählich wurde ihm klar, daß zum Offizier mehr gehörte als nur die Uniform. Wie konnte er zeigen, daß er lernen wollte, ohne gleichzeitig töricht zu wirken? Und wie konnte er sich Harstons leichte Art im Umgang mit der Besatzung aneignen, ohne als Schwächling zu gelten?

Seine Gedanken wurden unterbrochen vom hartnäckigen Blinken eines starken Scheinwerfers auf dem Signalturm. Harston gab seine knappen Befehle. »Leinen los, vorn absetzen.« Und in das Sprachrohr an seiner Seite: »Alle Maschinen langsame Fahrt voraus. Steuerbord zehn.«

Die Männer auf dem Mutterschiff warfen die glitschigen Drahttrossen los, die kurz ins Wasser klatschten und, ehe sie sich um die arbeitenden Schrauben wickeln konnten, eilig eingeholt wurden. Mit bebendem Rumpf drehte das Boot in weitem Bogen vom Liegeplatz ab und nahm als fünftes in der Reihe der acht die Sperrlücke ansteuernden Boote seinen Platz ein. Lieutenant-Commander Paskins, der dienstälteste Kommandant und Flottillenchef*, fuhr mit seinem neu gemalten Boot, dessen Nummer 2001 in der untergehenden Sonne leuchtete, an der Spitze. Royce konnte sehen, wie er mit seinem Glas die Flottille prüfend absuchte, und fühlte sich durch seine Gegenwart irgendwie beruhigt. Auf die Brücke zurückgekehrt, meldete er, daß im Boot alles seefest gezurrt sei. Da sprang das Funksprechgerät an.

»An alle Kommandanten, hier ist das Führerboot. Schließen Sie dicht auf, halten Sie Position, und achten Sie gegen

* In der Royal Navy führt der dienstälteste Kommandant die Flottille in See und im Gefecht, außerdem ist er für Ausbildung und Disziplin zuständig. (Anm. d. Übers.)

Mitternacht auf die Erkennungssignale des Geleitzugs. Wir haben heut' nacht keinen Mond, also fahrt mir nicht hinten rein!«

Mit einem Klicken schaltete der Lautsprecher ab. Harston grinste; auf See wirkte er gelockerter.

»Wirklich ein brauchbares Ding, besser als die Signallampen. Die verdammten Signalgasten sind im Gefecht immer zu aufgeregt.«

Über die starke, jedoch weiche Dünung glitten die Boote in einen blutroten Sonnenuntergang, der das glitzernde Wasser mit Millionen prächtiger und ständig wechselnder Schattierungen bemalte; in diesem wogenden, farbigen Zerrbild wurden die Boote mit fortschreitender Dämmerung zu vagen dunkleren Klecksen.

»Ich haue mich für zwei Stunden aufs Ohr«, sagte Harston. »Das gibt Ihnen Zeit, ein Gefühl für das Boot zu entwickeln. Außerdem bin ich dann frisch, wenn ich später gebraucht werde.« Er lächelte. »Also, IWO, sie gehört ganz Ihnen.« Und plötzlich stand Royce allein auf der Brücke.

Sein Blick wanderte über das dunkler werdende Vorschiff, wo die Bedienungsmannschaft der Schnellfeuerkanone rund um ihr Geschütz kauerte, über den Bug zum tanzenden Heck von Embersons Boot und den weißen Schaumstreifen, der sie alle zu verbinden schien.

Von irgendwoher klirrte eine blecherne Stimme: »Able Seaman Lewis meldet sich als Rudergänger, Sir.« Royce tastete sich zum unsichtbaren Sprachrohr und bestätigte die Meldung. Das bedeutete, der verläßliche Bootsmann trat vom Ruder ab und übergab es dem üblichen Rudergänger.

»Kakao, Sir?« Die gemurmelte Frage beruhigte ihn. Signalgast Mead, ein schlanker Siebzehnjähriger, der erst vor einem Monat an Bord gekommen war, schob ihm einen dampfenden Becher hin. Dankbar fühlte Royce die heiße Schokolade durch seinen Körper rinnen.

»Das hat mir gefehlt«, lächelte er. »Sie sind auch neu hier, was?«

»Jawohl, Sir, meine Ausbildung war im vergangenen Monat zu Ende. Ich hatte gehofft, Offiziersanwärter zu werden, aber vermutlich hielt mich niemand für den richtigen Typ.« Er grinste wehmütig.

Royce beruhigte ihn hastig und wollte ihm gerade versprechen, sich der Sache anzunehmen, als sein Blick zufällig wieder nach vorne wanderte. Mit Entsetzen stellte er fest, daß Embersons Boot außer Sicht gekommen war. Ein hastiger Blick auf den Kompaß sagte ihm, daß sie auf dem richtigen Kurs waren, dann schrie er ins Sprachrohr: »Alle Maschinen volle Kraft voraus. Kurs halten!«

Dem erschreckten Mead brüllte er zu: »Geben Sie ans nächste Boot: ›Erhöhe Fahrt, dranbleiben.‹«

Als die Lampe zu klappern begann, machte das Boot einen Satz nach vorn, warf beiderseits des Bugs zwei Schaumwälle auf und hob sich unter der hohen Geschwindigkeit wie ein Delphin aus dem Wasser. Angestrengt spähte Royce voraus in die Dunkelheit und schwitzte vor Angst. Wenn er gleich auf der ersten Fahrt den Rest der Flottille verlor, würde ihn Harston endgültig an die Luft setzen. Verdammter Kakao, verdammter Signalgast! Wenn er doch nur . . . Ein Entsetzensschrei kam vom Geschütz.

»Boot recht voraus. Genau voraus!«

Da war es auch schon, nur etwas an Backbord. Der Abstand nahm beängstigend ab. Sein Kopf war plötzlich ganz klar, er hatte das seltsame Gefühl, daß nun alles aus war.

»Hart Steuerbord. Stopp! Alle Maschinen äußerste Kraft zurück!«

Das Boot drehte hart nach Steuerbord, die Maschinen brüllten auf. Von irgendwo kam das Geräusch zerbrechenden Geschirrs. Immer noch stürmten sie voraus, bis auf dem anderen Boot jede Einzelheit zu erkennen war. Dann, als ein Zusammenstoß unvermeidlich schien, begannen die Maschinen zu wirken, und mit aufreizender

Langsamkeit drehte Nr. 1991 und glitt am Steuerbord-Achterschiff des anderen Bootes entlang.

Gerettet! Royce leckte sich die zitternden Lippen. »Alle Maschinen langsame Fahrt voraus. Alte Position einnehmen, Rudergänger.«

Embersons Lautsprecher klickte. »Mama, da war jemand an meiner Hintertür!«

Royce winkte ihm erleichtert zu und beobachtete besorgt, wie die anderen Boote sich einreihten und die Fahrt in geordneter Reihe wiederaufnahmen.

Dann erst bemerkte er Harstons dunkle Gestalt unter der Brücke und wappnete sich für den zu erwartenden Anpfiff.

Statt dessen hörte er: »Gut gemacht! Es geht doch nichts über ein bißchen Leben in der Bude.« Und weg war er.

Als der Kommandant kurz vor Mitternacht wieder auf die Brücke kam, fand er seinen neuen IWO, die Augen fest auf den Vordermann geheftet, um eine Erfahrung reicher vor. Er mußte lächeln. Royce erfuhr besser nicht, daß der Bootsmann ihn mit der Meldung geweckt hatte, der neue Offizier habe offensichtlich die Gewalt über das Boot verloren und rase jetzt mit voller Fahrt in die übrige Flottille.

In großer Entfernung durchstieß ein winziges Licht die Dunkelheit. Sofort erwiderte das Führerboot diesen Anruf eines der Geleitfahrzeuge. Kurz darauf zogen die langsamen Handelsschiffe vorbei: Küstenfrachter, Tanker, Hochseefrachter, groß und doch so hilflos, abhängig von den fürsorglichen Geleitfahrzeugen, die wie Frettchen auf der Spur eines Kaninchens um den Geleitzug jagten.

Harston wies mit dem Kopf in die Richtung. »Schauen Sie sich diese armen Hunde an: ein Zerstörer aus dem Jahr 1917 und zwei umgebaute Fischdampfer. Es ist zum Verrücktwerden! Daß es so ist, haben wir den Politikern zu verdanken.«

Wenige Augenblicke später war der Geleitzug von der

Nacht verschluckt, und das anstrengende Geschäft des Positionhaltens begann von neuem. Harston blieb jetzt auf der Brücke. Eine scharfe Brise nahm den Wachgängern jeden Rest von Schläfrigkeit. Die kalte Pfeife zwischen den Zähnen, suchte der Kommandant mit seinem Nachtglas den Steuerbordhorizont ab.

»Um den Küstengeleitzug brauchen wir uns keine Sorgen zu machen«, bemerkte er. »Auf den großen, nordgehenden müssen wir aufpassen. Der wird hier auseinandergezogen, um ihn durch den von Minen geräumten Kanal zu bringen, und die deutschen Schnellboote haben es manchmal auf die Nachzügler abgesehen.« Er straffte sich. »Ah, da ist er ja. Genau pünktlich.«

Weit weg an Steuerbord voraus blitzte ein anderes Licht auf. Nach kurzer Zeit glitten die plumpen Schatten der langsamen Handelsschiffe vorbei. Ihre leeren Rümpfe ragten wie riesige Forts aus dem Wasser, die halb aufgetauchten Schrauben wirbelten weiße Schaumflecken in die tintenschwarze Nacht. Wieder jagten Geleitfahrzeuge hin und her, doch diesmal war die Bewachung stärker: zwei Zerstörer und ein paar Korvetten. Man wollte nichts riskieren.

Schiff nach Schiff schlingerte vorbei. Royce hörte auf zu zählen. Die letzte Dampfwolke eines altmodischen Frachters beschloß das Defilee.

Die Schnellbootflottille drehte auf Kurs Nordost, zum oberen Rand ihres Einsatzgebietes, und ging mit der Fahrt stark herunter; die Maschinen arbeiteten jetzt fast im Leerlauf, so daß man sich ohne zu brüllen verständigen konnte.

Harston stützte sich auf das Schanzkleid. »Tut's Ihnen schon leid, daß Sie bei uns eingestiegen sind, IWO?« grinste er.

Royce sah kurz vom matt erleuchteten Kompaß auf. »Ich komme schon zurecht«, sagte er nachdenklich. »Es fällt mir nur noch schwer, mich durchzusetzen ohne Rücksicht darauf, was die anderen denken.« Er nickte zu der zusammengekauerten Geschützbedienung hin. »Es ist so schwierig, die Leute dazu zu bringen, zu einem aufzusehen, ohne den Eindruck zu vermitteln, daß man auf sie herabsieht. Wenn Sie verstehen, was ich meine?« schloß er zögernd.

»Ach Gott, was für ein komplizierter Gedankengang!« Harstons dick eingemummte Gestalt schüttelte sich vor leisem Gelächter. »Aber ich weiß schon, was Sie meinen. Das geht uns anfangs allen so. Hören Sie auf mich: Versuchen Sie, kein endgültiges Urteil zu fällen, bis Sie die Burschen wirklich kennengelernt haben. Dann werden Sie ihnen überlegen sein.«

Sie versanken in zufriedenes Schweigen, bis eine Kanne heißen süßen Tees auf die Brücke gebracht wurde; die dampfende Wärme gab Royce neues Selbstvertrauen.

Einer der Ausguckposten auf der Brücke setzte seinen Becher ab. »Führerboot wendet, Sir! Kommt die Reihe entlang zurück.«

Paskins Boot fuhr langsam vorbei, und als es querab war, rief er durchs Megaphon: »Wir wollen hier warten für den Fall, daß der Jerry* jemanden herüberschickt, um den Geleitzug abzufangen.« Dann jagte er wieder an die Spitze der Flottille; die Boote stellten ihre Maschinen ab und schlingerten ungemütlich in der auffrischenden Brise. Breitbeinig standen die beiden Offiziere Rücken an Rükken, die Gläser in die Dunkelheit gerichtet. Mitfühlend beobachtete Royce den jungen Signalgast, der seinen ganz persönlichen Kampf mit der See führte und sich heftig übergab.

Eine halbe Stunde verstrich. Ihre Augen brannten, ihre Körper schmerzten vom ständigen Ausbalancieren der un-

* von German = Deutscher, Spitzname für deutsche Soldaten (Anm. d. Übers.)

regelmäßigen Schlingerbewegungen des ranken Bootes. Nur Harston schien vergnügt und munter.

Plötzlich erleuchtete ein heller, organgefarbener Blitz den Horizont, und Sekunden später scholl ein dumpfer Knall übers Wasser. Noch ehe er verklungen war, sprang der Lautsprecher an.

»Hier Führerboot. Freie Jagd!«

Harstons Befehle rissen Royce in die Wirklichkeit zurück: »Äußere Kraft voraus! Kurs West!«

Rundum sprangen die Maschinen keuchend an, in wilden Gischtwirbeln drängten die eleganten Boote nach Westen. Sie hüpften förmlich über die steilen, kurzen Wellen auf das Feuer in der Feme zu, das langsam schwächer wurde und dann, wie von Riesenhand gelöscht, verschwand. Embersons Boot war dem Rudel weit voraus, warf zwei hohe Gischtwände auf und bohrte sich wie ein grauer Rächer in die Nacht.

Royce kletterte zum Geschütz auf dem bockenden Vorschiff hinunter. Die Bedienung hob die Schutzbezüge ab und drehte ihre Waffe herum. Sein Herz klopfte wie verrückt, er spürte einen sauren Geschmack im Hals; die Angst griff mit eisigen Fingern nach seinem Magen, in seinem Kopf wirbelte es. Nur mit Mühe hielt er sich an der Reling aufrecht. Dann bemerkte er Leading Seaman Parker als Geschützführer, der mit hartem, starrem Gesicht das Geschütz mit seinen großen roten Händen gekonnt richtete. Einen Augenblick trafen sich ihre Blicke, und Parkers ernste Miene verzog sich zu einem Grinsen. »Jetzt werden Sie bald merken, warum ich endlich eine Überholung haben wollte«, rief er.

Royce lachte enthemmt und rief mit unnatürlich klingender Stimme zurück: »Die brauch' ich dann auch!«

Plötzlich fiel er ins Leere. Das Boot legte sich durch Hartruder auf die Seite. Aber Parker packte ihn gerade noch rechtzeitig und riß ihn mit einem Ruck zurück. Kurz fiel sein Blick auf Wrackteile im Wasser, denen Harston knapp ausgewichen war, sowie auf zwei hochgereckte weiße Gesichter, die sofort im kochenden Kielwasser verschwanden. Nr. 1991 drehte wieder auf Kurs und erreichte die letzten Schiffe des Geleitzugs. Royce sah vage glänzende schwarze Rümpfe und rostige Platten wenige Meter entfernt an sich vorbeiziehen. Über die Kolonne hinweg feuerte ein Zerstörer auf einen hakenschlagenden, silbergrauen Schatten, der von einer gutplazierten Leuchtgranate erhellt wurde.

»Deutsches Schnellboot in Grün eins-eins-null*!« schrie der Seemann mit dem Kopfhörer. Das Geschütz schwenkte weiter herum, doch das Ziel wurde jetzt von einem Tanker verdeckt der aus der Kolonne ausgebrochen war.

»Um Himmels willen, was macht er denn?« stöhnte Parker. Wie als Antwort zerriß eine neue Explosion die Nacht. Ein blendender Blitz erhellte Brücke und Aufbauten des getroffenen Tankers. Schneidender Schmerz schoß Royce durch die Augen, er duckte sich vor Schreck. Schon legte sich das Schiff im Todeskampf auf die Seite, im Licht der Brände an Bord konnten sie deutlich sehen, wie kleine, klägliche Gestalten die schrägen Decks hinabrutschten. Als sie am Bug des Tankers vorbeischossen, sahen sie, daß der Gegner schon auf sie zudrehte; der lange, niedrige Rumpf des Deutschen glänzte im flackernden Feuerschein. Mit ohrenbetäubendem Rattern eröffnete die Steuerbord-Örlikon das Feuer, rote Leuchtspuren schossen über die schnell abnehmende Entfernung. Dann fiel das dumpfe Bummbumm-bumm des Schnellfeuergeschützes ein. Immer näher kamen sich die beiden Boote. Royce sah von den Geschützen des Schnellbootes die grüne Leuchtspur scheinbar träge aufsteigen und direkt auf sie niedergehen. Er fühlte einen plötzlichen heißen Hauch an der Wange und

* Peilung: Grün für Steuerbord (in Fahrtrichtung rechts), Rot für Backbord (links), Zahlen für Winkel zur Mittschiffsachse

hörte das Klirren von Metall hinter sich, während irgendwo auf der Brücke Harstons kühle Stimme rief: »Aufpassen am Ruder, Bootsmann! Da ist ein anderes Schiff recht voraus!«

Unter dem Ruderdruck kreuzte das MTB scharf den Kurs des deutschen Schnellbootes, die Entfernung schrumpfte auf zwanzig Meter, doch dann verdeckte ihnen ein weiterer hoch aufragender Frachter die Sicht. Aus der Entfernung sahen sie, daß Embersons Boot die Verfolgung aufnahm. Die Leuchtspuren mischten sich zu einem neuen tödlichen Muster, dann wendete der deutsche Kommandant und brach resigniert das Gefecht ab. Aus dem Konvoi brach jedoch ein weiteres MTB hervor und eröffnete sofort das Feuer. Unter seinem konzentrierten Beschuß taumelte der Gegner und verlor an Fahrt; über seine Brücke und Decks züngelten kleine, orangefarbene Blitze, Teile der Aufbauten zerplatzten unter den Treffern. Unversehens kam das Schnellboot zum Stehen, brach in Flammen aus und sprühte brennenden Treibstoff über die See. In Sekundenschnelle legte es sich auf die Seite und verschwand mit grellem Zischen unter der Oberfläche. Die darauf folgende Stille zerrte an den Trommelfellen. Bebend fuhr sich Royce mit dem Handschuh über das kalte, nasse Gesicht und sog scharf die Luft ein, um seine Kehle vom Geschmack nach Pulver und Brand zu reinigen.

»Alles in Ordnung, Sir?«

Parker sah ihn aus der Düsternis heraus besorgt an. Unfähig zu sprechen, nickte Royce zitternd und war sich nur verschwommen seiner Umgebung bewußt.

Parker wandte sich seiner Geschützbedienung zu, die Royce interessiert beobachtete. »Aufgepaßt, ihr faulen Kerle!« bellte er. »Möglicherweise sind noch mehr von diesen Hunden in der Gegend! Also steht nicht rum und glotzt!«

Über dem Schanzkleid der Brücke erschien der helle Fleck von Harstons Kopf. »Gut geschossen!« rief er. »Sie können das Geschütz jetzt festmachen und die Munition wegräumen. Der Jerry hat das Gefecht abgebrochen. Kommen Sie auf die Brücke, IWO.«

Royce kletterte über die blinkenden Kartuschen zur Leiter, zwang sich, klar zu denken, und versuchte, die stürmischen Ereignisse in einen Zusammenhang zu bringen. Sofort überfielen ihn neue Zweifel, ob er für solch schreckliche Situationen tauglich war.

Mühsam versuchte er, seine Stimme zu beherrschen, und nickte in Richtung auf den Geleitzug. »Was geschieht nun, Sir? Bleiben wir dran, oder jagen wir hinter den deutschen Schnellbooten her?«

Harston sah ihn prüfend an. »Glücklicherweise keins von beidem. Dem Konvoi passiert jetzt nichts mehr, die Deutschen haben sich blutige Köpfe geholt. Eines ihrer Schnellboote hat unser fröhlicher Rechtsverdreher Artie versenkt, ein anderes hat der Zerstörer übel zugerichtet. Schade um die beiden Tanker«, setzte er hinzu, »aber wenigstens waren sie leer. Nur ihre Besatzungen tun mir leid, Gott weiß, was aus ihnen geworden ist. Ein paar Vorpostenboote suchen die armen Kerle.«

Er schaute nach einem kleinen Licht vor ihnen aus. Gleich darauf wandte er sich um, sein Gesicht wirkte plötzlich sehr müde. »Geben Sie mit der Lampe an das nächste Boot achteraus: ›Alte Formation einnehmen! Wir kehren zum Stützpunkt zurück.‹«

Royce zwang sich zu einem Lächeln. »Ist der Signalgast immer noch seekrank?«

Harston starrte ihn mehrere Sekunden lang an, ehe er antwortete. Dann wies er unbestimmt in einen dunklen Winkel der Brücke. »Ihn hat's leider erwischt«, sagte er heiser.

Royce taumelte hinüber zu der kleinen Gestalt, die unnatürlich abgeknickt am Signalschrank lehnte. Er kniete neben ihr nieder. Die Beine des jungen Signalgasten lagen ausgestreckt vor ihm, die Hände drückten immer noch die

Signallampe gegen den zu großen Dufflecoat. Der Kopf war in den Nacken geworfen, das blonde, lockige Haar zitterte leicht im kalten Wind. Die glitzernden Augen starrten zu den jagenden Wolken auf, als seien sie erstaunt über das, was sie dort sahen. Hinter Mead wies das dünne Blech des Schranks ein kleines rundes Loch auf.

Royce, dem plötzlich eiskalt geworden war, würgte den Kloß in seinem Hals herunter; er nahm vorsichtig die Lampe aus den steifen, kalten Händen und morste das Signal zu dem dunklen Schatten achteraus.

Als sich die Flottille wieder formiert hatte, fluchte Harston leise: »Der Teufel soll den Krieg holen! Gerade hatte Mead mir gesagt, er habe keine Angst.«

Er schlug mit der Faust auf die Brüstung, dann wurde er ruhiger. »Sie haben Ihre Sache gut gemacht, IWO. Und nur keine Sorge, wenn Sie Angst hatten. Der Mann, der sagt, er habe keine, ist entweder ein Lügner oder verrückt.«

Aus der Dunkelheit trat der Bootsmann und legte die Hand an die Mütze. »Unten alles gesichert, keine Schäden«, meldete er. »Jetzt hole ich ein paar Leute, die mir mit dem jungen Mead hier zur Hand gehen.« Er fummelte unter seinem Ölzeug und zog eine Flasche und zwei Emaillebecher heraus. »Ich habe Ihnen was Kräftiges mitgebracht, das können Sie jetzt wohl brauchen.«

Harston kippte den Rum in einem Schluck herunter und ging steifen Schrittes zum Kompaß. »Ich gehe jetzt runter und schreibe meinen Bericht, IWO. Das spart Zeit, wenn wir daheim sind. Glauben Sie, daß Sie klarkommen?«

Royce nickte.

»Rufen Sie mich, wenn die Outer-Spit-Boje in Sicht kommt. Das wird gegen fünf Uhr sein.«

Als Harston den Brückenniedergang erreichte, verhielt er nochmals. »Es ist alles so verdammt sinnlos, nicht?« Damit verschwand er.

Royce überprüfte den Kurs und lehnte sich danach gegen das Schanzkleid. Plötzlich fühlte er sich todmüde und kalt, seine Gesichtshaut war steif von salziger Gischt, und das klatschnasse Handtuch um seinen Hals scheuerte ihn wund. Immer weiter preschten die Boote, und nach wie vor fühlte er sich wie in Trance. Nur einmal straffte er sich, als der Bootsmann den toten Mead wegtragen ließ – sein Wachkamerad vor wie langer Zeit? Nur vier Stunden war das her. Es schien ihm wie ein ganzes Leben.

Weit voraus krochen die stahlgrauen Finger der Morgendämmerung behutsam über die Kimm, die Schemen der anderen Boote wurden deutlicher. Rotgeränderte Augen spähten nach Freunden aus, übermüdete, dick verhüllte Gestalten winkten und atmeten erleichtert auf. Soweit Royce erkennen konnte, war Embersons Boot das einzige mit sichtbaren Schäden: eine Reihe von Einschußlöchern über der Wasserlinie und ein größerer Einschlag im Deck, dicht hinter dem Backbord-Torpedorohr; es hätte schlimmer kommen können.

»Outer-Spit-Boje an Steuerbord voraus«, meldete der Ausguck. Royce sah auf die Uhr: 04.45. Er beugte sich über das Kommandantensprachrohr. »Sir, wir haben die Outer-Spit-Boje voraus.«

Harston trat zu ihm, schweigend standen sie nebeneinander und beobachteten, wie die vertrauten Landmarken mit Hellerwerden Gestalt annahmen. Zuerst die dunklen Hügel hinter dem Hafen, dann, deutlicher zu erkennen, die langen niedrigen Hafenmauern, die Sperre, die jetzt zu ihrem Empfang geöffnet war, und ein paar auslaufende Vorpostenboote, die ihren stumpfen Bug munter in den kurzen Seegang tauchten. Aus ihren spillerigen Schornsteinen quoll Rauch, ihre zerfetzten Kriegsflaggen flatterten so trotzig wie auf einem Kreuzer. Die Männer der 113. Flottille traten zum Einlaufmanöver an, schweigend diesmal; kaum ihre Umgebung wahrnehmend, dachten sie nur an Schlaf, das Allheilmittel des Seemanns.

Durch die Hafeneinfahrt ging es stromauf an dem schweren Kreuzer *Leviathan* vorbei. In der kalten Morgenluft zitterten die schrillen Töne eines Horns, das zum Wecken blies: *Rise, rise, überall zurrt Hängematten*! Sie schlängelten sich zwischen Ankerliegern hindurch, und außer dem wachsamen Signalturm nahm niemand Notiz von ihnen. Der Ankerplatz rüstete sich für einen neuen Tag.

Zuerst fuhr Nr. 1991 zur Ölpier zwecks Brennstoffübernahme, dann, während die anderen Boote dem Mutterschiff zustrebten, hinüber zum Eisenbahnkai, wo ein khakifarbener Krankenwagen stand, um den jungen Mead zur letzten Reise aufzunehmen. Sie sahen zu, wie er abfuhr, dann warfen sie erneut los und machten um Punkt sieben Uhr im hellen Morgensonnenschein am Laufsteg bei der *Royston* fest.

Der Instandsetzungstrupp des Mutterschiffes, hellwach und frisch rasiert, eilte an Bord und ging an die Arbeit. Royce ließ die Crew wegtreten und sah schläfrig zu, wie sie zur steilen Bordwand emporkletterte und verschwand. Anschließend gingen die beiden Offiziere über das Hauptfallreep, und Harston übergab seinen Bericht einem Läufer. Auf der *Royston* empfing sie Artie Emberson, das gerötete Gesicht zu einem frohen Grinsen verzogen. Mit beiden Händen schlug er Harston auf die Schultern und zog ihn an sich.

»So bist du also doch wieder da, alter Satansbraten! Und ich dachte schon, ich kriege heute morgen die doppelte Portion zum Frühstück!« Die Erleichterung war ihm deutlich anzumerken.

Die schmuddeligen, fröstelnden Offiziere verzehrten ein hastiges Frühstück, dann zogen sie sich mit einem müden Lächeln hier und einem Schulterklopfen dort in die Abgeschiedenheit ihrer kleinen Kammern zurück. Royce schloß die Tür hinter sich, sah sich kurz im Spiegel und war erschrocken über das graue, faltige und plötzlich gealterte Gesicht, das ihm entgegenstarrte. Später erinnerte er sich nicht mehr, daß er sich ausgezogen und seine wunde

Haut mit heißem Wasser abgetupft hatte. Es gelang ihm gerade noch, zwischen die weichen Laken zu kriechen und das Licht auszuknipsen. Im nächsten Augenblick waren die See, der Einsatz und er selbst wie ausgelöscht.

2

In den folgenden Monaten lief der Seekrieg, jedenfalls soweit er Royce betraf, nach einem in seiner Regelmäßigkeit ermüdenden Schema ab. Nacht für Nacht patrouillierten sie in den verschiedenen Einsatzgebieten der Nordsee, sicherten die lebenswichtigen Geleitzüge an der Ostküste und machten manchmal zur Abwechslung auch einen kurzen Vorstoß über die Schlickbänke vor der niederländischen Küste auf Jagd nach feindlichen Versorgungsschiffen. Doch mit Intensivierung der Kriegsführung und den wachsenden Strapazen wurden die Schnellboote und ihre Besatzungen dazu verführt, ihre genau festgelegten Grenzen zu überschreiten oder gröblich zu mißachten. Oft stießen sie bei schlechtem Wetter und mit stets höherer Geschwindigkeit, als ihre Maschinen es eigentlich erlaubten, in die Nacht hinaus vor. Die hölzernen Rümpfe stampften hart und bockten. Der kalte Nordseewind pfiff durch jede Ritze und Spalte, so daß die Freiwache unter Deck stöhnend die feuchten Decken enger um die unterkühlten Körper wickelte. Auf Wache kämpften die Männer ständig gegen den Schlaf, denn als Freiwächter kamen sie nicht zur Ruhe. Die kalten Nächte und die unregelmäßigen Bootsbewegungen, das um ihre Füße schwappende eingedrungene Seewasser machten ihnen das Leben schier unerträglich. Selbst die ersehnten Werftliegezeiten wurden seltener und kürzer, denn immer dringender wurden Schiffe und Männer gebraucht. Unter diesen harten Verhältnissen wurde Royce »flügge« und ein nützliches Mitglied seiner kleinen Welt, die von der übrigen Flotte, ja vom ganzen sonstigen

Leben abgeschnitten schien. Mittlerweile kannte er die Lebensgeschichte jedes Besatzungsmitgliedes, seine Neigungen und Abneigungen sowie seine Schwächen. Er teilte die Hoffnungen und Ängste der Crew.

Wie man es ihm nach seiner Ausbildung in Hove geschildert hatte, war es nicht, das stellte er immer wieder fest. Abgesehen von dem atemberaubenden Gefecht auf seinem ersten Einsatz hatte er vom Feind rein gar nichts mehr gesehen. Krieg führte er hauptsächlich gegen das Wetter, gegen die stetig wachsenden technischen und internen Schwierigkeiten an Bord. Die Besatzung war gut, aber einfach überarbeitet und bis zur Bruchgrenze belastet, ohne daß Aussicht auf Besserung bestand. Die anderen Wachoffiziere der Flottille versicherten ihm, daß bei einem Gefecht dies alles wieder in Ordnung käme, aber das schien ihm eine grausige Therapie. Peinlich genau tat er seine Pflicht im Hafen und auf See, bemühte sich verzweifelt zu verhindern, daß zu viele Männer zum Rapport gemeldet werden mußten oder daß die Urlaubsüberschreitungen und Desertionen überhandnahmen. Das Ergebnis, zwar nicht aufregend, aber befriedigend, blieb von Harston nicht unbemerkt. Immer mehr Aufgaben überließ er seinem zweiten Mann im sicheren Bewußtsein, daß sie sorgsam und vernünftig erledigt wurden, ohne daß er als Nachwirkung wütende Meldungen vom Stützpunkt oder verärgerte Kommentare des Bootsmanns hinnehmen mußte. Doch das hatte zur Folge, daß Royces privates Leben völlig zum Erliegen kam. Abgesehen von kurzen Besuchen in einer riesigen Nissenhütte im Hafenbereich, die euphorisch Offiziersklub genannt wurde, blieb er meist auf dem Mutterschiff.

Mit diesen trüben Gedanken saß er in seiner Kammer und brütete über einem Brief an seine Eltern. Es war schwierig, in sachlicher Form so zu schreiben, daß es seiner Mutter Freude machte und gleichzeitig seinem invaliden Vater, der ein eifriger Stratege war, geeignete Informationen über den Krieg vermittelte. Außerdem war ihm klar, daß jeder Brief sein letzter sein konnte. Die beiden anderen Flottillen an der Ostküste hatten kürzlich heftige Gefechte durchgemacht, und aller Wahrscheinlichkeit nach würde nun die 113. bald an die Reihe kommen.

Er beendete den Brief mit einer Floskel und einem Seufzer und griff nach seiner Pfeife. In diesem Moment glitt die Tür auf, und Harston und Artie Emberson erschienen im Rahmen.

»Sieh an, sieh an«, nölte Emberson, »hier also treibt sich dein Leibsklave herum!« Er musterte die spartanische Kammer, die allen anderen im Schiff genau glich. »Hm, außergewöhnlich geschmackvoll eingerichtet. Wie du schon sagtest, John, ein sehr brauchbarer Knabe!«

Harston grinste. »Tut mir leid, daß ich Sie stören muß, IWO, aber es wird Sie zweifellos erschrecken zu hören, daß der Chef uns eine Nacht im Hafen gönnt. Anscheinend soll das Einsatzgebiet von kleinem Gemüse wie uns geräumt werden, damit unsere größeren Brüder auch mal See-Erfahrung bekommen!«

»Und als unser Juniorpartner«, unterbrach Emberson, »sind Sie vielleicht an einer Erweiterung Ihrer Bildung durch einen Landgang zum ›Weißen Hirsch‹ interessiert. Haben Sie Lust?«

Royce knöpfte bereits sein Jackett zu und suchte nach seiner Gasmaske. »Vielen Dank. Zwei so gute Nachrichten an einem Abend, da kann ich nicht widerstehen.«

Emberson kniff die Augen zusammen. »Nicht nur ein brauchbarer, auch ein eifriger Knabe.«

Der »Weiße Hirsch« lag an der Hauptstraße zwischen dem Verpflegungsamt und einem verstaubt aussehenden Restaurant. Seine hohe, reichverzierte Fassade strahlte zwischen den vernachlässigten und verwitterten Gebäuden bürgerlichen Wohlstand aus. Die drei Offiziere stießen die Schwingtüren auf und wühlten sich durch die schweren Verdunklungsvorhänge. Drinnen überfiel sie lauter, fröhlicher Lärm und der Geruch nach Bier und Tabak. Es war noch früh am Abend, doch die Bar war bereits gut besetzt, meist von Marineoffizieren der örtlichen Flottillen, dazwischen leuchtete gelegentlich das hellere Blau von Fliegern des nahegelegenen Stützpunktes. Hier und da in abgelegenen Ecken saßen die sichtlich fehlplazierten Stammgäste, deren schäbige Anzüge im scharfen Kontrast zu den Uniformen standen. Die Zivilisten waren eine bunte Mischung aus Älteren, die ruhig die Späße der Seeleute beobachteten, und jungen Schreihälsen aus den kriegswichtigen Hafenbetrieben. Die letzteren waren gewöhnlich überbezahlt und daher zu selbstsicher in ihrer neuen Umgebung.

Die lange Bar aus dunklem Holz, glänzend von hellem Licht und verschüttetem Bier, wurde lässig beherrscht von einer gutgelaunten Schankmaid mit ausladenden Proportionen, die mit Krügen und Gläsern hin und her huschte, das rundliche Gesicht ständig zu einem Lächeln verzogen. Ihre zügige Bedienung, ihr Gekicher und Nikken wurde zeitweilig von einem hastigen: »Tut mir leid, mein Lieber, keine scharfen Sachen« unterbrochen, wenn sich ein fremdes Gesicht ihrem Herrschaftsbereich näherte. Der Wirt, ein rundlicher, grauhaariger kleiner Mann in abgetragenem Tweedanzug, blieb am Ende der Theke und vertrieb sich die Zeit mit seinen Kumpanen, hielt dabei jedoch ein wachsames Auge auf den lebhaften Betrieb.

Emberson schob sich durch die Menge. »Ah, Grace, meine Schönste«, rief er. »Kriege ich für meine Freunde und mich drei große Bier und drei Halbe deines besten Apfelweins?«

Grace strahlte. »Oh, Sir, und ich dachte, Sie wären heut' nacht draußen. Welch nette Überraschung!«

»Das nennt man nun Geheimhaltung«, sagte Emberson mit gespielter Trauer.

Royce bahnte sich einen Weg durchs Gedränge und

zupfte ihn am Ärmel. »Ich mag keinen Apfelwein, danke. Das Bier reicht.«

»Halts Maul, Naseweis«, zischte Emberson. »Das ist Scotch! Wollen Sie hier etwa einen Aufstand entfesseln?«

Sie fanden einen kleinen, freundlicherweise von Fliegern freigemachten Tisch, setzten sich hin und reckten sich wohlig.

Harston nahm einen tiefen Schluck. »Das freundlichste Lokal in der Stadt«, lächelte er. »Und bei Arties Einfluß auf seine Herzkönigin sind wir bis Kriegsende hier gut aufgehoben.«

»Mein Lieber«, entgegnete der Anwalt, »das ist eine höchst unglückliche Ausdrucksweise. Wann wird es dir endlich klar, daß meine Empfindungen für Grace nur platonisch sind?«

Royce räkelte sich in seinem Sessel und genoß das Gerangel seiner beiden Gefährten. Zum erstenmal fühlte er sich aufgenommen in diese Bruderschaft, die er vor einem Jahr – vor einer Ewigkeit? – gewählt hatte.

Im Lauf des Abends füllte sich die Bar lärmend bis zur Fassungsgrenze. Im Radio bemühte sich Vera Lynn, die jungen Männer der Nation, wo sie auch waren, zu trösten. Im »Weißen Hirsch« erübrigte sich ihre Mühe allerdings. Royce schwamm im Glück und genoß strahlend die gute Kameradschaft. Da wurde er durch einen heftigen Schlag auf die Schulter gestört, der ihn gegen den Tisch prallen ließ, was beinahe zu einem Desaster geführt hätte.

Benjy Watsons rosiges Gesicht schwamm über ihnen; hinter ihm kämpften zwei andere Offiziere der Flottille mannhaft mit einem großen Paket.

»Ihr alten Suffköppe!« dröhnte er. »Ich habe einen höchst scheußlichen Abend hinter mir. Diese beiden Mistkerle haben mich auf Abwege gebracht.« Mit einem Schwenk seiner mächtigen Faust unterdrückte er ihren Protest. »Ich wollte das Spruchband ›Spare für den Frieden‹ vom Postamt haben, um es rund um meine Brücke zu binden. Aber diese Idioten haben mich so nervös gemacht, daß ich das falsche erwischt habe: das Spruchband einer Hundeschau! Was sagt ihr dazu, eine Hundeschau! Dabei hab' ich überhaupt keinen Hund!« Aus der einen Jackentasche zog er eine Flasche, aus der anderen ein Glas, dieweil die anderen sich vor Lachen bogen.

»Du Blödmann!« röhrte Harston. »Kein Wunder, daß wir dauernd in See sein müssen. Diese Stadt ist vor dir ja nicht sicher!«

Mit der Ankunft des temperamentgeladenen Watson und seiner Komplizen war es um die Ruhe in der Dreierrunde geschehen. Royce taten bald die Seiten weh vor Lachen über ihre varietéreifen Darbietungen.

Gerade war das Licht gedämpft worden, um die Sperrstunde anzukündigen, als die Vorhänge sich teilten und ein blauer Stahlhelm mit der Aufschrift »Polizei« auftauchte.

Benjy stand der Schrecken im Gesicht.

»Lieber Himmel! Jetzt haben sie mich spitzgekriegt mit meinem Raub!« Aufgeregt winkte er seinen Kameraden zu. »Steht nicht rum wie eine Herde Hornochsen, weg mit dem Spruchband und raus!«

Wie ein Mann kippten sie ihre Drinks, das Paket schlitterte unter den Tisch zweier aufgeschreckter Flieger, und in geschlossener, wenn auch wankender Formation bahnten sie sich einen Weg zur Tür. Als sie die Vorhänge erreichten, übertönte der Polizist den Lärm mit dem Ruf: »Wir haben Fliegeralarm! Denken Sie daran: kein Licht zeigen, wenn Sie rausgehen.«

Trotz seines Protests wurde Benjy auf die Straße gedrängt.

»Und was ist mit meinem Spruchband?« flehte er. »All der Ärger für nichts? Das zahle ich dem blöden Polizisten heim, wenn ich ihn treffe!«

Harston gluckste. »Bettzeit, mein Junge. Es war dir heute eben nicht bestimmt, dich mit einem Spruchband zu dekorieren.«

Immer noch lachend erreichten sie den Stacheldrahtzaun des Hafens und strafften sich automatisch, als sie dem müden Posten ihre Ausweise zeigten. Auch auf der windgepeitschten Pier beklagte Benjy immer noch seinen Verlust. Erst im Mutterschiff, als sie sich trennten und jeder zu seiner Kammer ging, begann er zu lächeln.

»Wartet's nur ab! Das nächste Mal klaue ich etwas wirklich Lohnendes«, versprach er.

Royce kümmerte nichts mehr. Er war glücklich und fand die Marine unbeschreiblich wunderbar.

Munter glitten die MTBs durch die Sperrlücke und nahmen, in der leichten Dünung stampfend, ihre Positionen zum Führerboot ein. Eine frische Brise fegte über die kleine Brücke von Nr. 1991. Aus den verschiedenen Abteilungen des Bootes meldeten sich die Männer auf Gefechtsstationen: das normale Verfahren beim Verlassen eines Hafens, um sicherzustellen, daß alle Bereiche funktionierten. Sowie es schließlich als letztes »Backbord Örlikon besetzt, Sir« hieß, meldete Royce dem Kommandanten, daß alles in Ordnung sei.

Harston schien kaum Notiz davon zu nehmen. Er war sichtlich erregt,und auch die ganze Besatzung schien mit neuem Leben erfüllt. Dies war nicht nur ein weiterer Einsatz, nicht nur ein sinnloser Kampf mit dem Wetter. In der vergangenen Nacht hatten Zerstörer drei feindliche Geleitzüge vor der niederländischen Küste zersprengt; die Royal Air Force hatte gemeldet, daß sie sich mühsam neu formierten, um noch dichter unter der Küste nordwärts zu fahren, sicherlich mit lebenswichtigem Nachschub für die Armeen in Dänemark und Norwegen sowie für die deutsche Ostseeflotte. Aufgabe der MTB-Flottille war es nun, den letzten Geleitzug abzufangen und zu vernichten. Mit besonderer Sorgfalt waren ihre langen, bösartig aussehenden Torpedos gewartet worden, die nun eingefettet in den Rohren auf beiden Seiten des Bootes lagen. Während Englands flache Küste in der Dämmerung achteraus verschwand, war ihnen allen klar, daß dies eine weitere harte Prüfung für sie werden würde.

»Kriegswache aufziehen«, sagte Harston. »Stellen Sie sicher, daß jeder Mann in den nächsten zwei Stunden einen anständigen Schlag Verpflegung bekommt. Und für die Heimreise wollen wir Corned-beef-Brote bereitlegen.«

Harston ging nach unten, um sein gewohntes Nickerchen zu machen. Die Hälfte der Besatzung folgte seinem Beispiel, so daß sie wachweise verpflegt werden konnte. Die Einsamkeit auf der Brücke schreckte Royce nicht mehr, im Gegenteil, er genoß das Gefühl vollständiger Beherrschung des geschmeidigen Bootes unter seinen Füßen. Wie Harston ihm am ersten Tag angekündigt hatte, kannte er nun den Unterschied zwischen einem Trawler und diesem Mordinstrument mit dreieinhalbtausend Pferdestärken.

Bei Dunkelheit trafen sie einen einzeln patrouillierenden Zerstörer, der wie ein großer grauer Schatten dahinschlich, in der Hoffnung, einen feindlichen Hilfskreuzer zu überraschen oder Nachzüglern eines eigenen Geleitzuges zu helfen.

Der neue Signalgast Collins, ein sturer Bauer aus dem Norden, wandte den Kopf: »Signal vom Zerstörer, Sir: ›Darfst du denn so spät noch draußen sein?‹ Was soll ich antworten?«

»Machen Sie rüber: ›Wenn wir ein deutsches Schnellboot gewesen wären, lägst du jetzt im Bach.‹«

Ein Kichern, dann klapperte die Lampe.

»Keine Antwort, Sir.«

Eine Stunde später stieß eine Flottille von Motorkanonenbooten aus Harwich als Verstärkung zu ihnen, die sogenannten »Taschenschlachtschiffe« der Küstenstreitkräfte. Ihre Aufgabe war es, nach einem Angriff den Rückzug zu decken. Signale blitzten, die Boote manövrierten hin und her, bis sich die MTBs in zwei parallelen Kiellinien formiert hatten; drei Meilen dahinter kamen die Motorkanonenboote (MGB). Stille legte sich nun über die Flottille, Signale wurden nicht mehr abgegeben, denn jeder Kommandant wußte, was zu erwarten war. Die starken Motoren, auf geringste Fahrt gedrosselt, schnurrten brav vor sich hin. Verstohlen krochen die kleinen Boote suchend und tastend über die See. Royce schwenkte sein Nachtglas über einen weiten Bogen und entschied, daß es nun an der Zeit war, den Kommandanten zu wecken. Sekunden später kletterte Harston auf die Brücke, frisch und anscheinend unbekümmert. Er erfaßte die Situation mit einem Blick. Sein Boot führte die Steuerbordkolonne, Paskins stand in einer Entfernung von etwa tausend Meter an der Spitze der Backbordkolonne.

»Auf Gefechtsstationen«, sagte er ruhig. Royce drückte auf den Knopf, eine kleine Geste, wie sie überall auf der Welt Seeleute aus der Ruhe und vielleicht in den Tod rief.

Noch ehe die Alarmglocken schwiegen, war der letzte Mann auf seinem zugewiesenen Platz, wo sich in den nächsten Stunden unter Umständen das Schicksal des ganzen Bootes entscheiden konnte. Die schlanken Rohre der Örlikons und die drohenden Mündungen der Schnellfeuergeschütze schwangen bis zum Anschlag vor und zurück, ihre Bedienungen meldeten das Testergebnis zur Brücke. Klirrend schlossen sich die Stahlluken über dem Maschinenraum. Damit war das Maschinenpersonal bestenfalls in ein schüttelndes, dröhnendes Gefängnis voller Lärm und Gestank eingeschlossen, im schlimmsten Fall in eine lodernde Hölle, aus der es kaum ein Entkommen gab.

»Wenn wir das Ding heut' nacht richtig schaukeln, IWO, dann kriegen wir wohl die Überholung, die Sie so dringend fordern. Und außerdem noch ein bißchen Urlaub.«

»Das wäre prima, Sir«, entgegnete Royce mit Nachdruck, denn die Überholung des Bootes war wirklich überfällig. Eine gute Helling in der Werft, das war es, was das Boot jetzt brauchte. Und daß Harston mal ausspannen mußte, war Royce schon lange klar.

»Feindküste voraus!« riefen die beiden Brückenausgucks gleichzeitig. Jenseits des dunklen, öligen Wassers konnten sie ganz vage eine schwarze Landzunge erkennen, den Beginn der flachen Schlickbänke, von denen es in diesen Gewässern wimmelte.

Eine weitere halbe Stunde tasteten sich die Boote voran, doch kein Geleitzug dampfte heraus, keine Ziele zeigten sich vor den geöffneten Torpedorohren. Die Spannung an Deck war schier fühlbar. Auch Royce hatte es gepackt, eine kindische Wut stieg in ihm hoch. Er maßregelte den Signalgast, weil der sein Glas ein paar Sekunden abgesetzt hatte.

»Diese verdammten Flieger müssen sich geirrt haben«, nörgelte er anschließend. »Hier ist kein Geleitzug. Wenn jemals einer da war, dann ist er heute morgen entwischt.«

»Nun reicht's, IWO.« Harstons Stimme klang milde, fast uninteressiert.

Royce fluchte weiter in sich hinein und peilte hinüber zu dem verschwommenen Schatten des Führerbootes an Backbord querab. Dann sah er eine abgeblendete Signallampe nach achtern blinken. Der drüben mußte auch nervös geworden sein, wenn er so dicht vor der feindlichen Küste eine Lampe benutzte!

»Führerboot signalisiert, die unterstützenden Kanonenboote sollen nach Südwesten aufklären«, meldete Collins. In seiner Stimme schwang Zweifel mit.

Nur Harston schien keineswegs überrascht und offensichtlich mit seinen eigenen Gedanken beschäftigt. Royce konnte seinen Umriß nur schwach erkennen, er lehnte mit verschränkten Armen am Brückenkleid, die kalte Pfeife zwischen den Zähnen.

»IWO«, sagte er so leise, daß ihn Ausguckposten und Signalgast nicht hören konnten, »lassen Sie sich von dieser Warterei nicht bedrücken; der Krieg ist ein großes, stumpfsinniges Geduldsspiel. Sind wir ständig im Gefechtseinsatz, brechen unsere Boote zusammen. Kommen wir überhaupt nicht zum Schuß, leben wir Monat für Monat nur friedlich und eintönig, dann drehen uns die Besatzungen durch. Alles hat zwei Seiten.«

Er hielt inne und sah Royce in stetigem Rhythmus auf die Brüstung hämmern, sanft, aber böse.

»Ich bin kein verrückter Sieg-oder-Tod-Typ! Ich weiß genau, daß es zu neunundneunzig Prozent Glück ist, wenn wir den Feind finden und vernichten«, erklärte Royce. Seine Worte überschlugen sich. »Es ist nur dieses ewige, stupide Warten, diese Sinnlosigkeit.« Er zuckte hilflos die Schultern.

Mit schnellem, katzengleichem Schritt kam Harston quer über die Brücke, packte ihn und zog ihn dicht vor sein bleiches Gesicht. Als er wieder zu sprechen begann, war sein Tonfall so eindringlich, wie Royce ihn bisher noch nie gehört hatte.

»Niemals – hören Sie: niemals – dürfen Sie denken, daß Sie Ihre Zeit verschwenden. Alles, was wir tun, trägt dazu bei, den Feind niederzuhalten, selbst wenn wir ihn nicht töten! Deshalb habe ich Sie hart angepackt, als Sie zu mir kamen, denn Krieg ist ein hartes Geschäft. Jetzt haben Sie's geschafft und sind einer von uns, sonst würde ich Ihnen das nicht sagen.« Er machte eine Pause, zeigte auf die unsichtbare Küste und sprach so langsam, als suche er jedes Wort. »Aber ich hasse diese Kerle mehr als alles andere auf dieser Erde. Ich habe erlebt, was sie tun können, was sie getan haben und was sie immer weiter tun werden, bis wir ...« Ruckartig brach er ab. Man hörte einen dumpfen Knall, ein blauer Blitz erhellte die langsam ziehenden Wolken. Unmittelbar darauf sprang das Funksprechgerät an: »Hier Führerboot. Die MGBs sind fündig geworden. Höchstfahrt!«

Das Getöse der aufdrehenden Maschinen zerriß die Nacht. Die Boote rasten in doppelter Kiellinie los, ihr Bug hob sich, zerschnitt das Wasser und warf große Gischtfontänen auf. Royce schwang sich die Leiter hinunter auf die Geschützplattform und sah nur noch kurz, wie sich Harston über das Torpedozielgerät beugte.

Über den Himmel schossen Leuchtspurgeschosse, ein kleiner Brand wuchs sich zu hoher, orangefarbener Glut aus. Unten im Zentrum brannte ein kleines Schiff, das sich jetzt auf die Seite legte. Als sie näher kamen, sahen sie, daß die MGBs heftig feuernd vier Trawler umkreisten. Gleich darauf brachen auf einem zweiten Schiff Brände aus und warfen einen Funkenregen auf.

Harston beugte sich über das Brückenkleid und winkte ihn dringend zu sich. Als Royce auf die Brücke kletterte, schüttelte er wild die Fäuste. »Um Himmels willen, was machen diese Idioten? Sehen Sie sich das an! Sie haben die Formation aufgelöst, und wofür?« Er schrie es fast. »Vier alberne Trawler, das ist ihr ganzer Geleitzug! Sind Sie nun zufrieden? Nein? Aber *die* sind es offensichtlich!«

Royce war verblüfft. »Aber ich sehe nicht . . .«

»Soll ich es Ihnen vorbuchstabieren? Die Trawler sind ein Köder! Ein Köder, auf den unsere sogenannten Geleitfahrzeuge hereingefallen sind. Und nun sitzen wir in der Patsche!«

Royce blieb das Herz stehen, als er die Auswirkung dieser neuen Bedrohung erkannte. Er war wie betäubt, bis Harston ihn grob am Arm packte.

»Gehen Sie nach achtern, und halten Sie sich klar, Rauchbomben zu werfen. Und stellen Sie sich auf eine phantastische Schießerei ein.«

Auch Paskins erkannte ihre Lage. Wenn er nicht sofort handelte, konnte nichts verhindern, daß die Jäger zu Gejagten wurden. Wütend signalisierte er den Kanonenbooten, sich wieder zu formieren und das Feuer einzustellen. Dann brachte er die MTBs in Kiellinie, sein eigenes Boot an der Spitze, Harston als Nummer fünf und Emberson als Schlußboot. Jetzt gab es nur eins: so schnell wie möglich die offene See zu erreichen.

Genau in diesem Moment, als die Boote sich abzusetzen begannen, schnappte die Falle zu.

Hinter den Flottillen erscholl eine so dumpfe Detonation, daß viele dachten, ein Trawler sei in die Luft geflogen. Ihre Zweifel wurden jedoch sehr bald durch eine Leuchtgranate zerstreut, die mit grausamer Helligkeit den Himmel hinter ihnen beleuchtete. Im Bruchteil einer Sekunde wurde die Nacht zum Tag, scharf umrissen boten sich die Boote dem Feind dar. Die Geschützbedienungen klammerten sich geblendet an ihre Waffen. Eine Ewigkeit verstrich – in Wirklichkeit waren es nur vier, fünf Sekunden –, dann flammte die schwarze Wand vor ihnen auf. Eine wirbelnde Garbe roter und weißer Leuchtspurgeschosse heulte mit immer stärker werdendem Getöse über sie hinweg, zischte ins aufgewühlte Wasser rundum, daß sie wie gelähmt waren. Zwei Sekunden später stand Paskins Boot vom Bug bis zum Heck in Brand, kleine Flammen schlugen aus dem Brückenaufbau und vereinigten sich mit denen, die sich auf dem Oberdeck vorwärts fraßen. Zwei gewaltige Explosionen rissen das Boot in unzählige Teile und wirbelten brennende Trümmer gen Himmel – dann war es vorbei.

Ehe sie sich von diesem grausigen Anblick erholen konnten, waren sie selbst mittendrin, kurvten und wanden sich, um dem Feuer zu entkommen. Royce stieß die Rauchbomben ins Wasser, deren Nebel Deckung und Verwirrung für Freund und Feind gleichermaßen bewirkte. Er kletterte auf die Geschützplattform, wo die Doppelrohre blind nach einem Ziel suchten, sein Kopf zersprang fast vom Krachen und Rattern der feindlichen Salven. Dann sahen sie ihre Jäger zum erstenmal. Die ganze See schien voll feindlicher Schnellboote zu sein. Die langen, vor Gischt glänzenden dunklen Rümpfe stürzten sich auf sie, gefolgt von einem halben Dutzend bewaffneter Trawler. Aber das waren keine Trawler im gewöhnlichen Sinn, sondern schwimmende Batterien, durch Stahlplatten und schwere Zementblöcke geschützt, hinter denen die deutschen Geschützbedienungen feuerten und luden.

»Auf den ersten Trawler – Feuer eröffnen!« schrie Royce. Das Schnellfeuergeschütz fiel mit gleichmäßigem Bumm-Bumm ein, die Doppelleuchtspur stieg auf und sank auf den plumpen, drohenden Trawler nieder. Die Entfernung verringerte sich schnell – fünfhundert Meter, zweihundert, hundert –, bis sie erkennen konnten, wie ihre Geschosse an der Bordwand abprallten. Die Örlikons und Maschinengewehre ratterten jetzt ohrenbetäubend, aber immer noch kam der Trawler feuerspeiend näher.

Royce fühlte, wie das Boot unter ihm taumelte. Glühend heißes Metall fuhr ihm in die Seite, irgend etwas klirrte gegen den Geschützschild und prallte heulend ab. Ein weiterer greller Blitz beleuchtete das Boot, Mast und Antennen stürzten über die Brücke. Gleichzeitig gab es achtern eine betäubende Explosion, die ihn aufs Deck niederwarf. Wieder auf den Füßen, merkte er halb betäubt, daß ihr Geschützfeuer eingestellt war. Leading Seaman Parker saß leise stöhnend, das Gesicht eine blutige Maske, gegen den Munitionsschrank gelehnt. Die übrige Bedienung lag in wirrem Knäuel neben dem Geschütz, eine weiße Hand hob sich wie ein weggeworfener Handschuh von dem dunklen Deck ab.

Vom Trawler war nichts zu sehen, doch sein Geschützfeuer dröhnte und pfiff durch die hohe, rosa- und orangefarbene Rauchwand hinter ihnen, die wie eine feste Mauer wirkte.

Royce merkte, daß sie ihre Geschwindigkeit zwar beibehielten, jedoch einen großen Kreis beschrieben. Hinter dem Geschützführer der Steuerbord-Örlikon, der unaufhaltsam in den Rauch schoß, bahnte er sich einen Weg in das abgeblendete Ruderhaus. Als er die Tür öffnete, roch er den Pulverdampf; über dem Rattern der Geschütze war ein anhaltendes, schrilles Kreischen zu vernehmen.

Nachdem sich seine Augen an das schwache Licht gewöhnt hatten, stellte er fest, daß es im Steuerhaus wie auf einem Schlachtfeld aussah. Ausrüstungsteile lagen überall verstreut, und durch einen zwei Meter langen Riß in der Wand konnte er die Feuerstöße draußen sehen. Petty Officer Raikes lag beim Ruder auf den Knien und bemühte sich, mit einem Schraubenzieher, den er als Brechstange benutzte, das Rudergestänge freizubekommen. Es hatte sich an der Ecke einer Stahlplatte, die wie Pappe gebogen war, verklemmt. Unter dem Riß in der Seitenwand lag eine jämmerliche Gestalt, deren markerschütternde Schreie Raikes fluchen ließen. Schließlich wandte er sich flehend an Royce. »Können Sie ihn nicht stoppen, Sir?« keuchte er. »Gott allein weiß, was den noch am Leben hält.«

Das gekrümmte Lumpenbündel, vor dem Royce entsetzt einen Schritt zurückwich, hatte wirklich kaum Ähnlichkeit mit einem Menschen. Able Seaman Lund war, bereits verwundet, aus dem Gefahrenbereich auf die Brücke gezogen worden, doch die letzte Salve, die das Boot vom Bug bis zum Heck eindeckte, hatte ihm den Rest gegeben.

Mit einem letzten Ruck befreite der Bootsmann das Ruder, kam auf die Füße und griff mit zerkratzten und blutenden Fingern in die Speichen. Als ob dies das erwartete Zeichen gewesen wäre, endeten Lunds schreckliche Schreie für immer.

»Wir sind wieder auf Kurs«, rief Raikes. »Wenn Sie mir eine Ablösung beschaffen, gehe ich Ihnen an Deck zur Hand.« Das klang ganz kühl und zuversichtlich.

Royce nickte schweigend und machte sich mit schmerzenden Gliedern auf den Weg zur Brücke. Dort bot sich ihm ein schreckliches Bild. Ein Gewirr von Drähten und Signalrahen war um den Mast gewickelt, der gebrochen über die Bordwand hing. Darunter lagen der zerschmetterte Kartentisch und der umgekippte Flaggenspind, aus dem der bunte Inhalt quoll. Harston kniete daneben wie ein Läufer, der auf den Startschuß wartet, und versuchte stöhnend, sich zum Sprachrohr emporzuziehen. Bei jeder Bewegung mußte er vor Schmerz die Zähne zusammenbeißen und die Augen schließen. Mit zwei Schritten war Royce bei ihm und lehnte den schwach Protestierenden an das Schanzkleid.

»Geht schon in Ordnung, Skipper. Nur keine Aufregung, wir werden Sie sofort versorgen. Bleiben Sie jetzt einfach ruhig liegen.«

Harston schien ihn zu verstehen, sah sich jedoch verzweifelt nach Hilfe um. Da fiel Royces Blick zum erstenmal auf die großen Seestiefel des Signalgasten, die unter dem Kartentisch herausragten. Das eine Bein zuckte schwach; und dann, mit einem plötzlichen Ruck, erhob sich Collins wie ein großer Hund aus den Trümmern. Anscheinend unverletzt, schüttelte er sich und sagte langsam: »Mein Gott, was ist denn passiert?«

»Schnell, Collins«, schrie Royce, »lösen Sie den Bootsmann am Ruder ab!« Er fuhr zum Kompaß herum, der wie durch ein Wunder unversehrt war. »Steuern Sie Nordwest, und schicken Sie Raikes mit dem Verbandskasten hoch.« Besorgt starrte er den Signalgasten an. »Schaffen Sie das?«

»Aye, Sir, es geht schon. Das war nur ein Schlag auf den Kopf. Mein Gott!« Damit hinkte er die Leiter hinunter.

Harston öffnete die Augen und suchte das besorgte Gesicht von Royce. Mit einer Hand griff er nach seiner Schulter und krächzte leise: »Kümmern Sie sich nicht um mich, IWO. Mich hat's erwischt. Bringen Sie nur das Boot hier weg!«

Ein Hustenanfall schüttelte ihn, und Royce hielt ihn eng an sich gedrückt, bis er aufhörte.

Das fahle Gesicht verzog sich zu einem Lächeln.

»Sie sind in Ordnung, Clive, der Beste, den ich je . . .« Wieder hustete er. Dann packte er Royces Arm und versuchte, sich emporzuziehen.

»Kümmern Sie sich an meiner Stelle um das Boot und die Jungs, ja?«

Royce nickte. »Aber sagen Sie nicht so was. Ich bringe Sie zurück«, stammelte er.

»Sagen Sie Artie, er kann mein Frühstück haben, und sagen Sie ihm auch, daß . . .« Harstons Kopf sank an Royces Schulter. Er fühlte, wie ein Zittern durch den Körper rann. Dann erschlaffte er.

Einige Sekunden saß er nur da und hielt Harston. Als der Bootsmann mit zwei Seeleuten erschien, wandte er das Gesicht ab, so daß sie seine Tränen nicht sehen konnten, und sagte mit rauher Stimme: »Der Kommandant ist soeben gestorben. Kümmert euch um die andern.«

Behutsam machte er sich frei, stand steif auf und rief durch das Sprachrohr in den Maschinenraum: »Ist da unten alles in Ordnung, Moore?«

Eine blecherne Stimme antwortete: »Aye, aye, Sir. Keine Schäden. Zwei Lecks vorn unter der Wasserlinie im Wohndeck, die habe ich zustopfen lassen. Wenn Sie wollen, Sir, kann ich Ihnen höchste Umdrehungen geben.«

Royce konnte sich lebhaft vorstellen, wie Moore zusammengekauert im Qualm und Lärm saß, umgeben von Tanks mit hochentzündlichem Benzin, und wie er sich fragte, was da bloß über seinem Kopf vorging. Doch seine neunjährige Erfahrung in der Marine verhinderte, daß er Fragen stellte.

»Sehr gut. Wenn der Bootsmann Meldung erstattet hat, sind wir klar für Höchstfahrt.«

Zehn Minuten später meldete Raikes das Ergebnis seiner hastigen Runde. »Fünf Tote, darunter der Kommandant.« Er hielt inne und senkte den Blick. »Drei Verwundete, einer schwer. Und zwar Banks von der Backbord-Örlikon«, setzte er hinzu.

Royce mußte an den zusammengekauerten Geschützführer denken, der wild in die Rauchwand gefeuert hatte. Allein, verwundet und voller Angst hatte er geschossen, bis das Magazin leer war.

»Und was die Schäden angeht«, fuhr Raikes fort, »so haben wir zwei Einschüsse unterhalb der Wasserlinie, jetzt abgedichtet. Etwa zweihundert Löcher in der Backbordseite, halb so viele auf der anderen. Schnellfeuergeschütz hat Ladehemmung, Maschinengewehre sind zusammengehauen, das Beiboot ist kaputt. Der größte Teil des Gerätes unter Deck ist losgerissen.«

»Mit anderen Worten, das Boot kann schwimmen, aber nicht kämpfen. Also gut, die Örlikons sollen besetzt bleiben, und kümmern Sie sich darum, daß die Verwundeten versorgt werden. Ach ja, und eine große Portion Rum für alle.«

Er wandte sich zum Sprachrohr. »Kurs Westnordwest. Volle Kraft voraus.« Dann bemerkte er, daß der Bootsmann immer noch dastand. »Ja?«

»Ich wollte Ihnen nur sagen, Sir, daß es mir um den Kommandanten sehr leid tut. Er war der Beste, unter dem ich je gedient habe.« Erstmals schien er keine Worte zu finden.

Royce nickte. »Danke, Bootsmann, ich weiß, was Sie meinen.«

Collins hatte seine Station wieder eingenommen und versuchte ziellos und verwirrt, seine Flaggen zu ordnen. Royce blickte in die leere Ecke der Brücke, wo dunkle Flekken auf den Planken und eine grausige Anhäufung von Einschußlöchern in den dünnen Stahlplatten die letzte Erinnerung an einen Mann waren, der selbst noch an der Schwelle des Todes an seine Pflichten anderen gegenüber gedacht hatte.

Wütend fuhr sich Royce mit der Hand über die Augen und starrte angestrengt auf die erbarmungslose See hinaus. Er fühlte sich schwach und eiskalt, sein Magen revoltierte, und er zitterte heftig.

Kein anderes Schiff war auszumachen, anstelle des flammenden Wirbels, der sie beinahe verschlungen hätte, herrschte eine große Stille. Weit hinter dem verschwommenen Horizont brach der Himmel auf, die silbernen Anzeichen der Dämmerung wurden reflektiert von den beiden weißen Gischtfahnen beiderseits des Bugs, der sich hob und in Richtung Heimat zeigte. Unter seinen Füßen fühlte Royce Hammerschläge, als die Bootsmannsgruppe die gesplitterten Planken reparierte und brauchbares Gerät aus den Trümmern suchte. Dies und der Duft nach Kakao aus der Kombüse beruhigten seine Nerven, er dehnte zum erstenmal die verkrampften Muskeln. Müde hob er sein Nachtglas und straffte sich, als er die öde See an Backbord absuchte. In seinen Linsen blitzte eine kleine weiße Feder auf, überragt von einem sich schnell bewegenden Rumpf; noch während er hinsah, verkürzte sich der Umriß und drehte mit hoher Geschwindigkeit auf ihn zu.

Schon tastete seine Hand nach dem Knopf der Alarmglocke, die durch ihr Schrillen die Männer wieder auf Stationen hasten lassen würde. Diesmal hatten sie allerdings nur noch zwei Örlikons mit wenig Munition sowie die langen Torpedos, die als nutzlose Last in ihren Rohren lagen. Zudem waren sie allein.

»Es ist eines unserer Kanonenboote, Sir.« Collins' scharfe Augen hatten selbst auf diese beachtliche Entfernung das rasende Etwas erkannt.

Es war tatsächlich ein Kanonenboot, das nun das Erkennungssignal blinkte, was Collins sofort beantwortete. In weitem Bogen drehte es und ging mit verminderter Fahrt fünfzig Meter entfernt auf Parallelkurs.

»Gehen Sie mit der Fahrt herunter, und hängen Sie sich an«, dröhnte sein Lautsprecher. Im grauen Morgenlicht erkannte Royce den Flottillenchef ihres Geleits, der durchs Glas ihre Schäden abschätzte.

Als Royce nicht antwortete – sein eigenes Megaphon lag in Stücken –, krächzte die scharfe Stimme erneut: »Der Rest Ihrer Flottille kommt von achtern auf. Sie sind der letzte, der noch fehlte.«

Royce winkte zurück und befahl dem Bootsmann, mit

der Fahrt herunterzugehen. Der Offizier hatte ihn nachdenklich gemacht. Der letzte, der noch fehlte, was hieß das? Daß alle außer Paskins Boot unversehrt waren? Aber wie hoch waren die Verluste? Bei diesem Gedanken sah er wieder Harston kraftlos dort über das Deck kriechen, wo er jetzt stand. Er fühlte erneut seine Hilflosigkeit, als der letzte Lebensfunke in ihm erlosch. Im Bruchteil einer Sekunde war sein ganzer jungenhafter Elan dahin.

Dies alles kam ihm so unwirklich, so bedrückend vor, daß er sich schüttelte. Daß dieser Alptraum ihn nie mehr loslassen würde, wußte er noch nicht.

An der scharfen grauen Linie des Horizonts brach ein neuer Tag an, langsam zuerst, als zögere er, die Tragödie der Nacht zu enthüllen, dann mit dem vollen, strahlenden Glanz einer regenverkündenden Sonne. Und mit dem Licht kam die kleine Schicksalsgemeinschaft mühsam aus dem frühen Morgendunst gekrochen, einer hinter dem anderen. Dicht aufgeschlossen suchten sie beieinander Trost und Schutz in einer sonst gefährlichen Formation.

Embersons Boot fuhr an der Spitze. Beim Näherkommen sah Royce ein seltsames Lochmuster in seiner Bordwand, zudem fehlte bei der einen Örlikon ein Rohr. Doch wie ein trotziges Banner wehte auf der Brücke ein gelber Schal. Dahinter kam Benjy Watsons Nr. 2007 in Sicht, es schleppte ein anderes Boot über den Achtersteven und tat sich sehr schwer damit. Die widerstrebende Last war Jock Murrays Nr. 3007, das schwerfällig von einer Seite zur anderen gierte. Watson stand auf der Brücke, beobachtete mit rotgeränderten Augen die Schleppleine und bellte dauernd Fahrtänderungen an seinen IWO, der mit verbundener Hand am Kartentisch saß. Murrays Boot war ein Trümmerhaufen: schwarz verbrannt, übersät von Einschüssen, mit Pumpen, die eintönig rasselnd gegen das Wasser kämpften, das gierig durch die aufgerissenen Planken strömte, lag es auf der Nase. Der Kommandant hing trübselig über dem Kompaß, atmete schwer und verfluchte die langsame Fahrt. Die Hälfte der Besatzung lag tot unten, sein IWO war erblindet.

Der Zug war noch länger: MTB 1815 unter Kommando von Lieutenant Deith, dem verbindlichen, dunklen Autoverkäufer aus Kensington, hielt nur sehr unstet Kurs; es hatte kein Ruder mehr und steuerte mit den Maschinen. Auch dort zeugten viele Trümmer, menschliche und andere, von ihrer Niederlage.

Lieutenant Camerons 2015, die neueste Erwerbung der Flottille, war – abgesehen von dem aufgerissenen Oberdeck – am wenigsten beschädigt. Er hielt am Schluß ein wachsames Auge auf die Gefährten.

Und das war alles. Zwei Boote fehlten: Paskins und Nr. 1917. Das gehörte Lieutenant Ronni Patterson, dem jüngsten der Kommandanten.

Mittlerweile hatte Emberson dicht aufgeschlossen und winkte mit seinem Megaphon.

»Rufen Sie John hoch, ja?« schrie er. »Ich wußte ja, ihr würdet wiederauftauchen!«

Royce schluckte hart und umklammerte verzweifelt die Reling. »Das kann ich nicht«, stotterte er. »Er starb letzte Nacht.«

Er hätte gern noch mehr gesagt. Aber was konnte er dieser nüchternen Feststellung schon hinzufügen, die jetzt so kalt und gleichgültig klang?

Embersons Willkommenslachen schwand, er schien zu Stein verwandelt.

»Ach so«, nickte er langsam, »verstehe.« Und setzte noch etwas hinzu, das Royce wie »mein Freund« klang.

Er nahm die Mütze ab und senkte den Kopf, sein Haar wehte im kalten Wind. So stand er nur ein paar Sekunden lang, doch Royce schienen sie wie eine Ewigkeit.

Schließlich setzte er die Mütze mit einem Ruck wieder auf und reckte die Schultern.

»Wir reden später miteinander«, rief er. »Ich freue mich jedenfalls, daß Sie unversehrt sind.«

Mit aufheulenden Motoren drehte er ab, um sich wieder an die Spitze zu setzen.

Ihre Heimfahrt vergaß Royce nie. Jede Kleinigkeit, jede Entscheidung verlangte ihm äußerste Kraft ab. Als sie von der Zerstörerpatrouille, die entsandt war, sie in Sicherheit zu bringen, angerufen wurden, stand er kurz vor dem psychischen und physischen Zusammenbruch.

Schweigend gaben sie ihre Toten am Eisenbahnkai an Land und überließen die Boote den wartenden Werftarbeitern. Dann machten sie sich in einer Hafenbarkasse auf den Weg zur *Royston*, ohne die neugierigen und besorgten Blicke zu bemerken, in sich nur den verzweifelten Schmerz der Niederlage.

3

Der kraftvoll strahlende Glanz des Frühlingsmorgens erhellte Royces winzige Kammer. Geschickt schraubte der Steward die Blenden ab und stellte einen großen Becher Tee neben die Koje. Der in Decken gehüllte, zusammengekauerte Offizier lag so ruhig da wie all die anderen, die der Steward versorgt hatte; selbst das Durcheinander salzverkrusteter Kleidung, Seestiefel und anderer Sachen war überall gleich. Vorsichtig, aber entschlossen und in langer Praxis geschult, packte er eine Schulter und schüttelte sie. Die Gestalt knurrte und räkelte sich.

»Guten Morgen, Sir, Tee nach Art des Hauses!« rief er fröhlich und trat dann zurück, um den Erfolg abzuwarten. Wie die übrige Besatzung der *Royston* war er über das letzte Gefecht der MTB-Flottille und ihre schweren Verluste unterrichtet. Er wußte ebenfalls, daß dieser junge Offizier Hilfe und Ruhe abgelehnt hatte, bis er hörte, daß seine Besatzung sicher in ihren Hängematten lag. Und selbst dann hatte er sich noch gezwungen, Briefe an die Angehörigen der Toten zu schreiben und im Hospital anzurufen, um nach den Verwundeten zu fragen. Als er dem Operationsoffizier seinen Bericht übergab, hatte er erfahren, daß für alle Bootsbesatzungen vierzehn Tage Urlaub bewilligt war.

Royce schlug die Augen auf und stützte sich auf einen Ellbogen. Verwirrt blinzelte er durch das helle Sonnenlicht den Steward an.

»Danke. Wieviel Uhr . . .« Seine Stimme klang dumpf.

Eifrig fiel der Steward ihm ins Wort. »Um die Uhrzeit machen Sie sich mal keine Gedanken, Sir. Es ist jetzt acht Uhr und ein herrlicher Morgen, um auf Urlaub zu gehen. Ich habe Ihre beste Uniform gebügelt, und Stripey Murdock hat vier Hemden für Sie hergerichtet. Ach ja, und ich habe die Zugverbindungen nach London nachgesehen, wie Sie gebeten hatten. Zum Frühstück gibt's Dosenfleisch, der Koch hat auch noch Eipulver aufgegabelt. Ich bringe es Ihnen gleich rein.«

Royce erinnerte sich nicht, nach Zügen gefragt zu haben. Vermutlich wollte man ihn nur verwöhnen. Doch die Tür schloß sich, ehe er etwas sagen konnte, und so rollte er sich aus der Koje und schlürfte den süßen Tee.

Später, beim Frühstück, dachte er über den Urlaub nach und überlegte, ob seine Eltern wohl eine Veränderung an ihm bemerken oder ihn weiterhin wie einen Schuljungen behandeln würden. Der Gedanke an die Wälder von Surrey, die nun grün und frisch sein mußten, an das federnde Gras unter seinen Füßen und das erregte Gebell des alten Bruce, der durch die Büsche tobte, durchfuhr ihn wie ein angenehmer Schauer. Er beschloß, keinesfalls mehr an die vergangenen achtundvierzig Stunden zu denken.

Während er sich langsam und sorgfältig anzog, vernahm er die gewohnten, mittlerweile so vertrauten Geräusche im Schiff: den regelmäßigen Schritt des Deckswachhabenden über seinem Kopf, das Klirren der Winschen, den klagenden Schrei der Möwen, das Zwitschern der Bootsmannspfeifen, das die Männer zur Arbeitsverteilung rief.

Der kleine Steward huschte herein, prüfte seinen Schützling sorgfältig und nickte dann. »Sie sehen gut aus, Sir, wenn ich das sagen darf, und kommen gerade noch zurecht für den Zug um neun Uhr zehn nach London. Gegen elf Uhr dreißig ist er da, und vom Waterloo-Bahnhof gibt es viele Verbindungen nach Surrey.«

Royce dankte ihm und nahm Koffer und Gasmaske.

»Sagen Sie dem Deckswachhabenden, er soll das Postboot noch aufhalten. Ich will nur eben in die Messe hineinsehen.«

Mit festem Händedruck und guten Wünschen verabschiedete er sich dort von seinen Freunden, die sich auf den Urlaub freuten wie Hungernde auf die erste Mahlzeit. Emberson kam mit an Deck und schaute neben ihm in das Wachboot hinunter, das am Hauptniedergang festgemacht hatte. Ganz offensichtlich wartete der Bootssteurer bereits ungeduldig.

»Auf Wiedersehen, Clive«, sagte er leise. »Guten Urlaub und vergiß alles andere. In einer Stunde fahre ich auch.«

Royce sah die einsame Gestalt an der Reling stehen, bis die *Royston* außer Sicht kam.

Er sah gut aus in seiner besten Uniform, der gewellte Goldstreifen glänzte auf dem Ärmel. Während er die Rampe zum Bahnhof hinaufschritt, kam eine Marinestreife eilig aus dem Büro des Bahnhofsvorstands und grüßte.

»Verzeihung, Sir, sind Sie Sub-Lieutenant Royce?«

Als der Offizier nickte, setzte er hinzu: »Vom Werfttor ist gerade durchgegeben worden, daß eine Wren versuchen wird, Sie noch zu erreichen. Mehr weiß ich nicht, das Gespräch wurde unterbrochen. Aber ich vermute, es handelt sich um eine Nachricht vom Signalturm.«

Mit einem Blick auf die Uhr blieb Royce stehen. »Das hat wohl Zeit, bis ich zurückkomme. Ich habe keine Lust, eine Stunde auf den nächsten Zug zu warten.«

»In Ordnung, Sir. Ich sage ihnen, daß Sie schon fort waren.«

Royce machte es sich in einem leeren Abteil bequem und füllte seine Pfeife mit zollfreiem Tabak. Noch zehn Minuten, dann würden Krieg und Marine hinter ihm liegen.

Das Kreischen von Bremsen vor dem Bahnhof schreckte ihn auf. Mit einem Ruck kam ein grauer Werftwagen zum Stehen, eine kleine Gestalt in Blau sprang heraus und rannte auf den Bahnsteig. Zum Vergnügen der Seeleute in einigen Abteilen schaute sie in jedes Fenster.

Großer Gott, dachte Royce, es muß doch eine dringende Nachricht sein.

Der Gedanke an einen möglichen Rückruf durchfuhr ihn eiskalt. Um die Ungewißheit nicht noch zu verlängern, steckte er den Kopf aus dem Fenster.

»Suchen Sie mich?«

Sie kam heran und blickte hastig atmend zu ihm auf. An ihren Abzeichen erkannte er, daß sie von der Signalabteilung kam, doch ihr hübsches Gesicht interessierte ihn viel mehr. Die Augen, die ihn jetzt ängstlich ansahen, waren von tiefem Braun, das sich von der zartesten Haut abhob, die Royce je gesehen hatte. Unter ihrer kecken Mütze kämpften sich dunkle Locken hervor und vervollständigten das reizende Bild.

Er merkte, daß er sie anstarrte, und errötete leicht. »Ich heiße Royce«, erklärte er. »Suchen Sie mich?«

»Ja, ich wollte Sie über Lieutenant Harston befragen«, sagte sie schnell mit weicher, warmer Stimme. »Ich hoffte, Sie könnten auf mich warten.«

Royce straffte sich. »Ich wußte nicht, daß er hier eine Freundin hatte.« Irgendwie war er ärgerlich. »Ich nehme an, auf *Royston* kann man Sie über alle Einzelheiten unterrichten.«

Das traurige Gesicht wurde ernst. »Ich bin Julia Harston, seine Schwester.«

Royce war tief erschrocken. Diese unerwartete Wendung verwirrte ihn, und er fragte sich, wie er den Schaden, den seine eiligen Worte angerichtet hatten, wiedergutmachen konnte.

»Tut mir schrecklich leid, das war mir nicht klar«, stammelte er. »Sehen Sie, ich dachte – ich dachte, Harston hätte keine Angehörigen.« Er errötete. »Ich hielt sehr viel von ihm, er hat mir alles beigebracht. Als Sie daherkamen und nach ihm fragten, da wollte ich mit niemandem über ihn sprechen.« Hilflos brach er ab.

Einige Sekunden lang sah sie ihm ins Gesicht, dann sprach sie so langsam und überlegt weiter, als liege ihr viel daran, daß er verstand.

»Sehen Sie, wir haben keine Eltern mehr, sie wurden im vergangenen Jahr bei einem Luftangriff auf London getötet.« Sie machte eine Pause, und einen Moment zitterten ihre Lippen. »Nun bin ich die einzige, die noch übrig ist.«

Irgendwo hinten auf dem Bahnsteig, Royce schien es hundert Meilen entfernt, rief eine Stimme: »Beeilung dort! Alle Türen schließen!« Ein warnender Pfiff ertönte.

Heftige und bisher unbekannte Gefühle bewegten ihn. Da stand Julia Harston nun allein und klein auf dem jetzt leeren Bahnsteig. Am liebsten wäre er hinausgesprungen, hätte sie in den Arm genommen, um sie zu trösten und zu schützen.

Die Worte sprudelten aus ihm heraus. »Kann ich Sie wiedersehen? Ich komme bald zurück, meinetwegen auch früher.«

»Das geht nicht. Ich werde morgen abkommandiert«, antwortete sie schlicht.

Ein schriller Pfiff, die Lokomotive stieß zischend Dampf aus; der Zug ruckte an.

»Bitte, ich muß Sie wiedersehen«, flehte Royce und beugte sich weit aus dem Fenster, bis ihr Gesicht nur einen halben Meter entfernt war. »Wohin werden Sie versetzt?«

Der Zug begann langsam zu rollen.

Trotzig hob sie das kleine Kinn. »Ich nehme an, daß man Ihnen höherenorts alle Einzelheiten darüber sagen kann.«

Damit wandte sie sich ab und ging schnell davon. Der Zug nahm Fahrt auf, aber Royce hing immer noch weit aus dem Fenster und sah der kleinen braunen Gestalt nach, bis der Dampf der uralten Lokomotive den Bahnhof verhüllte. Nur die schmutzigen Häuserreihen am Rand des Hafens waren zu sehen.

Er sank in die abgenützten Polster, ein Gefühl der Hilflosigkeit überfiel ihn, und zum erstenmal tat ihm das Herz weh. Auf der ganzen Fahrt in die Hauptstadt saß er ruhelos da, starrte aus dem Fenster, erkannte hier und dort die Landschaft und versuchte, die großen braunen Augen Julia Harstons zu vergessen. Doch dauernd wiederholte er im Takt mit dem Klappern der Räder ihren Namen. Wenn er nur seiner Mutter kein Telegramm mit seiner Ankunftszeit geschickt hätte, dann hätte er ein bißchen länger bleiben können. Als der Zug mit knirschendem Ruck hielt, war er entschlossen, Julia zu finden, egal, was sie von ihm dachte.

Wie benommen kämpfte er sich einen Weg durch den belebten Waterloo-Bahnhof. Lautsprecher blökten, und Hunderte von Soldaten eilten durcheinander. Fröhliches Wiedersehen und tapferer, tränenreicher Abschied, das war im Krieg alltäglich.

Eine Stunde später stieg er aus einem anderen, langsameren Zug auf der kleinen, ihm so vertrauten Station am Rand der Oxhott-Wälder. Wie zum Willkomm begrüßten ihn blühende Narzissen im Garten des Stationsvorstehers. Im nächsten Augenblick lagen die Arme seiner Mutter um seinen Hals, sein Vater schüttelte ihm die Hände, und Bruce, älter und fetter geworden, doch genauso ungestüm wie früher, watschelte um ihn herum. Im Hintergrund stand Arthur, der alte Gepäckträger, und nickte lächelnd.

»Du siehst gut aus, Clive«, sagte sein Vater heiser, und seine Mutter musterte ihn mit glänzenden Augen.

Und so, in einem eigens angemieteten Taxi – sie hatten sich nie einen Wagen geleistet –, die Arme verschränkt und Bruce auf dem Koffer neben dem Fahrer thronend, kehrte Clive Royce heim: nicht mehr der grüne Junge, der in der prächtigen Uniform voll kühner Hoffnungen vor knapp einem Jahr hinausgezogen war, sondern ein ruhiger, erwachsener Mann, selbstbewußt, ein Offizier.

Die erste Woche seines Urlaubs verging mit Besuchen bei alten Freunden, um seinen Eltern eine Freude zu machen. An den Abenden wanderte er zufrieden durch die Wälder, rauchte seine Pfeife und warf Stöckchen für den Hund. Doch immer lauerten im Hintergrund seiner Gedanken die Schrecken der vergangenen Woche. Einmal fuhr er nachts schweißgebadet im Bett hoch, hörte wieder das Rattern der Maschinengewehre und die grausigen Schreie des sterbenden Lund. Beim Gedanken an Harston dachte er an Julia, und sofort erfüllte ihn verzweifeltes Verlangen. Er mußte sie finden, sie wiedersehen.

Die zweite Woche verging allzu schnell, und mit jedem Tag schien seine Mutter immer kleiner zu werden, immer besorgter um ihn. Obwohl er ihr nie von den Schrecken des Krieges erzählte, begriff sie sehr schnell, was ihren Sohn so verändert hatte.

Am letzten Donnerstag saßen sie nach einem späten Abendessen rund um den Kamin und sprachen von der Zukunft, der Nachkriegszeit, als sein Vater auf die Uhr schaute und das Radio einschaltete.

»Wir wollen doch nicht die Nachrichten verpassen, Liebste«, lächelte er. »Clive weiß ja sonst überhaupt nicht mehr Bescheid.«

Es waren die üblichen Meldungen, hier ein Vorrücken, dort ein Rückzug, Luftangriffe in den Midlands, Luftangriffe auf Deutschland. Und dann hieß es am Schluß: »In der vergangenen Nacht waren unsere Leichten Küstenstreitkräfte vor Hoek van Holland mit feindlichen Schnellbooten im Gefecht. Ein S-Boot wurde versenkt, mehrere beschädigt. Zwei unserer Fahrzeuge erlitten Schäden und Verluste. Die Angehörigen wurden benachrichtigt.«

Seine Mutter stellte das Radio ab und fragte mit abgewandtem Gesicht etwas zu fröhlich: »Wie wär's mit dem Rest Sherry? Ich gehe und hole ihn.« Damit eilte sie hinaus in die Küche.

Die beiden Männer sahen sich an, dann klopfte ihm der Vater aufs Knie. »Du mußt Mutter verstehen. Du weißt, wie sehr sie sich um dich sorgt.«

Am anderen Tag dachte Clive an diese Worte, als sie schweigend auf dem Bahnsteig darauf warteten, daß der Zug einlief. Dann ein hastiger Abschied, eine kurze Umarmung, und schon trug ihn der Zug aus dem sonnenbeschienenen Bahnhof. Das Bild der beiden gebrechlichen Gestalten und des struppigen, traurig dreinschauenden Hundes prägte sich ihm fest ein.

Nach vielen langweiligen Reisestunden und häufigem Umsteigen, wobei er stets darauf achten mußte, die Gasmaske nicht liegen zu lassen, kamen die vertrauten Wahrzeichen der flachen Küste von Essex in Sicht. Dann wichen die einsamen Marschen und die fruchtbaren, früh bestellten Felder den vereinzelten Häusern und Bauernhöfen, bis der Zug schließlich im geschäftigen Hafenbahnhof zum Stehen kam.

Auf dem Weg zur Sperre erkannte Royce mehrere Gesichter, man grüßte oder lächelte je nach Rang und Stimmung. Petty Officer Moore, schmuck und adrett in tadelloser Uniform und goldenen Abzeichen, ganz anders als in seinem schmierigen Overall und Wollmütze, wankte sichtlich überladen mit geheimnisvollen Paketen von lieben Verwandten dahin. Bei Royces Anblick nickte er unbeholfen und nahm Gleichschritt mit ihm auf.

»Guten Tag, Sir«, grüßte er freundlich. »Ich hoffe, Sie hatten einen schönen Urlaub.«

Ohne eine Antwort abzuwarten, erzählte er ausführlich von seinen eigenen Erlebnissen, die anscheinend hauptsächlich in Kneipen stattfanden. »Das verdammte Geld«, seufzte er, »schmolz wie Butter an der Sonne.«

Von der Eisenbahnpier aus sahen sie, daß die Boote wieder am Mutterschiff längsseit lagen. In den zwei Wochen hatte die Werft Wunder vollbracht. Die Beplankung war geflickt oder ersetzt, die Rümpfe waren in dunklem Grau neu gestrichen, was ihre schnittigen Linien hervorhob. Auch jetzt noch schwärmten Arbeiter über die Decks, die Instandsetzungstrupps legten letzte Hand an die Boote.

In der Messe der *Royston* öffnete gerade die Bar, als Royce eintrat. Bald war er umringt von alten Freunden, die eifrig schwatzten und die Kameraden über die neuesten Einsätze ausquetschten.

Ein kleiner, verhutzelter Reserveleutnant mit dem Purpurstreifen des Ingenieurs und von allen liebevoll als »Pfiffikus« Martin bezeichnet, sah traurig in sein leeres Glas und schüttelte den Kopf.

»Tut mir leid, aber euch armen Jungs steht ein Schock bevor.« Er seufzte tief. »Hat irgendeiner von euch Nachtschwärmern schon 'mal von einem Lieutenant-Commander Aubrey Kirby von der Royal Navy gehört?«

»Großer Gott, ja«, antwortete Benjy Watson, der nach seinem stürmischen Urlaub ziemlich hager aussah. »Er ist Kommandant des alten Zerstörers *Wycliffe* und angeblich ein ziemliches Mistvieh. Warum?«

Martin lächelte hinterlistig. »Er *war* Kommandant der *Wycliffe.*« Und nach einer Pause: »Ihr werdet begeistert sein zu hören, daß dieser noch aus der Friedensmarine stammende, tyrannische und arrogante Berufsoffizier nun Chef unserer Flottille wird!« Befriedigt registrierte er die Zeichen der Bestürzung. »Und wie unser rundlicher Freund hier sagt, ist er ein ziemliches Mistvieh.«

»Hör mal, mein Alter«, nölte Emberson, »wir hatten immer einen Burschen von der Reserve als Chef, darauf kam es an. Mit allem Respekt gegenüber unseren Profi-Kameraden – wir wollen keinen Boss, der immer nur an seine Karriere denkt. Verdammt noch mal, Pfiffikus, Sie müssen sich irren!«

Deith, der ruhigste aller Kommandanten, dachte scharf nach und gab dem Steward ein Zeichen, Martins Glas zu füllen. Nachdem er einen Scheck für eine weitere Ginrunde ausgeschrieben hatte, lächelte er.

»Danke, daß Sie uns so aufgemuntert haben, alter Pirat. Vielleicht ist Kirby am Ende gar nicht so schlecht, und wir schaffen es sogar, daß er uns liebgewinnt.«

Martin lachte lauthals. »Ich habe – natürlich rein zufällig – gehört, wie er mit dem Operationsoffizier sprach und sagte, ich zitiere: ›Die Küstenstreitkräfte sind eine wichtige Waffe der Marine.‹ Moment mal«, warnte er, als alle jubelten. »Er sagte weiter, und ich zitiere erneut: ›Sie sind zu wichtig, um sie einem Haufen verantwortungsloser Segler und Wochenendskipper zu überlassen.‹ Ende des Zitats. Was? Kein Jubel mehr?«

»Hm. Morgen vormittag um neun Uhr ist eine Besprechung. Ich könnte mir vorstellen, daß wir ihn da kennenlernen«, sagte Emberson und rieb sein Kinn. »Steward, dasselbe noch mal, und dann laßt uns auf einen kurzen Krieg trinken!«

Blauer, dicker Tabakrauch trieb durch das Lagezimmer, in dem sich die Offiziere der Flottille für die Besprechung zurechtsetzten. Royce blickte sich um und sah überall deutliche Zeichen dafür, daß der zweiwöchige Urlaub Wunder vollbracht hatte. Die frischen, eifrigen Gesichter waren mit neuem Leben erfüllt. Schmerz durchzuckte ihn bei dem Gedanken, daß er nun vergebens auf Harstons schnelle und witzige Bemerkungen sowie auf Paskins behutsame und geduldige Erklärungen warten würde. Traurig fragte er sich, wie wohl sein neuer Kommandant sein würde. Seltsam, daß er ihn noch nicht getroffen hatte. Mehreren Neuen war er bereits begegnet, die an die Stelle der Verwundeten und Toten getreten waren. Abgesehen von seinem eigenen Boot war die Flottille wieder auf volle Stärke aufgefüllt, und zwei neue Vosper-Boote ersetzten die, welche zum Grab ihrer Besatzung geworden waren. Sogar Jock Murrays Nr. 3007 war wieder da, mit einem völlig neuen Bug. »Die beste Schönheitsoperation, die man sich nur wünschen kann«, hatte der Schotte das in seinem langsamen Tonfall kommentiert.

Stille trat ein, zwei Gestalten schritten zum Podium.

»Morgen, meine Herren«, sagte Commander Wright fröhlich. »Bitte rauchen Sie ruhig weiter, während ich Ihnen das Neueste berichte.«

Alle Aufmerksamkeit galt jedoch dem anderen Offizier, der ohne zu zögern hinter seinem Vorgesetzten Platz nahm. Lieutenant-Commander Aubrey Kirby sah genauso aus, wie man sich einen Berufsoffizier der Marine vorstellte: tadellose Uniform, strahlendweißes Hemd, dessen gestärkte Manschetten aus den Ärmeln hervorlugten, auf denen zweieinhalb goldene Streifen prangten, als Symbole seiner Befehlsgewalt. Er entsprach so genau den Vorstellungen, daß der Mensch dahinter fast unkenntlich wurde. Er war ziemlich klein und stämmig, mit rosigem, rundem Gesicht. Sein Haar war auf die vorschriftsmäßige Länge geschnitten und zurückgekämmt, aber farblos, und auch seine Züge hatten nichts Hervorstechendes. Die Augen jedoch erinnerten an zwei hellblaue Glasmurmeln. Aufrecht und distanziert, die kleinen Hände im Schoß gefaltet, sah er für Royce wie ein blasierter Kater aus.

Mit seiner Enttäuschung stand er nicht allein. Benjy beugte sich über seine Schulter, sein warmer Atem roch nach Gin.

»Tut dir der Knabe nicht leid?« fragte er. »Ein Pekinese im Schweinestall!«

Doch als die kalten Augen einen Augenblick in seine Richtung funkelten, hielt er schleunigst den Mund.

Commander Wright redete weiter drauflos und merkte offenbar gar nicht, daß irgend etwas nicht stimmte.

»Und nun, meine Herren«, schloß er, »überlasse ich Sie Ihrem neuen Chef, der Ihnen den nächsten Einsatz erläutern wird.«

Damit zog er sich etwas zu hastig zurück.

Kirby erhob sich langsam und ging zur Mitte des Podiums, genau zur Mitte, und stand dort mit den Händen auf dem Rücken wie ein Gastdirigent vor dem Promenadenkonzert. Mit klarer, deutlicher, jedoch überraschend hoher Stimme begann er zu sprechen und kam sofort zur Sache.

»Wir werden gleich den Plan für den Einsatz morgen abend durchgehen, zuvor möchte ich Ihnen jedoch einige Punkte disziplinarer Art zur Kenntnis bringen.«

Er machte eine Pause, und ein gewisses Unbehagen ging durch die Reihen.

»Erstens: Einige von Ihnen scheinen der Ansicht zu sein, daß Uniform bei den Küstenstreitkräften nicht wichtig ist. Sie werden allerdings ganz gewiß in Kürze mit mir aneinandergeraten. Von jetzt an wird auf dem Mutterschiff und im Hafen die fünfte Garnitur ohne Zutaten und Veränderungen getragen. Keine bunten Schals, keine vertrimmten Mützen, kein Kampfanzug. Wenn Sie selbst ordentlich und sauber aussehen, wird das Ihren Männern ein gutes Beispiel sein.«

Emberson stand schnell auf und sagte halb amüsiert, halb wütend: »Sir, Sie können diese Männer hier nicht wie auf dem Kasernenhof behandeln. Unser Geschäft ist zuweilen recht gefährlich, und ein bißchen Laxheit hilft gelegentlich darüber hinweg.«

Zum erstenmal ging eine Welle von Gelächter durch die Reihen der Offiziere. Doch Kirby blieb unbewegt.

»Meine Befehle sind klar formuliert«, stieß er hervor. »Ich muß Sie bitten, Ihre persönlichen Meinungen gefälligst für sich zu behalten.«

Emberson sank fluchend wieder auf seinen Sitz.

»Das saß«, grinste Benjy. »Die erste Runde geht an den kleinen Admiral!«

Kirby fuhr fort, die Befehle und Regeln aufzuzählen, die in Zukunft auf jedem Boot der Flottille zu befolgen waren. Vom Farbton der Bootsrümpfe bis zur Bartlänge der Besatzung schien er dabei alles berücksichtigt zu haben.

Während der ganzen Attacke blieb sein Ton ausdruckslos, nur einmal machte er eine Pause, um sich ein Staubkörnchen vom Ärmel zu schnippen.

»Denken Sie daran«, schloß er, »Hervorragendes haben Sie bisher nicht geleistet. Ich werde dafür sorgen, daß dies bald als die beste Flottille an der Ostküste gilt, und wenn Sie alle mitarbeiten, wird das meine Aufgabe erleichtern. Wenn nicht«, er zuckte mit den Schultern, »müssen einige von Ihnen eben versetzt werden.«

Nur mit halbem Ohr, aber voller Entrüstung hörte Royce dann die Einzelheiten über den Einsatz in der nächsten Nacht. Er fühlte sich verletzt, nicht seinetwegen, sondern um seiner Freunde willen, die Kirbys gleichmäßiger, klarer Stimme schweigend zuhörten, als ob sie eine Gruppe zurückgebliebener Schuljungen seien.

»Ein letzter Punkt: Ich übernehme MTB 1991 mit Royce als Erstem Wachoffizier. Meine persönlichen Befehle werden durch ihn weitergegeben. Das ist alles, meine Herren. Nun werden Sie wohl an Ihre Aufgaben gehen wollen.« Sie standen auf und drängten zur Tür, aber Kirby war noch nicht ganz fertig.

»Sub-Lieutenant Royce meldet sich bei mir.«

Royce stand in dem leeren Raum vor seinem Vorgesetzten. Die Erbitterung würgte ihn, trotzdem nahm er Kirbys ausgestreckte kalte Hand.

»Na, IWO«, sagte Kirby fröhlich, »das haben alle doch gut aufgenommen, nicht wahr?«

»Sie sind großartige Kerle, alle miteinander«, sagte Royce hitzig. »Sie sind durch die Hölle gegangen, aber ich könnte mir nicht vorstellen, bei einem anderen Haufen zu sein.«

Kirbys Ausdruck verhärtete sich. »Wollen hoffen, daß

Sie nicht dazu gezwungen werden. Jetzt aber brauche ich erst mal vom Flottilleningenieur eine Liste aller Ausfälle in den letzten sechs Monaten und dazu die Ergebnisse der Schießübungen im gleichen Zeitraum. Das Ganze morgen früh auf meinem Schreibtisch.« Damit machte er auf dem Absatz kehrt und schritt davon.

Royce hatte ein Gefühl, als sei die glückliche und persönliche Atmosphäre ihres Reichs plötzlich durch einen Eindringling zerstört worden. In der Messe stellte er fest, daß die anderen der gleichen Meinung waren.

»Du liebe Güte«, dröhnte Benjy, »wenn ich meinen Jungs sage, sie sollen die dritte Garnitur anlegen, gibt es eine Revolution!«

Emberson lächelte still vor sich hin.

»Kein Grund zur Aufregung. Ich darf wohl sagen, ohne einen der hier Anwesenden vor den Kopf zu stoßen, daß ich am längsten in diesem Kreis bin. Deshalb kann ich euch prophezeien, daß dieser Knabe binnen weniger Monate Gold wert ist. Wartet's nur ab, schließlich ist er von der Royal Navy*!«

»Richtig«, nickte Murray am Ende der Bar. »Von denen hab' ich schon gehört. Betreuen sie nicht in Friedenszeiten die Marine?«

Stürmisches Gelächter klang auf, das Eis war gebrochen.

Am nächsten Nachmittag aber stand Royce in Erwartung seines neuen Kommandanten unbehaglich auf der Brücke des MTB. Nachdem er vierundzwanzig Stunden geschuftet hatte, um das Boot besichtigungsreif zu machen, war ihm nicht nach Lachen zumute. Nr. 1991 glänzte vom Bug bis zum Heck, überall roch es nach frischer Farbe. Im warmen

* Royal Navy = Berufssoldaten der britischen Marine; Royal Navy Reserve = Marine-Reserve aus berufsmäßigen Seeleuten; Royal Navy Voluntary Reserve = sonstige freiwillige Reserven (Anm. d. Übers.)

Sonnenschein sah die Brücke ruhig und friedvoll aus, die neuen, grau gestrichenen Stahlplatten schimmerten matt, das Messing der Kompaßhaube und Sprachrohre blitzte. Man konnte sich diesen Platz kaum als die tosende, von Granaten durchwühlte Hölle vorstellen, die er noch vor wenigen Wochen gewesen war. Royce hatte die Seekarten überprüft, auch die Vorräte und die Munition. Die Geschütze waren getestet, die Torpedos gezogen und gewartet worden. Sogar die Berichte, die Kirby aus irgendeinem Grund angefordert hatte, hatte er abgefaßt. Nun wartete er gespannt darauf, wie sein Vorgesetzter auf all diese Bemühungen reagieren würde.

Er mußte nicht lange warten. In tadellosem neuem Dufflecoat mit weißem Schal sprang Kirby an Bord und kam zu ihm herauf. Als er seinen Gruß erwiderte, waren seine Augen überall und nahmen jede kleine Einzelheit wahr.

»Schön, IWO«, räumte er schließlich ein. »Wir laufen um sechzehn Uhr dreißig wie befohlen aus, geben Sie das allen durch. Auch wenn es nur eine Routinepatrouille vor der holländischen Küste ist, haben wir vielleicht Glück, und in jedem Fall werden die Spinnweben weggepustet.«

Der Bootsmann kam auf die Brücke mit der Meldung, alle Mann seien vollzählig an Bord. Royce sah mit Vergnügen, daß Raikes sich besondere Mühe gegeben hatte, ordentlich auszusehen. Seine Mütze, die er sonst gewöhnlich schief trug, saß jetzt gerade auf dem krausen roten Haar, und sein Sweater war fast weiß.

»Stimmt es, daß wenigstens Sie Berufssoldat sind?« fragte Kirby.

»Jawohl, Sir«, antwortete der Bootsmann vorsichtig. »Auf diesem Boot bin ich jetzt zwei Jahre, seit es in Dienst gestellt wurde.«

»Aha.« Und als sich Raikes zum Gehen wandte: »Sorgen Sie dafür, daß in Zukunft jedesmal Seite gepfiffen wird, wenn ich an Bord komme. Und ich möchte nicht mehr sehen, daß die Männer an der Reling herumlungern. Halten Sie sie in Bewegung. Ein Schiff, auf dem stets alle beschäftigt sind, ist ein gutes Schiff. Ich werde Sie im Auge behalten, Bootsmann.«

»Aye, aye, Sir«, antwortete Raikes sichtlich verblüfft.

Aha, dachte Royce, selbst Berufssoldaten sind so etwas nicht gewohnt.

Der Zeitpunkt des Auslaufens rückte näher. Eifrig wachte Royce darüber, daß die Männer die Leinen klar zum Loswerfen machten. Auch um ihn herum auf den anderen Booten herrschte reges Leben. Kirby schritt auf der Brücke von einer Seite zur anderen, hob sein Glas und überprüfte seine Flottille.

Collins meldete: »Signal vom Turm, Sir: ›Vorbereitungssignal, noch fünf Minuten.‹«

Kirby legte den Maschinentelegraf auf »Achtung« und hörte zu seinem Ärger, daß die anderen Kommandanten ihre Motoren starten und warmlaufen ließen.

»Wenn die Motoren in Ordnung sind«, bellte er, »braucht man sie nicht anzuwerfen, ehe das Vorbereitungssignal niedergeht!«

Mit einem Ruck ging die kleine Flagge nieder, und Royce rief: »Alle Leinen los, absetzen vorn!«

Zum Glück für Petty Officer Moore heulten die Motoren im entscheidenden Moment auf; doch später bemerkte er dazu: »Das hat noch nie so geklappt und wird auch nie wieder so klappen.«

Behutsam und elegant drehten die acht Boote in Kiellinie ein und gingen auf Abstand. In der strahlenden Sonne boten sie einen stolzen Anblick. Die neuen Kriegsflaggen flatterten stolz von der Gaffel, und auf jedem Boot waren die Besatzungen zum Auslaufen ordentlich angetreten.

Royce stand auf der Back mit seinen Männern, und sein Herz schlug beim Anblick der Flottille höher. Er fühlte sich mit diesen jungen Draufgängern, von denen soviel abhing, noch enger verbunden.

Sie wanden sich durch die Sperrlücke und um die Glokkentonne herum der einladenden und doch so feindlichen See zu, über der Millionen schimmernder Lichter funkelten. Nicht die leichteste Brise kräuselte ihre glatte Oberfläche. Wie mochte es hier wohl in Friedenszeiten aussehen? dachte er. Die schmalen Strände waren sicherlich mit schwitzenden Feriengästen dicht belegt; dazu Sandburgen und Zuckeräpfel, lachende Mädchen und sorglose Männer: eine Welt, die es nicht mehr gab. Royce seufzte, ließ die Männer wegtreten und kehrte auf die Brücke zurück.

»Bei Sonnenuntergang geht die Flottille auf Gefechtsstationen«, befahl Kirby. »Und wie ich bereits bei der Besprechung gesagt habe: Keiner schießt und keiner schert aus ohne Signal von mir.«

Royce übernahm die Wache, und Kirby zog sich in seine Kammer zurück. Ihm Gegenvorschläge zu machen, war sinnlos. Augenscheinlich dachte Kirby immer noch, er führe einen Zerstörer. Was Nahgefechte bedeuteten, bei denen selbständiges Handeln entscheidend war, hatte er noch nicht begriffen.

Im schwindenden Licht zogen die Boote gleichmäßig dahin. Royce lehnte gedankenverloren am Schanzkleid und dachte wieder an Julia. Es war wunderbar, jemanden zu haben, an den man denken konnte. Er beschloß, an Land unauffällig Nachforschungen anzustellen, um eine Spur von ihr zu finden. Aber es fehlte ihm an Erfahrung in solchen Dingen. Ehe er sich freiwillig zur Marine meldete, war er viel zu sehr in seine Arbeit und das Studium vertieft gewesen, um von seinem knappen Geld etwas in das andere Geschlecht zu investieren. All das war recht bedrückend. Vielleicht verlobte sich Julia gerade in diesem Augenblick oder heiratete sogar, ohne daß er sie noch einmal gesehen hatte? Er schüttelte sich. Das Ganze war absurd, er würde sich nur wieder mal lächerlich machen. Aber das Bild der großen braunen Augen stand ständig vor ihm und zerstreute alle Zweifel und Appelle an die Vernunft.

Zwei plumpe Korvetten, Roststreifen und rote Mennige an den Bordwänden, passierten langsam die Flottille, gewiß auf dem Heimweg nach Geleitdiensten; es war üblich, bei solchen Begegnungen Signalsprüche auszutauschen.

»Signal von *Rockrose*, Sir«, grinste Collins. »›Zu welchem Yachtklub gehören Sie?‹«

Royce lachte. »Machen Sie zurück: ›Kreuzerabteilung der Ostküste. Was haben Sie vor?‹«

Sekundenlang blinkten die Lichter über die dunkler werdende See. Von *Rockrose* kam: »Zu den Wrens zu gehen. Gute Nacht!«

Mit einem fröhlichen Tuten der Sirene machte sich die schäbige Rotte auf den Weg nach Harwich.

Plötzlich stand Kirby neben Royce, offensichtlich durch die Geräusche alarmiert.

»Was war los, IWO«? fragte er. »Was waren das für Signale? Haben Sie etwas gesichtet?«

»Nein, Sir. Nur der übliche Schnack. Sonst alles ruhig.«

»Ich mag diese Albernheiten nicht, Royce. Sie sind völlig unnötig und verführen nur zu Nachlässigkeit. Die einzigen Signale, die wir abgeben, sind die, die auch in die Signalkladde aufgenommen werden. Haben Sie verstanden?«

»Aye, aye, Sir«, erwiderte Royce dumpf, während sich Collins plötzlich am Flaggenspind zu schaffen machte. Du dummes Schwein, dachte er und wandte sich dem Kompaß zu.

Nervös und mit bleichem, verzerrtem Gesicht stand Kirby da. Schließlich warf er Royce und dem Signalgast noch einen letzten strafenden Blick zu und stelzte von der Brücke.

Collins leises, unmelodisches Pfeifen übertönte klar das Brummen der Motoren: »Alle hübschen Mädchen lieben einen Seemann . . .«

»Um Himmels willen, hör auf damit!« bellte Royce. Doch gleichzeitig wurde ihm klar, daß es sinnlos war, dem unglücklichen Signalgast das abgewöhnen zu wollen.

Beim Schrillen der Alarmglocken strömten die Männer wieder an ihre Waffen, brummend und fluchend über das, was sie für eine unnütze Vorsichtsmaßnahme hielten. Able Seaman Roote, der Parker am Schnellfeuergeschütz abgelöst hatte, während dieser mit zerschnittenem Gesicht im Lazarett lag, machte keinen Hehl aus der allgemeinen Ansicht.

»Das ist vielleicht ein Quatsch! Was denkt der denn, wer er ist? Ich habe mich auf diesem Kahn schon zwanzigmal mit dem Gegner herumgeschlagen, aber niemand hat mich je gefragt, wie ich angezogen bin. Nur Seine Lordschaft sagt: ›Das wird in Zukunft ganz anders.‹« Dabei machte er Kirbys Falsettstimme nach.

Lofty Pool, sein Gegenüber, grinste mit kräftigen Zähnen in der Düsternis. »Paß auf, Rooty, bald hat er dich noch so weit, daß du Zweispitz und Sporen trägst!«

Der frühere Milchmann aus Hackney lachte freudlos.

»Hast du gehört, was Collins erzählte? Unser IWO war auf hundert. Collins dachte schon, er würde dem Alten in den Hintern treten.«

»Ja, für einen Offizier ist er kein schlechter Kerl. Das mit dem Alten paßt ihm gar nicht. Er ist ein echter Skipper, finde ich.«

Sie kauerten sich aneinander, um sich zu wärmen, und verfielen in ihr gewohntes geselliges Schweigen.

Hinter der niedrigen Brücke zusammengedrängt, fingerte die Torpedomannschaft an ihren beiden Giganten herum und schwankte leicht mit der Bewegung des Bootes. Der Torpedomechaniker, ein kleiner, unglücklich dreinsehender Mann aus Cornwall mit Namen Petroc, trat wütend gegen eines der Rohre.

»Du bist nichts weiter als ein unnützer Klumpen Metall, das sage ich dir!«

Da der Torpedo ihn offensichtlich nicht verstand, fuhr er fort: »Wenn du diesmal nichts versenkst, stecke ich den

Alten in dein Rohr und feuer ihn an deiner Stelle ab. Das würde dir sicher auch nicht passen!«

Der schwarze, samtene Himmel über ihnen, übersät mit Millionen Sternen, ließ das kleine Schiff unwichtig und gebrechlich erscheinen. Wie ein dunkler Finger zeigte der kreisende Stummelmast mal auf das eine, mal auf das andere Sternbild.

Royce schob Kopf und Schultern unter den wasserdichten Verdunklungsvorhang um den Kartentisch und machte sich mit Parallellineal und Zirkel an der abgenutzten Karte des Gebiets um Hoek van Holland zu schaffen.

Beim Kampf an dieser Küste galt es als Leitsatz, sich zwischen die tückischen Sandbänke zu verkriechen, wohin weder Geleitzüge noch ihr Schutz folgen konnten, um dann, jedes Boot für sich, mit Höchstfahrt hervorzustoßen. Gewöhnlich funktionierte das.

Jetzt schlichen die geschmeidigen Schatten der MTBs langsam gegen den Ebbstrom voran. Position halten war dabei nicht weiter schwierig, denn alle Boote ließen wie Kometen phosphoreszierende Schleppen hinter sich. Doch auch jetzt konnte Fahrlässigkeit zu erheblichem Schaden führen, das wußten alle aus Erfahrung. Oder man saß plötzlich hoch und trocken auf einer Schlickbank, wo der Gegner einen in aller Gemütsruhe vernichten konnte.

In seinen Dufflecoat gehüllt stand Kirby steif aufgerichtet neben dem Kartentisch, die Augen auf ein unsichtbares Ziel gerichtet. Welche Gedanken durch seinen Kopf zogen, konnte Royce nur ahnen. In ihm selbst hatte jedoch der Kampf zwischen Erregung und Furcht bereits eingesetzt. Er bebte und hätte am liebsten mit den Füßen aufgestampft, wußte jedoch, daß dies wahrscheinlich der Augenblick der Entscheidung war, der uneingeschränkte Wachsamkeit und Ruhe forderte. Allerdings konnte es auch wieder nur ein weiterer ereignisloser Einsatz werden.

»Alle Maschinen stopp«, befahl Kirby, und über die Boote legte sich plötzlich Stille. Das leise Plätschern der kleinen Wellen an den Mahagonibordwänden wirkte laut genug, um selbst tote Deutsche zu wecken.

Royce hielt ein wachsames Auge auf den Kompaß, versuchte ihre Abdrift sowie die Distanz zum nächsten Boot zu bestimmen. Er fuhr jäh zusammen, als Kirby ihn plötzlich in die Rippen stieß.

»Da!« zischte er und zeigte nach Backbord voraus. »Sehen Sie?«

Einen Augenblick fand er nichts, doch dann sah er anscheinend ganz weit weg ein kurzes Aufblitzen. Gleich darauf wieder Dunkelheit. Und – ja da war er erneut, der schwache Lichtstrahl, der gleich wieder verschwand.

»Was ist das, Sir?« fragte Royce. »Eine Tonne kann es nicht sein, hier liegen keine. Es war eher wie ein Signal, doch viel zu regelmäßig.«

Kirby hob erneut sein Glas, und Royce hörte ihn kichern.

»Das kenne ich von anderen nachlässigen Schiffen: eine lose Blende über einer Öffnung.«

Er wartete, bis Royce die Bedeutung begriffen hatte.

»Jedesmal, wenn das Schiff schlingert, geht die Blende auf, und Licht fällt heraus. Ja, IWO, dort liegt ein schönes großes Schiff. Klar zum Torpedoangriff!«

Royce sprang hinunter zur Torpedogruppe und hörte noch das Klicken der abgeblendeten Signallampe, welche die anderen Boote verständigte. Die Maschinen sprangen an, und wieder krochen sie vorwärts. Doch diesmal wurde es ernst.

Royce peilte am Steuerhaus vorbei. Die Dunkelheit voraus lichtete sich, und langsam tauchte eine scharf umrissene Silhouette auf. Der Anblick dieses großen Schiffes, das leise vor ihnen fuhr, war wie ein Traum, so unwirklich und erschreckend. Die Entfernung betrug immer noch tausend Meter, doch das fremde Schiff überragte sie bereits wie ein riesiger Wolkenkratzer.

»Donnerwetter, das muß ja die *Queen Mary* sein«, murmelte Petroc.

Das Sprachrohr klirrte: »Torpedorohre, Achtung!«

Sie warteten.

Immer noch liefen sie auf Kollisionskurs aufeinander zu. Der feindliche Kapitän mußte sie nun bald sehen.

Petroc peilte über seine Zielvorrichtung. »Noch dreihundert Meter«, wisperte er.

Dann hörten sie klar und deutlich über das Wasser das durchdringende Tuten einer elektrischen Hupe. Den Bruchteil einer Sekunde später folgte ein schwacher Knall. Über dem überraschten Schiff stieg eine Leuchtrakete hoch. Als sie in blendendem Glanz barst, sahen sie vor pechschwarzem Hintergrund einen großen Öltanker von etwa zwanzigtausend Tonnen vor sich. Von den großen Kränen, über die hochragende Brücke, bis zu den ordentlich in ihren Davits hängenden Rettungsbooten hob sich jede Einzelheit klar ab. Auf den Alarm hin hasteten drüben kleine Gestalten nach achtern zu einer verdeckten Geschützplattform, gleichzeitig begann der Tanker von den Angreifern abzudrehen. Am Heck wirbelte kräftiger weißer Schaum auf, und mit hoher Bugwelle schob er sich vorwärts. Doch vergeblich: Selbst die Taktische Schule Portsmouth hätte ihnen das Ziel nicht besser für den Schuß plazieren können.

Mit rauhen Kommandos über Funk warf Kirby seinen Verband in den Angriff. Die Boote hoben sich vorne an, drehten mit aufbrüllenden Motoren auf den neuen Kurs, und dann gab Kirby das Signal zum Torpedoschuß. Ein kurzer Ausstoß gelblichen Rauches, dann stürzten sich die langen plumpen Aale aus den aufgerissenen Mäulern der Rohre. Als ihre scharfen Flossen und Propeller in die See tauchten, schossen sie unbarmherzig mit wachsender Geschwindigkeit davon. Seiner Last entledigt, legte sich jedes MTB sofort über und jagte davon, um das Feld dem nächsten Boot freizumachen.

Emberson bahnte sich schnell einen Weg auf dem gleichen Kurs. Der scharfe Bug seines Schnellboots war klar zu erkennen, und als es seine Aale abschoß, wirkte das noch beeindruckender. In ihrer Aufregung hatten sie nicht an die deutschen Artilleristen gedacht, doch jetzt hörten sie über dem Dröhnen der Motoren hinweg den scharfen Knall eines Zehn-Zentimeter-Geschützes. Wohin der Schuß ging, erfuhren die Deutschen nie, denn im selben Augenblick trafen die Torpedos. Sie drangen tief in den Maschinenraum ein.

Die Detonation zerriß die Nacht. Eine große Wassersäule erhob sich über die Masten, gefolgt von einem schrecklichen orangefarbenen Blitz, stärker als selbst die Leuchtrakete. Ehe ihre erschrockenen Gemüter sich wieder fingen, brach das Hauptdeck in züngelnde Flammen aus, deren Hitze auf ihren Gesichtern brannte. Ein weiterer betäubender Knall verkündete den Einschlag von Embersons einem Torpedo. Der andere war offensichtlich vorbeigegangen. Wie von einem unsichtbaren Messer abgeschnitten, versank vor ihren Augen der hohe Bug in der See. Kirby gab Signal, das Gefecht abzubrechen, und zog sich zurück vor der neuen Bedrohung durch brennendes Öl, das sich tonnenweise aus den geborstenen Tanks ergoß. Wie eine große feurige Decke breitete es sich über die See aus, fraß die Farbe von den versengten Bordwänden des Schiffes, brachte die gezackten Platten zur Rotglut und verbeulte sie in abenteuerliche Formen. Ergeben beugte sich das Schiff, sank langsam und majestätisch, während Flammen über die ganze Länge des Decks zischten und züngelten. Über allen anderen Geräuschen waren das Bellen kochenden Dampfes und weitere innere Explosionen zu vernehmen. Die nun stillen Propeller hoben sich triefend und glänzend aus dem Wasser, der Hauptkran riß sich funkensprühend los und stürzte über die Bordwand. Das glühende Gerippe, noch wenige Augenblicke zuvor ein stolzes Schiff, richtete sich nun immer schneller steil auf, bis es anscheinend bewegungslos in der Luft hing. Zu den Beobachtern drangen die grausigen Geräusche reißenden Metalls und losbrechenden schweren Geräts herüber, dann ging der Tanker unter lautem Stöhnen und einer weiteren dumpfen Explosion, welche die Kessel zerriß, auf Tiefe. Ein letztes mißtönendes Krachen zeigte an, daß er auf den Meeresboden gestoßen war. Schließlich legte er sich über und verschwand in einem Wirbel aus Schaum und brennendem Öl.

Wie um dem sterbenden Schiff ihre Reverenz zu erweisen, sahen sie schweigend zu; die alten Krieger mit Befriedigung, die anderen wie Royce in erschrockenem Staunen. Eine Weile umkreisten sie den immer größer werdenden Ölfleck, auch wenn sie wußten, daß aus diesem Inferno niemand mehr zu retten war; sicherheitshalber suchten sie trotzdem das ölige Wasser ab. Nur klägliche Reste waren geblieben: ein Rettungsboot, einige schwelende Decksplanken, qualmende Bündel verkohlter Lumpen und Fleisch, die mit dem Gesicht nach unten trieben.

Kirby konnte nur mühsam seinen Triumph verbergen. Er schritt ungeduldig hin und her, bis er mit hastigem Blick auf die Uhr seiner Flottille befahl, sich wieder zu formieren und den Marsch nach Nordosten, an der Küste entlang, fortzusetzen.

»Das wird es ihnen zeigen, IWO«, sagte er und rieb sich die Hände. »Mal sehen, ob wir noch mehr finden.«

Erstaunt blickte Royce ihn an.

»Sie wollen doch nicht etwa in der Gegend bleiben, Sir?« fragte er. »Der Tanker hat hier sicher auf Geleitschutz gewartet. In jedem Fall aber werden die regionalen Einheiten alarmiert und wie eine Hundemeute hinter uns her sein. Das haben wir schon erlebt.«

Der helle Fleck von Kirbys Gesicht wandte sich ihm für einen Augenblick zu. »Kalte Füße, Royce? Kein Grund zur Panik!«

Royce fühlte, wie er errötete, und dachte an seine eigenen törichten Bemerkungen zu Leading Seaman Parker bei seinem ersten Einsatz.

»Ganz gewiß nicht, Sir. Nur haben wir uns immer nach einem Angriff von der Küste abgesetzt. Hier steht uns nicht genug Manövrierraum zur Verfügung.«

»Ich verstehe dieses Geschäft wohl besser als Sie«, stieß Kirby hervor, »und wäre Ihnen dankbar, wenn sich die Amateure zurückhielten und zur Abwechslung versuchten, etwas zu lernen.«

Er deutete mit dem Kopf nach hinten in die Richtung auf Embersons Boot.

»Nehmen Sie zum Beispiel ihn. Er hat zwei Torpedos verschwendet, dabei hätten meine vollauf genügt. Außerdem hat er mit einem vorbeigeschossen .«

»Auch unsere hätten vorbeigehen können. Dann sähe es anders aus.«

»Wirklich? Wie interessant!« Kirbys Stimme triefte vor Sarkasmus. »Aber ich pflege nicht wertvolles Gerät zu verschwenden. Ich bin nicht zum Spaß nur während des Krieges bei der Marine und lege Ihnen dringend nahe, sich das zu merken.«

Royce unterdrückte die heiße Wut, die ihm das Wasser in die Augen trieb.

»Aye, aye, Sir«, war alles, was er sagte.

Er lehnte sich gegen die Brückenwand, richtete sein Glas aus und vermochte einfach nicht zu glauben, daß jemand so gefühllos und wichtigtuerisch sein konnte, um völlig gelassen Vorträge zu halten, nachdem er gerade ein wertvolles feindliches Schiff vernichtet hatte. Das wirkte einfach grotesk, um so mehr, weil Kirby so selbstgerecht war.

Zwei Stunden lang fuhren sie durch die Nacht, und die dunkle Küste lag dabei niemals weit querab. Dann sahen sie plötzlich zwei Trawler direkt auf sie zukommen. Royces Herz sank. Ein Gefecht mit diesen schwimmenden Festungen und damit ein neues Massaker schien unausweichlich.

»Das könnten die Flak-Boote sein«, überschrie er das

Dröhnen der Motoren. »Beladen mit Geschützen und Betonwänden!«

Kirby schenkte dem keine Beachtung, sondern lief vierkant auf das nächste Schiff zu.

Beide Trawler blinkten erregte Lichtsignale herüber und drehten dann voneinander ab. Damit wurden ihre Umrisse länger und ihre kurzen Schornsteine klarer sichtbar.

»Feuer eröffnen!« rief Kirby.

Die Brücke ratterte und vibrierte, Leuchtspurgeschosse jagten auf den nächsten dunklen Schatten zu. Mit ohrenbetäubendem Rattern fielen die Örlikons ein. Im Nu wühlte ein Wirbel von Einschlägen das Wasser rund um den Trawler auf und wanderte ständig weiter, bis eine Welle von Blitzen über die Decks strich, kurz verhielt und dann die hohe Brücke in tödlichem Kreuzfeuer erfaßte. Holzstücke flogen nach allen Seiten, schwach hörte man das Geräusch von brechendem Glas, die Fenster des Ruderhauses flogen in Stücke und zerrissen den Rudergänger. Das Schiff drehte ab und stoppte. Dampf strömte aus, Flammen ergriffen die Aufbauten. Als es weiterdrehte, kam Deith mit seinem MTB 1815 in Sicht; seine Leuchtspurgeschosse überschütteten den anderen Trawler mit einer Flut von Geschossen. Wie sein Schwesterschiff begann er Fahrt zu verlieren. Über die See rollte eine dichte Rauchwolke auf sie zu.

Kirby schnappte sich das Mikrophon, seine scharfe Stimme übertönte das Krachen des brennenden Holzes und der explodierenden Munition.

»Gehen Sie zurück auf Ihre Position!« rief er. »Ich werde mit dem alleine fertig!«

Deiths Boot wendete in einem schäumenden Kreis, und die ganze Flottille hörte seine wütende Stimme übers Wasser hallen: »Das ist ja wohl meiner, Sir!«

»Unverschämter Schnösel!« kochte Kirby. »Darüber reden wir noch.«

Erregt stürmte er auf der Brücke hin und her, zum offensichtlichen Vergnügen von Collins, dann beruhigte er sich mit Mühe.

»Gehen Sie auf Westsüdwest, und nehmen Sie Kurs auf den Stützpunkt«, stieß er hervor. Und dann, wie um Dampf abzulassen: »Das also sind Ihre ›schwimmenden Festungen‹. Anscheinend bin ich gerade zur rechten Zeit zu ihnen gestoßen!«

Auf dem Heimmarsch stand Royce schweigend und wütend neben seinem Vorgesetzten und wagte vor Zorn nicht zu sprechen. Am meisten empörte ihn die Rücksichtslosigkeit, mit der Kirby ganz offensichtlich versuchte, soviel Ruhm wie möglich für sich einzuheimsen.

Erst angesichts des großartigen, rotglühenden Sonnenaufgangs, der wieder Leben und Farbe auf die glatte, gläserne See brachte, beruhigte er sich etwas. Die Fahrt bei Tag war ungewohnt für sie, und als die Morgensonne ihre müden Gesichter wärmte, hatten sie das Gefühl, daß die Nacht sie vorübergehend aus ihren Klauen entließ.

»Flugzeug, Sir. In Rot neun-null!«

Auf den Warnruf des Geschützführers hin fuhren alle Köpfe gleichzeitig herum, und bald waren die Gläser der Flottille auf einen winzigen schwarzen Punkt gerichtet, der zwischen den hohen Schäfchenwolken aufgetaucht war.

»Da – noch einer und noch einer! Mein Gott, ein halbes Dutzend«, murmelte Collins.

Die Jagd war eröffnet. Diese Flugzeuge würden bereits bei ihrem Stützpunkt Verstärkung anfordern.

Mit schimmernden Tragflächen beschrieben die sechs Flugzeuge einen weiten Halbkreis, bis sie die Sonne im Rücken hatten, und stürzten sich dann aufheulend in den Angriff.

Erneut ratterten die Waffen der MTBs. Jedes Boot legte den Angreifern eine Sperre von Granaten und Geschossen in den Weg. Trotzdem kamen sie näher und näher, bis die schwarzen Balkenkreuze auf den Tragflächen klar zu erkennen waren. Dann eröffnete die erste Maschine, auffallend mit gelben Streifen bemalt, das Feuer aus in den Tragflächen eingebauten Maschinengewehren, und ein Regen von Holzsplittern und Geräteteilen spritzte vom Deck eines MTB hoch. Doch das konzentrierte Sperrfeuer war zu stark für die anderen. Sie fingen ihren Sturzflug hart ab, einer zog eine leichte Rauchfahne hinter sich her.

Geführt von der Maschine mit den gelben Streifen, formierten sie sich erneut und verschwanden in den Wolken. Erst dann sahen die MTBs, daß sich fünf Spitfires tief über dem Wasser näherten und zum Gruß wackelten.

»Ich gehe jetzt nach unten«, teilte Kirby mit. »Machen Sie den Spitfires rüber: ›Das wurde aber auch Zeit.‹« Damit stapfte er die Leiter hinab.

Collins nahm die Signallampe, aber Royce schüttelte den Kopf.

»Machen Sie rüber: ›Wie schön, Sie zu sehen‹«, grinste er. »Das klingt ein bißchen freundlicher.«

Die Jäger flitzten hinter den Deutschen her, und die See wurde wieder ein leerer, gläserner Spiegel.

»Signal von 3007: ›Der Kerl hat mein neues Deck fein zugerichtet‹«, las Collins mit breitem Grinsen.

Trotzdem war es eine Erleichterung, daß niemand getroffen war.

Im Stützpunkt wurden sie jubelnd begrüßt. Die Männer waren auf ihren Stationen angetreten, die Flaggen flatterten munter. Beim Passieren der Hafensperre gab Kirby nach allen Richtungen hin Signale, so daß beim Marinestab kein Zweifel darüber bestehen konnte, wessen Sieg dies wirklich war.

Der Hornist des Mutterschiffes blies zur abendlichen Flaggenparade, da versammelten sie sich in der Bar, wo eine Neuigkeit auf sie wartete.

Aufgeregt platzte Benjy Watson herein, sein Gesicht strahlte vor Freude.

»Denkt euch, eben ist durchgekommen, daß Artie Emberson seinen zusätzlichen halben Streifen hat. Der kleine Admiral bekommt einen Rivalen!«

Deith hob sein Glas. »Unser guter alter Rechtsverdreher! Er hat's weiß Gott verdient!«

Mit nachdenklichem Gesicht betrat in diesem Augenblick Emberson die Messe. Sekunden später klopften ihm alle auf die Schultern, jemand drückte ihm ein großes Glas in die Hand.

Lachend rief Royce über den Lärm hinweg: »Ich freue mich sehr, Artie! Wie fühlen Sie sich?«

»Ja, wie fühlt man sich so als Kapitänleutnant?« witzelte Benjy.

Emberson sah einen nach dem anderen so bekümmert an, als wolle er sich jedes vertraute Gesicht einprägen.

»So lustig ist das alles gar nicht, Freunde. Ich bin nach Harwich versetzt, als Chef der dortigen MTB-Flottille. Unser gemeinsamer Weg geht also zu Ende«, schloß er leise.

Die Gesichter wurden lang. Irgendwie war es nicht in Ordnung, den alten Haufen so auseinanderzureißen, fanden sie. Bis jetzt hatten nur Tod oder Dienstunfähigkeit sie trennen können.

»Das ist unfair!« Jock Murray war der erste, der sich faßte. »Wir werden Sie sehr vermissen!«

Emberson straffte sich. »Morgen nachmittag geht's los, deshalb wollen wir heute abend ein Fest feiern, von dem noch nach Jahren gesprochen wird!«

Das war ein großartiger Einfall, vor allem weil sie wußten, daß sie mindestens zwei Tage nicht auslaufen mußten.

»In Ordnung. Aber wo?« fragte Lieutenant Cameron. »Hier an Bord geht es nicht, wenn uns Kirby oder andere Außenseiter nicht dazwischenkommen sollen. Mit aller gebührender Hochachtung vor Ihrem Kommandanten«, setzte er, zu Royce gewandt, grinsend hinzu.

»Nein«, stimmte Emberson zu. »Wir feiern auf meinem und Benjys Boot, das liegt direkt daneben.« Er wandte sich an Benjy. »Treib ein paar Wrens auf, sag ihnen, es ist eine

Abschiedsparty; damit sie nicht denken, wir haben sonstwas vor. Und Sie, Jock, organisieren alle Getränke, die Sie kriegen können, auch Bier vom *Weißen Hirsch.*«

Eine Stunde später sah der Deckswachhabende sechzehn Offiziere im Gänsemarsch über die Stelling zu zwei MTBs hinunterschleichen. Jeder trug einen Armvoll Flaschen sowie eilig fertiggestellte Häppchen, die der Chefkoch gegen Bestechung hergerichtet hatte. Mit dem Dienstboot, das vom Signalturm zurückkam, klang Frauengelächter über das Wasser. Benjy hatte einen guten Fang gemacht: nicht ein einziger vorzeigbarer Wrenoffizier machte in dieser Nacht noch Dienst.

Arties winzige Messe war mit sechs mal drei Meter reichlich eng, aber als die Gäste kamen, zeigte sich, daß überfüllte Räume eher von Nutzen als ein Hindernis waren.

Lieutenant Peter Page, Arties IWO, hatte Hervorragendes geleistet. Innerhalb einer halben Stunde hatte er die Kojen hochgeklappt, einen organisierten Teppich ausgelegt, Blumen aufgestellt und sogar noch Zeit gefunden, eine Art Büfett aufzubauen.

Nach den üblichen lauten Vorstellungen, auf die sowieso keiner achtete, ging die Party richtig los; dank eines arg mitgenommenen Grammophons begann man sogar irgendwie zu tanzen, das heißt über den Teppich hin und her zu schlingern, sich die Köpfe an den Rohren unter der Decke zu stoßen oder einander auf die Füße zu treten. War man erschöpft, führte man den Partner an die frische Nachtluft, ehe man sich erneut ins Gewühl stürzte. In dieser Lage befand sich auch Royce zusammen mit einem hinreißenden blonden Third Officer namens Sylvia, der jetzt darauf bestand, ihn »Sturkopp« zu nennen.

Royce, bereits leicht beschwipst, versuchte seine Gedanken zu ordnen und brachte tief überzeugt und mit ungeheurem Geschick das Gespräch auf Julia Harston. Für Sylvia klang das so, als vergliche er sie mit einer seiner vielen Eroberungen.

»Hör mal, mein Schatz«, hauchte sie, wobei sich ihr teures Parfüm mit dem Duft von Benjys Ginpunsch mischte, »bist du etwa einer von diesen schrecklichen Frauenhelden, vor denen Mutter mich gewarnt hat?«

Royce versuchte es erneut, aber es war ziemlich sinnlos. Deshalb steuerte er nach einem feuchten Kuß seinen Schützling zur Party zurück und übergab ihn an Cameron, der, ein Romeo ersten Ranges, schleunigst die Situation ausnutzte und mit Sylvia erneut an Deck verschwand.

Emberson schob sich durch die Menge zu ihm.

»Amüsierst du dich, Clive?«

»Ja, danke, Artie. Diese verdammte Sylvia Soundso, ich hab' vergeblich versucht, etwas von ihr über ein Mädchen zu erfahren, das ich suche: Johns Schwester. Sie war hier beim Signalpersonal, wurde aber versetzt, nachdem . . .«

»Ach ja, ich wußte, daß er eine Schwester hat, aber nicht, daß sie hier war.« Emberson schien ehrlich verblüfft. »Ist sie nett?«

»Sie ist wunderbar«, seufzte Royce, »aber sie haßt mich.«

Emberson schüttete sich aus vor Lachen.

»Das hört sich ja großartig an! Aber überlaß das ruhig mir. Zufällig kenne ich die Personalbearbeiterin, ich werde versuchen, das Nötige für dich rauszukriegen. Wie findest du das?«

Royces Gesicht zeigte deutlich, wie er das fand.

»Da ist noch was, das ich dir sagen wollte.« Emberson senkte die Stimme. »Wir beide kommen gut miteinander aus, und ich habe noch nie erlebt, daß der alte John Harston zu jemandem so stand wie zu dir. Deshalb hätte ich dich gern bei mir in Harwich, sobald du ein eigenes Boot hast. Lach nicht, das dauert nicht mehr lange, höchstens bis du den zweiten Streifen bekommst.«

Royce war tief bewegt. »Das fände ich großartig.«

»Ich habe mit Wright gesprochen, er will für dich tun, was er kann. Ich könnte dich ja schon jetzt als Wachoffizier anfordern, doch das würde deine Chancen für eine Beförderung gefährden. Also sorg dafür, daß du den Streifen bekommst, und leg dich nicht mit Kirby an. Ganz egal, was er macht. Den Rest erledige ich.«

Danach schien Royce die Welt wieder schöner zu sein, und seine angestauten Gefühle brachen mit solch unerwarteter Fröhlichkeit hervor, daß die ohnehin schon schwungvolle Party zu einem unwahrscheinlich ausgelassenen Ende kam. Zu zweit oder dritt standen sie auf den abgedunkelten Decks, und selbst das schaurige Heulen ferner Luftschutzsirenen konnte ihren aus vollen Herzen kommenden, unmelodischen Gesang nicht übertönen. Nachdem sie die Wrens unter dem vergnügten Grinsen des wachhabenden Seemanns sicher in ihr Motorboot verstaut hatten, marschierten sie, den schwankenden Emberson auf ihren Schultern tragend, die Stelling hinauf zum Hauptdeck der *Royston*. Der Offizier vom Dienst, rechtzeitig unterrichtet, stand neben dem abgeschirmten Blaulicht und salutierte feierlich.

Für einen so traurigen Anlaß war es ein bemerkenswerter Abend gewesen.

4

Der Sommer brachte viel Arbeit, aber kaum Gefahren, und verging für Royce sehr schnell. Kirby konnte er ohne große Schwierigkeiten aus dem Weg gehen. Als der Herbst die ersten eiskalten Stürme zum Kanal und in die Nordsee schickte, ging Kirby mehr und mehr in seinen eigenen Angelegenheiten auf; außer zu dienstlichen Anlässen sprach er selten mit seinen Besatzungen und kümmerte sich auch kaum um die Offiziere. Er benahm sich wie ein von heimlichen Zwängen besessener Mann und war unfähig, seinen sogenannten Amateuren zu trauen. Jeden freien Augenblick verbrachte er damit, über Flottillenbefehlen zu brüten und die Einsatzberichte anderer Gruppen zu studieren. Jeder wußte, daß er Commander Wright ständig in den Ohren lag und ihn öffentlich beschuldigte, seiner Flottille die schlechtesten Einsatzgebiete zu geben. Das lag aber hauptsächlich daran, daß von ihm selten Erfolgsberichte kamen, weil seinen viel zu starren Methoden die nötigen kühnen Funken fehlten. So begannen er und der in seinen Augen schreckliche Wright einander gewaltig auf die Nerven zu gehen.

Emberson hatte zu seinem Wort gestanden und Julia Harston in Rosyth aufgespürt, aber für Royce hätte es ebensogut Grönland sein können. Da er die Verbindung aus Furcht, sie könne sofort absagen, nicht mit einem Brief eröffnen wollte, verbrachte er viele Stunden seiner Wache mit Träumen und der Hoffnung auf Urlaub für die lange Pilgerfahrt nach Schottland. Als er sich Deith anvertraute, nickte der nur weise und diagnostizierte ernst: »Es muß sich da wohl um Liebe handeln, mein Alter.«

In der Welt draußen schwankte das Kriegsglück, und immer wieder schienen die schwarzen Wolken einer Niederlage über den britischen Streitkräften zu hängen. Während die Truppen kämpften und starben, übten und warteten, zankten und feilschten die Politiker über Militärausgaben und Vergeudung, als sei der Krieg ein Privatvergnügen der Streitkräfte, das man nur unter politischem Blickwinkel sehen dürfe.

Glücklicherweise trat die Mehrheit der unter Bombenangriffen und Rationierung leidenden Briten der finsteren Zukunft mit Realismus und Tapferkeit entgegen. Jeder hart erkämpfte Sieg löste Begeisterung aus. Trat aber das Gegenteil ein, so zuckte man nur mit den Schultern und hielt sich an den alten Glauben, daß England immer die letzte Schlacht gewinne.

Seekrieg, das hieß Geleitzüge und immer wieder Geleitzüge. Hart bedrängte Schiffe, von denen viele ohne den Krieg auf der Abwrackwerft gelandet wären, kämpften sich durch jede Meile des Ozeans, brachten das Lebensnotwendigste für die Bevölkerung und trugen Menschen und Material zu den verschiedenen Fronten. Neben der Royal Navy ertrugen die Männer der Handelsmarine den harten Kampf ohne Klagen. Sie waren Hauptziel und Beute für jedes U- und Schnellboot, jedes Bombenflugzeug, das der Feind ihnen entgegenwerfen konnte, bewacht nur von schwachen Geleitstreitkräften, die wie blind ihre hilflosen Schützlinge umkreisten, schießend, Wasserbomben werfend und sterbend.

Ganz anders als das Heer sah die Marine ihren Gegner selten. Er war nur eine weitere Bedrohung, ähnlich den heulenden Stürmen, welche die langen Kolonnen sprengten und das Fahren in pechschwarzer Nacht zum grausigen Alptraum machten. Oder wie die Mine, die in der grauen See lauerte, untätig und still, bis sie ein ahnungsloses Schiff berührte und die donnernde Explosion auslöste, bis die See unter den erbärmlichen Schreien der todgeweihten Seeleute in das Innere des Rumpfes einbrach. Nein, für die Marine hatte der Feind selten Gestalt. Er war überall und nirgends, eine ständige Gefahr, die sie nur an die nächste Minute, die nächste Stunde denken ließ. Das Morgen war zu ungewiß.

Die Nachrichten von den anderen Seekriegsschauplätzen klangen düster. Im Atlantik forderten die stärker werdenden U-Boot-Angriffe einen schrecklichen Zoll. Innerhalb eines Monats war über eine viertel Million Tonnen alliierten Schiffsraumes versenkt worden, und je energischer die britischen Werften die bitter notwendigen Geleitschiffe – Korvetten, Fregatten und Zerstörer – bauten, desto energischer jagte auch der Gegner seine Hairudel über die Schiffahrtswege. In schneidigen Angriffen versuchte die Royal Air Force, nachts die deutschen Produktionsstätten und Stützpunkte zu bombardieren, doch ihre Mühen hatten nur wenig Erfolg. Denn abgesehen davon, daß alle diese Ziele stark verteidigt waren, stand der deutschen Kriegsmaschinerie auch eine lange Küste zur Verfügung, von Norwegen bis zur Biskaya. So lag wie üblich die Hauptlast auf einigen Dutzend Schiffen, die von der Entschlossenheit ihrer Besatzungen zusammengehalten wurden und getrieben von der Verbissenheit ihrer Offiziere, die wußten, daß sie mit dem Rücken an der Wand kämpften.

Im Mittelmeer war es die gleiche Geschichte: zuwenig Schiffe, zu viele Gegner. Doch auch hier behaupteten sich die Seeleute irgendwie. Kämpften um die Geleitzüge auf jeder Meile des Weges ins belagerte Malta, deckten und versorgten die Armee in der Wüste und hielten nur inne, um zu beten oder zu sterben.

Berichte des Geheimdienstes hatten die beunruhigende Nachricht gebracht, daß die Deutschen viele neue S-Boote und Zerstörer nach Ostende, Vlissingen und Calais verlegt hatten, möglicherweise um die Küstengeleitzüge zu unterbinden und sich dadurch einen Weg für die Invasion Englands zu bahnen. Schon schossen schwere Geschütze bei Tag und Nacht über den Kanal, verursachten Verluste und Zerstörungen in und um Dover und versenkten gelegentlich langsame Küstenfrachter.

Glücklicherweise riefen diese düsteren Aussichten keine besondere Unruhe unter den Seeleuten hervor, die näherliegende Sorgen hatten. Die 113. Flottille bildete dabei keine Ausnahme. Als der Winter mit aller Härte hereinbrach, machte sich Lieutenant-Commander Kirby knurrend wichtig, bis die Hauptsorge der Crews darin bestand, ob ihr Zeug sauber, richtig gezeichnet und vorschriftsmäßig getragen wurde, ohne Rücksicht darauf, welcher Einsatz für das Boot vorgesehen war oder wie sie die feuchte Kleidung in den winzigen, überfüllten Wohnräumen trocknen sollten. Die verantwortlichen Offiziere wurstelten sich weiter durch und hofften im stillen, daß Kirby bald tot umfallen würde.

An einem kalten Wintermorgen arbeiteten sich die kleinen, windgepeitschten Boote stampfend durch die steilen, sandfarbenen Gewässer der belgischen Küste, wobei dieses unglückliche Land knapp hinter dem Horizont unsichtbar blieb. Um alles noch ungemütlicher zu machen, fegte ein feiner, durchdringender Nieselregen in grauen Schleiern über sie hinweg, begrenzte die Sicht auf zwei Meilen und machte das Wachegehen zum Alptraum. Wie üblich ließ Kirby nicht zu, daß irgend jemand seine Gefechtsstation verließ, mit dem Ergebnis, daß sich die Männer verbittert neben ihre Geschütze kauerten und versuchten, jede dürftige Deckung auszunutzen.

Royces Standort war wahrscheinlich der übelste. Breitbeinig die unruhigen Bewegungen ausbalancierend, war er auf der offenen Brücke allen Wetterunbilden ausgesetzt. Er schauderte, als das erste eisige Rinnsal in seine Stiefel drang; bald waren die dicken Socken, die er kürzlich von seiner Mutter bekommen hatte, patschnaß. Das fest um den Hals gewundene Handtuch war vom Regen und Spritzwasser schwer und kalt, und seine glühenden Wangen schmerzten unter dem Eisregen, der sie wie mit Nadeln peitschte.

Kirby hockte auf dem Sitz in der Ecke, die Kapuze seines Ölzeugs verbarg sein Gesicht. Er sah aus wie ein meditierender Mönch. Nur seine scharfen Augen bewegten sich, waren bald voraus gerichtet, bald nach rückwärts zu den anderen Booten, die sich durch die graue See wühlten.

Royce sah auf die Uhr. Acht Uhr dreißig, seit etwa zehn Stunden waren sie in See. Mit sehnsüchtigem Lächeln dachte er an die Wärme in der Bar, an ein warmes Abendessen und ein Bett und schüttelte sich dann wieder, weil ihm Eiswasser in den Kragen und zwischen die Schulterblätter rann.

»Darf ich uns Kakao und etwas zu essen machen lassen, Sir?« fragte er. Aber die zusammengekrümmte Gestalt schien nichts gehört zu haben. Deshalb versuchte er es erneut. Vergeblich.

»Kommen Sie her, IWO«, sagte Kirby schließlich. »Schauen Sie sich den Dummkopf an der Backbord-Örlikon an. Wie heißt er?«

Also kein Kakao, resignierte Royce und beugte sich vor. »Weeks heißt er, Sir, und ist vor zwei Tagen an Bord gekommen. Ein Australier.«

»Ja, ja«, sagte Kirby ungeduldig, »ich erinnere mich. Der schläft doch!« Er beugte sich über das Sprachrohr. »Bootsmann, kommen Sie mit Weeks auf die Brücke!«

»Ist er krank, Sir?« klirrte eine blecherne Stimme zurück.

»Nein, Sie Narr. Er schläft fest!«

Füßescharren war zu hören, der Bootsmann übergab das Ruder und erschien eine Minute später auf der Brücke, gefolgt von Able Seaman Weeks. Der war groß und schlaksig, das Urbild des typischen Australiers. Sein Gesicht, nun mürrisch unter einer wollenen Mütze verborgen, hatte tiefe Falten und war – in diesem Klima sehr ungewöhnlich – von der Sonne gebräunt. Die großen grauen Augen funkelten den Kommandanten rebellisch an.

Kirby verlor keine Zeit.

»Weeks, Sie haben auf Wache geschlafen. Dadurch sind Sie für mich unbrauchbar und eine potentielle Gefahr für das Schiff!«

Die hohe Gestalt straffte sich. »Das ist eine verdammte Lüge«, entgegnete er heftig. »Ich hatte den Kopf nur auf das blöde Magazin gelegt.« Seine träge, gedehnte Sprechweise brachte eine groteske Note in die gespannte Szene.

Kirby wurde blaß.

»Ruhe!« brüllte er. »Seien Sie nicht so unverschämt! Ich kenne Typen wie Sie: rein und raus aus den Gefängnissen, und auch noch stolz darauf!«

Royce fühlte sich angewidert. »Verzeihen Sie, Sir . . .«, warf er ein.

Kirby fuhr zu ihm herum. »Kümmern Sie sich um Ihre

Angelegenheiten, mein Herr, und unterbrechen Sie mich nicht!«

Weeks trat einen Schritt vor und hob sein eckiges Kinn. »Ich bin fünfzehntausend Meilen weit gefahren, um gegen die Jerries zu kämpfen. Aber ebenso werde ich auch gegen Sie kämpfen und gegen sonstwen, wenn's sein muß«, sagte er langsam. »Dies ist ein Scheißboot, und damit Sie's nur wissen: Sie sind der ekelhafteste Kerl, dem ich je begegnet bin!«

»Jetzt ist's aber genug!« bellte der Bootsmann und trat flink dazwischen.

Einen Augenblick herrschte völliges Schweigen, nur das gleichmäßige Prasseln des Regens auf dem Kartentisch und das tiefe Luftholen des Signalgasten waren zu hören. Die Hauptfiguren des Dramas standen einander gegenüber wie Schauspieler, die ihren Text vergessen hatten: Kirby mit weißem Gesicht und zitternd vor Wut, Weeks nun gelockert und herausfordernd. Hilflos blickten Royce und der Bootsmann die beiden an.

Kirby schüttelte sich, er schien seinen Ohren nicht zu trauen.

»Gehen Sie wieder auf Ihre Gefechtsstation, Weeks.« Seine Stimme war fast unhörbar. »Bootsmann, Sie melden mir diesen Mann, wenn wir im Stützpunkt sind. Wegtreten!«

Wild brüllte er diesen letzten Befehl heraus, und Royce betete insgeheim, daß Weeks nicht erneut widersprechen würde.

Zum Glück schlurften die beiden Gestalten stumm von der Brücke, voran Raikes, offensichtlich erschüttert, und hinter ihm der Australier mit ausdruckslosem Gesicht.

Royces Unbehagen über das Wetter war vergessen. Eilig hob er das Glas, doch in seinem Kopf wirbelte es so, daß er nichts sah.

Als er Kirbys Stimme hörte, war sie wieder flach und tonlos.

»In meiner ganzen Dienstzeit habe ich noch nie einen so unverschämten, aufrührerischen Lümmel erlebt. Aber warten Sie, bis ich Zeit habe, mich mit ihm zu befassen.«

Das war alles, und Royce seufzte erleichtert auf.

Die Boote schwenkten im Halbkreis herum und setzten die Suche nach Beute fort. Wind und Seegang kamen nun von Steuerbord achtern und verursachten unangenehme Schlingerbewegungen.

»Übrigens, IWO, Sie werden erstaunt sein zu erfahren, daß Sie zur Beförderung vorgeschlagen sind«, bemerkte Kirby wie nebenbei.

Royce fuhr erschreckt aus seinen Träumen hoch.

»Das ist aber eine Überraschung, Sir. Vielen Dank.«

Er hatte an eine Beförderung kaum gedacht, aber jetzt, da sie bevorstand, grinste er wie ein Schuljunge.

Kirby ließ ein dünnes Lächeln sehen.

»Als Flottillenchef muß ich einen regelrechten Lieutenant bei mir haben. Obwohl ich nicht sagen möchte, daß Sie's irgendwie verdient haben«, fügte er hinzu.

Selbst dieser Dämpfer glitt an Royce ab. Er summte glücklich vor sich hin und winkte ohne ersichtlichen Grund zu Watsons Boot hinüber.

Kirby schüttelte den Kopf.

»Wirklich, IWO, ich hätte es Ihnen vielleicht nicht sagen sollen.«

Royce lächelte. »Verzeihung, Sir.« Dabei dachte er: Es hat sowieso einen ganzen Tag gedauert, bis du's mir gesagt hast.

»Flugzeug recht achteraus!« rief der Signalgast. In der Reihe der Boote blinkten die Warnlichter auf.

Das Deck bebte, sie gingen mit der Fahrt hoch. Die schlanken Rohre schwangen herum, um gegen das Flugzeug, das in den jagenden Wolken nur verschwommen zu erkennen war, Sperrfeuer zu legen.

Da erklang die Stimme des Ausgucks: »Eine Sunderland, Sir.«

Sie atmeten auf. Die dicken, vertrauten Umrisse des Küstenflugzeugs waren nun durch die treibenden Regenschwaden deutlich zu erkennen. Nach Austausch der Erkennungssignale begann es zu kreisen und zu signalisieren.

»Drei S-Boote kommen schnell von achtern auf«, übersetzte der Signalgast. »Etwa acht Meilen Distanz.«

Schnell überprüfte Kirby die Karte.

»Hm, kein Zweifel, die sind auf dem Weg nach Vlissingen. Kommen wohl von einem Vorstoß gegen unseren Schiffsverkehr im Kanal zurück. Zahlenwimpel fünf setzen. Wir greifen in zwei Gruppen an wie vorgesehen.«

Jock Murrays Boot drehte mit drei MTBs nach Westen ab. In einer Gischtwolke fuhren sie zur Dwarslinie auf, während die anderen sich mit Höchstfahrt neben Kirby setzten. Auf jedem Boot hatten die Männer gespannt das Signal Wimpel fünf erwartet: »Mit Artillerie angreifen.« Für die meisten war es eine neue Erfahrung, im hellen Tageslicht mit S-Booten aneinanderzugeraten. Gewöhnlich waren sie nur flüchtige graue Schatten, die Tod durch die Dunkelheit spien.

Royce kletterte hinunter zum Schnellfeuergeschütz. Leading Seaman Parker, wieder vom Lazarett zurück, grinste zuversichtlich über das rote, kreuz und quer von kleinen weißen Narben bedeckte Gesicht.

»Wir werden's ihnen geben!«

»Vermutlich denken sie an nichts anderes als an ihr Bett«, rief Royce. »So wie wir, wenn wir auf dem Heimmarsch sind.«

Da kamen auch schon drei Schatten mit schäumenden Bugseen aus Südwest schnell näher. Die silbergrauen Rümpfe lagen tief im Wasser und waren kaum erkennbar. Dann drehte das führende Boot nach Backbord, und ein Strom grüner Leuchtspurmunition flog dicht über die Wellenkämme auf sie zu. Die beiden anderen Boote schlossen zur Dwarslinie auf und eröffneten ebenfalls das Feuer.

Das Geschütz neben Royce krachte, aufspritzend schlugen die Geschosse rund um das zweite S-Boot ein. Mit gleichmäßigem Rattern fielen die Maschinengewehre ein. Zweimal fühlte er den Rumpf unter sich erbeben, die Nebelboje achtern wurde in Fetzen gerissen. Doch die Deutschen waren in eine Falle geraten: Murrays Vierergruppe kam dröhnend von achtern auf, ihre Geschütze spien orangefarbene Flammen: vernichtendes Kreuzfeuer.

Mit einem Knall blieb das führende S-Boot plötzlich liegen und kenterte langsam. Das zweite stand von der Brücke bis zum Bug in Flammen. Durch die Regenschwaden konnte man verschwommen kleine Gestalten erkennen, die über Bord sprangen.

Einen Augenblick gingen die MTBs mit der Fahrt herunter, um sich neu zu formieren. Der letzte deutsche Kommandant glaubte, seine Chance zu erkennen, und stürzte sich, aus allen Rohren feuernd, in die Lücke. Royce erkannte, daß seine Torpedorohre leer waren, also hatten wohl einige britische Seeleute in der Nacht ihr Leben lassen müssen.

Benjys Lautsprecher dröhnte über das Wasser: »Tallyho*!«

Mit dröhnenden Motoren machten sie sich an die Verfolgung.

»Drei weitere S-Boote voraus, in Grün vier-fünf«, schrie Kirby von der Brücke herunter. »Entfernung etwa tausend Meter. Behalten Sie sie im Auge, IWO.« Die neuen Ankömmlinge waren offensichtlich von der gleichen Flottille und hatten wohl nur einen anderen Heimweg genommen.

Nun wurde das Gefecht heftig; die Deutschen kämpften hinhaltend, weil sie auf dem Weg zum Stützpunkt zweifellos Hilfe erwarteten.

* Jagdruf auf Parforcejagden beim Sichten des Fuchses. Im Krieg vor allem von englischen Jagdfliegern benutzt, wenn sie zum Angriff ansetzten (Anm. d. Übers.)

Da geschah es. Mit dröhnendem Kopf fand sich Royce plötzlich auf dem schlüpfrigen Deck wieder. Unsicher versuchte er, auf die Füße zu kommen, und blickte sich um. Er hatte weder etwas gehört noch gefühlt, doch das Boot hatte einen Volltreffer an Backbord erhalten, das Vorschiff riß in ganzer Länge auf. Parker kämpfte fluchend mit dem festgefahrenen Geschütz, seine Ladenummer kniete wimmernd und würgend daneben.

Das Boot hatte bereits deutliche Krängung. Royce lief zur Brücke und sah dabei Rauch aus der achteren Luke dringen. Auf der unversehrten Brücke sprang Kirby vor Ungeduld hin und her, und der Signalgast rief das nächste Boot an.

»Gehen Sie runter, und kümmern Sie sich um den Schaden. Dann kommen Sie wieder hier herauf!«

Royce stürzte sich an den Torpedorohren vorbei in die erstickende Rauchwolke, wo Petty Officer Moore und sein Mechaniker bereits mit Feuerlöschern am Werk waren.

»Nicht so schlimm, Sir«, keuchte Moore. »Es ist nur die Farbenlast, Treffer mit Leuchtspurgeschoß.«

Unten war ein Trümmerhaufen. Als die Lichter wieder angingen, sah Royce, wie das Wasser in dicken Strahlen durch die zerschlagene Mahagonibordwand, deren Doppelhaut wie ein braunes Gebiß einwärts gebogen war, hereinströmte.

Mit Weeks und zwei weiteren Männern erschien der Bootsmann, fluchend machten sie sich mit Hämmern und Holzpfropfen an die Arbeit.

Wieder auf der Brücke, sah Royce das andere MTB längsseit kommen. Deiths rotes Gesicht schaute besorgt zu ihnen herüber.

»Ich führe das Gefecht von drüben weiter«, stieß Kirby hervor. »Ich muß die anderen Jerries zur Strecke bringen, ehe sie die Küste erreichen.«

Verblüfft und verständnislos starrte Royce ihn an.

»Sie wollen uns verlassen, Sir?« stotterte er.

»Selbstverständlich. Sie machen sich auf den Heimmarsch, wir holen Sie später ein.«

Damit schwang sich Kirby auf das andere Boot. Drüben wandte er sich um und lächelte ihm zu.

»Versuchen Sie, sich den zweiten Streifen ehrlich zu verdienen!«

Aufdröhnend und unter Deiths verlegenem Winken drehte das Boot ab und preschte hinter dem laufenden Gefecht her. Royce stand hilflos auf der Brücke, die ihm plötzlich einsam und bedrohlich vorkam.

Einige Augenblicke starrte er noch dem schnell verschwindenden Boot nach, bis es der Regen verschluckte. Er begriff immer noch nicht ganz, war nur erschrocken, wie schnell sich sein Boot von einem flinken, lebendigen Wesen in ein hinkendes Wrack verwandelt hatte, als dessen Kommandant er sich nun betrachten mußte.

Seine wirren Gedanken wurden vom Bootsmann und von Petty Officer Moore unterbrochen, die neben ihm auftauchten.

»Ich bin nun überall rum«, verkündete Raikes ruhig. »Alle schweren Lecks sind abgedichtet, außer denen, die mehr als dreißig Zentimeter über der Wasserlinie liegen. Die automatische Pumpe ist leider durch einen Splitter beschädigt, das muß in der Werft repariert werden.«

»Aber wir haben die Handpumpen eingesetzt. Wenn Sie nicht schneller laufen als fünf bis sechs Knoten, können wir es schaffen«, setzte Moore hinzu.

Mit einem Blick auf die beiden Fachleute riß Royce sich zusammen. Ihr Zutrauen, ihre Wärme halfen ihm, aber er wußte andererseits, daß die dünne Wellenlinie auf seinen Ärmeln ihm allein die Verantwortung gab, daß sie auf seine Entschlüsse und Befehle warteten.

»Tatsache ist«, sagte er mit kläglichem Lächeln, »daß wir schleunigst hier weg müssen, ehe es zu heiß wird. So schnell, wie wir es aus Sicherheitsgründen schaffen können. Leider sind wir allein und dürfen uns nicht darauf verlassen, daß die anderen uns wiederfinden.«

Er führte sie zur Karte und machte ihnen klar, wo sie sich befanden. Schließlich schob Moore seine speckige Mütze in den Nacken und fuhr sich mit den öligen Fingern über die Stirn.

»Ich verstehe ja nichts von Navigation und all dem Kram, Sir«, sagte er, »aber da scheint mir doch eine Menge Nordsee zwischen uns und der guten alten *Royston* zu liegen.«

Sie lachten und fühlten sich erleichtert, daß sie sich Humor in dieser Lage überhaupt leisten konnten.

Raikes, der Berufsseemann, beugte sich vor und zeigte mit dem Bleistift auf die fleckige Karte.

»Wenn ich mal was sagen darf«, bemerkte er in seiner knappen Art. »Es wäre wahrscheinlich besser, sich um die anderen gar nicht zu kümmern, da sie uns, wie Sie sagen, wahrscheinlich sowieso verfehlen. Halten wir lieber nach Westen direkt auf die Küste zu und hoffen, daß uns eine Patrouille auffliest.«

Royce begriff seine Logik sofort. Behielten sie ihren gegenwärtigen Kurs bei, würde der Gegner sie wahrscheinlich als Nachzügler vernichten, ob sie nun mit den anderen MTBs fuhren oder nicht. Die einsame Route würde sie dagegen höchstwahrscheinlich zu einem Zerstörer führen, der ihren kläglichen Rückzug decken konnte.

So ging es also nach Westen. Die Nase etwas zu tief im Wasser und mit starker Krängung nach Backbord wurde das Boot von den pochenden Motoren nur noch im Schneckentempo vorangetrieben. Auf beiden Seiten hörte man das monotone Klicken der schweren Pumpen. Die Hälfte der Männer mühte sich, die Doppelböden freizuhalten und den Maschinenraum vor dem unbarmherzigen Wasser zu sichern. Die andere Hälfte stand wachsam in Wind und Regen, fingerte an ihren Waffen und spähte zum Horizont.

Beim Schnellfeuergeschütz arbeitete Parker ganz allein,

um seinen wuchtigen Schützling wieder klar zum Schießen zu machen.

Sein Helfer, der bei der Explosion gegen die Munitionskästen geschleudert worden war, lag mit gebrochenen Rippen hinter der Brücke. Eine Morphiumspritze des Bootsmanns hatte ihm die Schmerzen genommen. Sorgsam in zwei Schwimmwesten gehüllt, schlief er den Schlaf eines Mannes, der die Schrecken des Gefechts hinter sich hat. Der alte Petroc hielt einen Augenblick mit Pumpen inne, schüttelte mitleidig den Kopf und stieß einen zusammengerollten Overall unter den Kopf des Verletzten.

»Der ist gut dran. Tut so, als hätte er nicht gewußt, daß diese verdammte Pumpe zusammenbrechen wird!«

Dann spuckte er in seine wunden Hände und ging wieder an die Arbeit.

Allein auf der Brücke – den Signalgast hatte er an Deck geschickt, um dort zu helfen –, lehnte Royce am Schanzkleid, das Glas in den nassen, klammen Händen, während Wasserrinnsale die einzige noch warme Stelle an seinem Rücken entdeckten. Fast schien es ihm, als seien sie schon immer allein über diese See gefahren, als sei ein Ende ihrer Reise nicht abzusehen.

Unaufhörlich rasselten die Pumpen, und unter ihm schlug Parkers Hammer in stetem Takt. Dieser Lärm stumpfte die Sinne ab. Müde blickte er auf die Uhr: Seit Kirby sich auf die Jagd nach neuen Lorbeeren gemacht hatte, waren bereits drei Stunden vergangen.

Eine Gestalt in Ölzeug, kaum als Able Seaman Roote zu erkennen, tauchte neben ihm auf und verbarg etwas unter seinem triefenden Mantel. Unsicher blickte er Royce an.

»Ich und die anderen dachten, Sie hätten vielleicht gern etwas von dem chinesischen Hochzeitskuchen, Sir.« Sein näselndes Cockney-Englisch klang eifrig und tröstlich. »Wir haben ihn in der Kombüse ein bißchen aufgewärmt.«

Er zog eine kleine Schüssel mit Reispudding heraus. Dunkel erinnerte sich Royce daran, daß es ihn vor zwei Tagen gegeben hatte. Er nahm die Schüssel in beide Hände und genoß die Wärme.

»Vielen Dank, Roote«, sagte er gerührt. »Das wird mir guttun.«

Rootes scharfes, wissendes Gesicht verzog sich vor Vergnügen; als er davoneilte, fügte er hinzu: »Verzeihung, Sir, aber wir hätten das nicht für den getan, der jetzt nicht genannt werden soll.«

Ehe Royce noch ein passender Kommentar einfallen konnte, war er weg. So hob er statt dessen die Schüssel an die Lippen, roch den würzigen, starken Rum und schluckte dankbar die heiße, klebrige Masse. Diese Veteranen kannten sich aus. Kirby dagegen hätte gesagt: »Rum zu horten, ist eine strafbare Handlung, IWO«, oder: »Ein nüchternes Schiff ist ein glückhaftes Schiff.«

Royce dachte über sein bisheriges Leben auf diesem kleinen Boot nach, das sich unter ihm heimwärts kämpfte: wie der Bootsmann, der ihm nun so vertraute, ihm anfangs offen seine Verachtung gezeigt hatte. Vielleicht hatte Harstons Tod sie enger zusammengeführt. Selbst ein Typ wie Roote, der ständig im Krieg mit Vorgesetzten und besonders Offizieren lag, bezeugte ihm nun Loyalität und akzeptierte ihn als Führer. Seltsam, dabei hatte er sie gepiesackt, bestraft und sie mehr oder weniger zur Verzweiflung getrieben. Doch wegen seiner für ihn selbstverständlichen Fairneß hatten sie ihn als ihren Führer anerkannt und sich ihm verschrieben.

Nach einer weiteren Stunde änderte sich das unberechenbare Nordseewetter erneut. Der Regen brach mit einem Wirbel eiskalter Böen ab, die das angeschlagene Boot zum Taumeln brachten, der Wind wurde stärker und drehte, so daß der Seegang stärker wurde. Die großen grauen Kämme, bisher noch nicht mit Gischt gekrönt, rollten dräuend in langen, gleichmäßigen Reihen heran. Jeder Kamm hob das kastenförmige Heck von Nr. 1991 aus dem Wasser, und dann wirbelten die überbeanspruchten

Schrauben kreischend in der Luft. Anschließend sackte das Boot wieder in ein Wellental, schüttelte sich und schoß vorwärts. Der Mann am Ruder kämpfte verzweifelt, um zu verhindern, daß das Boot querschlug. Der mit Salz durchsetzte Wind drang bis auf die fröstelnde Haut und machte ihre Gesichter wund. Die Flagge an der Gaffel, jetzt zerfleddert, wehte so steif nach vorn aus wie das Banner eines sterbenden Kriegers.

Die Seeleute, die entweder an den Pumpen arbeiteten oder Wache standen, verloren allmählich ihre gute Laune, da sie kalt, naß und hungrig waren. Der Bootsmann eilte von einem zum anderen, hier einen Tadel, dort eine Aufmunterung und später einen Schluck Rum für alle verteilend.

Um das Schlingern so weit wie möglich zu dämpfen, hatte Royce den größten Teil des nicht mehr brauchbaren Deckgeräts über Bord werfen lassen: die zerschossene Nebelboje, das erst vor einem Monat neu beschaffte Beiboot, nun mit Löchern übersät und unheilbar beschädigt, sowie zahllose andere Dinge, die den Kampf des Bootes schwieriger machten. Die größte Behinderung waren die Torpedos, vor allem weil man sie nicht mehr im richtigen Winkel abschießen konnte. Royce konnte sich jedoch nicht entschließen, Gerät im Wert von viertausend Pfund zu versenken.

Gegen fünfzehn Uhr dreißig sahen sie einen dunklen Fleck Steuerbord achteraus am Horizont auftauchen. Voller Sorge strengten sie die Augen noch mehr an, um den Fremdling zu erkennen. Verbissen schob Royce den Fahrthebel ein bißchen weiter vor, wodurch das Boot zwar etwas ruhiger lag, die behelfsmäßigen Abdichtungen der Einschußlöcher jedoch Wasserspritzer und Rinnsale durchließen.

Der Wind frischte immer noch auf. Die bösartigen grauen Wasserberge hatten nun weiße Kämme aufgesetzt. Jedesmal wenn das Boot in ein Wellental fiel, bebte und stöhnte es, dann schüttelte es die salzige Gischt von den überspülten Decks und taumelte den nächsten Wellenberg hinan. Jedermann an Oberdeck spähte nach dem anderen Fahrzeug aus, das nun schnell größer wurde.

Ärgerlich wischte Royce sich das Salz aus den Augen und trocknete die Linsen seines Glases mit einem feuchten Tuch. Die Gesichter der Männer waren alle auf ihn gerichtet. Sie erwarteten sein Urteil.

Vorsichtig, aber entschlossen bewegte er das Glas und sah die grauen Wellen in beängstigender Vergrößerung und Verzerrung auf sich zukommen. Dann erschien der Fremde in seinem Blickfeld. Nur wenige Sekunden hatte er ihn im Glas, aber er erkannte einen großen, schnittigen Hochseetrawler, wie ihn die Norweger vor dem Krieg fuhren. Nun war er dunkelgrau gestrichen, und eine dünne Rauchwolke stieg aus dem gedrungenen Schornstein. Schlingernd und stampfend kam er näher; das hohe, messerscharfe Vorschiff trug wie bei allen umgebauten Trawlern starke Artillerie.

Wild schossen die Gedanken durch Royces Kopf: Möglicherweise hatte der Trawler sie gar nicht gesehen, da sie so tief im Wasser lagen. Oder er war zu einem dringenden Einsatz anderswo unterwegs. Jedenfalls lohnte ein Versuch. Vorsichtig drehte das kleine MTB in der achterlichen See vom Trawler ab. Gespannt beobachtete Royce den Gegner und stellte mit Schrecken fest, daß die Silhouette des anderen Schiffes prompt kürzer wurde, als es seinen Bug genau in ihre Richtung wandte.

An den Maschinenraum gab er Nachricht, daß sie sich auf eine kurze Geschwindigkeitserhöhung einstellen sollten. Dann rief er Petroc auf die Brücke.

»Macht die restliche Nebelboje klar zum Werfen«, befahl er. »Sie wird bei diesem Wind nicht lange vorhalten, aber vielleicht hilft's. Und klariert die Rettungsflöße für den Fall, daß wir aussteigen müssen.«

Bekümmert betrachtete Petroc die stürmische See. »Der hat uns gerade noch gefehlt«, murmelte er.

Über die See blinkte ein Lichtsignal. Royce schnappte sich die Lampe und blinkte die ersten Buchstaben zurück, die ihm einfielen. Der Trawler wartete einen Augenblick, dann wiederholte er den Anruf. Wieder blinkte Royce Sinnloses als Antwort. Wenn es nur dunkler gewesen wäre! Doch selbst bei den dräuenden Wolken mußten sie ihren mächtigen Gegner mindestens noch eine weitere Stunde täuschen. Da stieg an der Gaffel des Trawlers ein roter Ball empor und entfaltete sich im Wind: die ihnen so gut bekannte rote Flagge mit dem Hakenkreuz.

Im selben Moment entstand eine kurze Rauchwolke am Bug, die sofort vom Wind vertrieben wurde. Sekunden später dröhnte ein dumpfer Donner zu ihnen herüber. Als sie sich umdrehten, wuchs eine hohe, dünne Wassersäule hundert Meter vor ihnen empor. Ein weiterer Knall, und diesmal lag der Einschlag näher. Der Bootsrumpf zitterte, als habe er einen heftigen Schlag erhalten. Erregt winkte Royce nach achtern. Die faßförmige Nebelboje plumpste ins Wasser, und schon legte sich der schwarze, schmierige Qualm in breitem Strom auf die Wellen. Doch der Wind zerriß die kümmerliche Nebelwand, nahm ihr die Wirkung und ließ nur das Kernstück bestehen, einen schnell schwindenden Dunst zwischen ihnen und dem Deutschen.

»Feuer eröffnen, wenn in Reichweite«, befahl Royce. Daraufhin knatterte die Steuerbord-Örlikon los. Able Seaman Poole schoß eine Garbe Leuchtspur in den Nebel hinein.

Die nächste Granate saß so dicht, daß sich eine Wasserflut auf die Brücke ergoß. Royce spuckte und keuchte, das Seewasser roch und schmeckte nach Kordit.

Mit Hartruder drehte das MTB schnell nach Steuerbord. Das nächste Geschoß detonierte an der Stelle, wo das Boot sonst gewesen wäre. Poole stieß einen wilden Triumphschrei aus, als er sah, wie seine Leuchtspurgeschosse über die Brücke des Trawlers spritzten. Der drehte ab, um außer Reichweite zu gelangen. Wumm! Bei dem schrecklichen Heulen dicht über ihren Köpfen duckten sich alle. Die gespenstige Wassersäule stieg eine Kabellänge entfernt empor. Wenn nur das Schnellfeuergeschütz schußbereit gewesen wäre, dachte Royce. Aber so war es hoffnungslos. Obwohl der Trawler vorübergehend ungenau schoß, war das Ganze nur eine Frage der Zeit.

Der Nebel wurde schnell geringer, und Royce erkannte, daß er nun bald entscheiden mußte, wie er ihre Maschinenkraft am besten für einen Fluchtversuch nutzen konnte. Das Wetter wurde ständig schlechter, die Windgeschwindigkeit näherte sich der Sturmstärke, und das Boot begann nun wirklich in Schwierigkeiten zu kommen, die auch ohne Erscheinen des Gegners kritisch genug gewesen wären.

Er trat ans Sprachrohr zur Maschine. Über die Feuerstöße der Örlikons hinweg, die nun genau nach achtern zeigten, über das Schrillen des Windes, dessen eisige Hand ihm die Worte vom Mund riß, brüllte er heiser: »Chief, tun Sie, was Sie können. Ich versuche abzuhauen!«

Moores ruhige Stimme drang klar herauf: »Viel Glück, Sir!«

Royce klappte den Deckel aufs Sprachrohr, legte den Maschinentelegraf auf halbe Fahrt und fühlte das verstärkte Rumpeln unter seinen Füßen. Das Boot bohrte seinen Steven in die grauen Wellen und warf große Gischtwolken über Geschützplattform und Brücke. Doch immer noch stiegen die Umdrehungen. Die Seeleute, die mannhaft an den Pumpen kämpften, rutschten aus und fielen an Deck. Nur die Geschützführer an den Örlikons widerstanden in ihren Ledergurten diesem Ansturm. An Backbord hörte man Weeks greulich fluchen, mit eiskalten Händen versuchte er, ein neues Magazin einzusetzen.

Wieder zischte eine Granate querab in die See, bereits dichter als die letzte. Dadurch verloren sie erneut wertvollen Raum, da das Boot, um dem nächsten Schuß zu entgehen, von dem bedrohlichen Einschlag abdrehen mußte.

Der Trawler kam schlingernd und stampfend immer näher, denn selbst bei der schlechten Sicht nahm sein Umriß deutlichere Formen an.

Royce schickte Parker nach unten, um den Stand der Reparaturen zu erfahren. Das Schnellfeuergeschütz auf der Back war endgültig ausgefallen. Als Parker atemlos und mit wild aufgerissenen Augen wieder erschien, war sich Royce darüber klar, daß das Schicksal gegen ihn entschieden hatte.

»Hat keinen Sinn, Sir«, brüllte Parker und hielt sich krampfhaft an der Reling fest. »Das Wasser steht einen halben Meter in den Wohnräumen und steigt schnell weiter.« Er machte eine Atempause und sah seinem Offizier ängstlich ins Gesicht. »Direkt unter dem Backbord-Torpedorohr reißt die See die Außenhaut ab!«

Royce konnte sich die Situation vorstellen. Der rauhe Seegang mußte die Beschädigungen rasch vergrößern.

Erneut beugte er sich über das Sprachrohr.

»Hat keinen Zweck, Chief. Gehen Sie mit der Fahrt so weit runter, daß sich das Boot noch steuern läßt.«

Er spielte mit der unmöglichen Idee, mit den Maschinen voll zurückzugehen, um den Bug zu entlasten. Gerade näherte er sich der Messingöffnung des Sprachrohrs, da hörte er ein scharfes kurzes Pfeifen, von höherer Tonart als bisher. Dann krachte es ohrenbetäubend hinter ihm. Gleichzeitig schoß ihm ein Schwall heißer Luft in den Mund. Verwirrt und ungläubig stellte er fest, daß ihm Rauch aus dem Sprachrohr ins Gesicht strömte.

Als er nach achtern blickte, würgte es ihn. Wilde, rote Flammen hüllten das Achterschiff ein, und eine dicke schwarze Rauchwolke trieb mit dem Wind davon.

Ein Volltreffer war bis zum achteren Schott durchgeschlagen und dann explodiert. Die Wirkung unter Deck war entsetzlich. Ein Schwall messerscharfer, glühender Splitter spritzte in alle Richtungen und verwandelte den achteren Raum in ein Flammenmeer.

Mit plötzlich fatalistischer Ruhe gab Royce seine Befehle.

»Bootsmann! Übergeben Sie das Ruder, und kommen Sie an Deck. Alle Feuerlöscher nach achtern!«

Neben ihm stand Parker, das ehrliche Gesicht weiß vor Schrecken.

»Los, Parker! Alle Mann außer den Geschützführern runter zum Löschen!«

Dann rief er in aller Hast den Maschinenraum an.

»Chief! Moore! Können Sie mich hören?«

Eine müde Stimme antwortete: »Aye, aye, Sir, bin noch da.« Eine Pause – dann ein heftiger Hustenanfall. »Kann Ihnen leider nicht mehr Umdrehungen liefern. Das Feuer ist bis hierher vorgedrungen, und einen meiner Jungs hat's erwischt.«

»In Ordnung, Chief. Also raus! Bringen Sie den anderen an Deck. Wir müssen aussteigen.«

Eine längere Pause. Dann: »Aye, aye, Sir, wird gemacht.«

Die nächste Granate schrillte wie irre über ihre Köpfe. Die Deutschen schossen jedoch blind, hatten wegen der Nebelfahne kein richtiges Ziel.

Royce beugte sich seitlich über die Brücke und versuchte, einen Blick auf den Trawler zu erhaschen. Doch der war durch den Rauch verdeckt. Statt dessen sah er das nach oben gewandte Gesicht von Poole. Er hing in den Gurten am Geschütz, seine Arme pendelten mit den Bewegungen des Bootes, und seine Augen standen wie vor Erstaunen weit offen. Unterhalb der Taille war nicht mehr viel von ihm übrig.

Royce schluchzte auf, ihm wurde übel. Auch seine Lungen schmerzten und brannten.

Mit besorgtem Gesicht erschien Raikes über ihm.

»Sir! Das Maschinenraumluk ist verklemmt. Pony kann nicht raus! Würden Sie mal kommen?«

Zum erstenmal seit unendlich langer Zeit, so schien es

Royce, verließ er die Brücke. Wie im Traum stolperte er über das zersplitterte Deck, wo die Männer den Belag rund um das Luk des Maschinenraums loshackten. Dünner Rauch quoll aus jeder Ritze sowie aus dem kleinen, vergitterten Lüfter, neben dem zwei Männer kauerten. Sie rückten zur Seite, als Royce sich neben die kleine, versperrte Öffnung kniete. Die rote Glut im Innern war deutlich zu sehen.

Eine schrille verzweifelte Stimme, die direkt aus den Flammen zu kommen schien, ließ Royce entsetzt zurückfahren.

»Um Gottes willen, holt mich hier raus! Bitte helft mir doch! Laßt mich nicht im Stich!«

Dann hörte er Moores heisere Antwort.

»Schon gut, mein Junge, ich bin ja da.«

Sie hörten einen dumpfen Schlag, worauf die Schreie verstummten. Das Knattern der Flammen stieg zu einem alles verschlingenden Tosen an. Noch einmal hörten sie Moore heftig husten, dann nichts mehr.

Royce stand auf, seine Nerven waren zum Zerreißen gespannt. Erschreckt sah er in die bleichen Gesichter um sich herum. Unabhängig vom Rang waren sie zu einer Leidensgemeinschaft zusammengeschweißt.

»Los, Jungs, die Flöße aussetzen!«

Er zwang sich, die schrecklichen Worte auszusprechen.

»Alle Mann von Bord! Und viel Glück!«

Er bemerkte, daß ein Matrose weinte. Zwei Seeleute schnitten mit ihren Messern die Flöße los, die plumpen Dinger klatschten ins Wasser und hingen nur noch an einer dünnen Leine.

Einige Männer stiegen willig ein, andere blickten entsetzt auf die hochgehende See und wollten die scheinbare Sicherheit des Bootes nicht verlassen. Aber schließlich sprangen sie doch hinab, riefen einander beim Namen und starrten verwirrt das schrägliegende Deck an. Das Boot hing bereits viel tiefer in der See, aber da das Achterschiff jetzt voll lief, richtete sich der Bug wie in einer letzten Trotzhandlung auf.

Royce und der Bootsmann standen nebeneinander und hielten sich verbissen an der Reling fest. Da kam Royce in seiner Verzweiflung eine Idee.

»Eine Weile liegen wir jetzt wieder auf ebenem Kiel«, schrie er. »Wie sind die Torpedos eingestellt?«

»Lauftiefe drei Meter, Sir«, antwortete Raikes verdutzt.

»Gut. Überprüfen Sie, ob beide abschußbereit sind, und dann raus mit Ihnen!«

Durch den Verlust seines Freundes wie betäubt, schien Raikes nicht zu begreifen.

»Was haben Sie vor?« stammelte er.

»Ich schicke diesen verdammten Trawler zur Hölle, das habe ich vor!« brüllte Royce. »In einer Minute wird er hier sein, um nachzusehen, was los ist, und mit ein bißchen Glück kann ich beide Aale loslassen.«

Raikes versteifte sich.

»Ich bleibe hier und helfe Ihnen«, verkündete er gleichmütig.

»Den Teufel werden Sie tun, Bootsmann! Sie kümmern sich um die Männer und nehmen mich nachher auf.«

Beide wußten, daß dafür wenig Aussicht bestand. Die Flammen leckten bereits in Nähe der Benzinleitung über das Deck.

Royce stieß den Bootsmann zu den Torpedorohren, und als er sah, daß dieser den Mechanismus überprüfte, rannte er auf die Brücke und warf die Geheimbücher in dem dafür vorgesehenen beschwerten Sack über Bord.

An der Reling zögerte der Bootsmann, sein Gesicht war geschwärzt und zerkratzt. »Also dann, Sir. Aber warten Sie nicht zu lange!«

Er sprang ins Floß hinunter. Sie kappten die Leine, stießen ab und blickten schweigend zu 1991 zurück.

Royce winkte und lachte wie irre. »Danke, Jungs! Nun macht euch davon!«

Er stolperte zurück in die Rauchwolken, stieg über weggeworfene Kleidungsstücke und andere Habseligkeiten. Das Boot wirkte bereits wie tot. Nur das knatternde Feuer und das Rattern losen Geräts und leerer Geschoßhülsen, die in wildem Tanz hin und her rollten, waren noch zu hören. Royce kauerte neben dem Zielgerät und konzentrierte sich grimmig auf das kleine dunkle Stück See vor ihm, begrenzt durch einen langen Streifen öligen Rauchs. Bewußt überhörte er das sich entfernende Geräusch der Paddel und kämpfte die aufsteigende Panik nieder. Angenommen, der Trawler fuhr weg oder kam zu spät in Sicht? Dann wurde er hier sinnlos gebraten. Es war Wahnsinn, schrecklicher Wahnsinn, der ihn gepackt hatte. Er lehnte die schweißnasse Stirn gegen das eiskalte Metall und schüttelte sich in unkontrollierbarem Schluchzen. Aber das machte nun auch nichts mehr. Da war kein Kirby, der ihn kritisieren konnte, kein Seemann, der seine Schwäche verächtlich beobachtete. Nur Poole an seiner Kanone schwang leise hin und her, ein Arm loderte jetzt wie eine Fackel. Auch Moore und seinen beiden Heizern, die dort unten verbrannten, war das egal. Und der verwundete, vom Morphium betäubte Lake war im Schlaf in Stücke gerissen worden.

Verzweifelt dachte Royce an zu Hause. Wie würde seine Mutter das Telegramm aufnehmen? Und Julia – nun hatte er sie doch nicht wiedergesehen. Gequält hob er den Kopf. Da, direkt vor ihm, lag der Trawler.

Das Schiff stand bewegungslos knapp tausend Meter entfernt, seine Bordwände schimmerten über den weißgekrönten Wogen. Die drohende Geschützmündung war noch immer auf ihn gerichtet, und mehrere Gestalten standen an Deck aufgereiht. Mit zusammengebissenen Zähnen wischte sich Royce die Tränen aus den schmerzenden Augen und peilte über die Zielvorrichtung. Eine plötzliche Maschinengewehrsalve entriß ihm einen Aufschrei, es war jedoch nur brennende Munition. Von unten kam ein brausendes Zischen: Die See drang in den Maschinenraum und löschte die Flammen. Krachend zersprang in der Hitze das Glas des Kartentisches, die sorgfältig gefalteten Karten verbrannten zu Asche.

Langsam und erbarmungslos trieb der Trawler in die Ziellinie: zuerst der hoch aufragende Steven, das Geschütz mit seiner wachsamen Bedienung, dann die hohe Brücke und die Hakenkreuzfahne, das in ganz Europa verhaßte Emblem. Royces Atem ging pfeifend. Mit einem stummen Stoßgebet zog er den Abzug. Eine kleine Rauchwolke, ein dumpfer Schlag, und zwei schlanke Schatten glitten aus den Rohren. Kaum gab es ein Aufspritzen, so dicht lag das Deck über dem Wasser. Fasziniert kauerte sich Royce nieder, sah die Propeller anspringen und die beiden Ungeheuer in die Tiefe drücken. Plötzlich wirbelte es am Heck des Trawlers, seine Maschinen gingen auf höchste Umdrehungen. Unter Royces Flüchen drehte das Schiff langsam und nahm Fahrt auf.

Dann geschah es. Eine Minute lang sah Royce das Schiff ganz deutlich vor sich, wie es dem letzten Angriff zu entkommen suchte. Dann ein ohrenbetäubender Donner, ein greller Blitz – und nun erreichte ihn die Schockwelle. Eine riesige Wasserwand stieg fünfzig Meter hoch. Als sie langsam und majestätisch wie ein weißer Vorhang in sich zusammenfiel, waren keine Überreste mehr auf dem Wasser zu sehen. Royce taumelte zur Bordwand, taub und fast blind fummelte er an seiner Schwimmweste herum. Er konnte sich nicht mehr erinnern, gesprungen zu sein, nur daran, daß eisiges Wasser ihm den Atem nahm und über seinem Kopf zusammenschlug. Undeutlich nahm sein gemartertes Gehirn den bitteren Geschmack von Salz und Öl wahr. Auf Lungen und Magen lag ein schrecklicher Druck, eine Unterwasserexplosion riß ihm die Kleider vom Leib. Dann schlug die große Dunkelheit über ihm zusammen, und er spürte nichts mehr.

5

Der betriebsame Marinestützpunkt Harwich lag zwischen den Flüssen Stour und Orwell wie in zwei Arme eingebettet. Die beim Zusammenfluß allzeit bewegten Gewässer schimmerten im fahlen Sonnenschein des späten Nachmittags. Wohin man auch blickte, sah man die grauen Rümpfe der schnittigen und wettererprobten Zerstörer in Zweier- und Dreierpäckchen an den Bojen liegen; daneben dickbäuchige kleine Korvetten mit ihrem verwirrenden Tarnanstrich, geschundene Minensucher und Scharen kleiner Hafenfahrzeuge, die geschäftig hin und her schwirrten. Am äußersten Rand des Ankerplatzes lagen die schlanken Rümpfe der U-Boot-Flottille, überragt von dem häßlichen großen Mutterschiff, und im Süden, hinter dem Parkeston-Kai, unterzog sich ein Leichter Kreuzer einer längst fälligen Kesselreinigung.

Das fahle Licht glitzerte auch auf den Molenköpfen der großen Marineschule HMS *Ganges*, deren hoher Mast den Hafen beherrschte. Junge, schwitzende Besatzungen pullten schwere, plumpe Kutter, während lungenstarke Unteroffiziere schreiend zwischen den Ruderern auf und ab schritten. Dies war der Nachwuchs der Marine, der zur Zeit noch mannhaft mit rätselhaften Kommandos wie »Riemen auf« und »Laß laufen« kämpfte.

Weiter stromauf, hinter Landguard Point, lag Felixstowe, dessen geschützte Gewässer wie eine Zinnplatte schimmerten. Dort verbarg sich das Hornissennest der Küstenstreitkräfte: MTBs, Motorkanonenboote sowie Motorbarkassen, diese Mädchen für alles. Die meisten trugen den üblichen bizarren Tarnanstrich, eine Flottille jedoch brüstete sich stolz mit schwarzen Rümpfen, roten Haifischmäulern und leuchtendweißen Zähnen am Steven: nicht gerade nach Marinevorschrift, bei Nacht jedoch sehr wirksam.

Von all diesen Punkten aus war eine Landmarke immer

klar und deutlich zu erkennen: das rote Backsteingebäude des Marinelazaretts Shotley. Hatte man erst einmal dessen schmiedeeiserne Tore mit dem Marineposten in weißen Gamaschen passiert und auch die breite Kiesauffahrt am Luftschutzbunker vorbei, umfing einen das Gefühl großen Friedens und nüchterner Ruhe.

In den langen Krankensälen standen die eisernen Betten so korrekt ausgerichtet wie Soldaten auf dem Kasernenhof. Alle Betten waren belegt. Einige Insassen lagen in ruhigem Schlaf, andere starrten an die Decke oder humpelten unter Schmerzen an Stöcken oder Krücken durch den Gang. Hinter einer Trennwand lag ein Matrose im Koma und stöhnte leise vor sich hin. Zwei seiner Kameraden, die sich in ihren blauen Uniformen und Abzeichen hier deplaziert vorkamen, saßen still neben ihm und warteten darauf, daß er starb.

Er und viele andere waren die Ernte dieses unbesungenen Krieges und nun dabei, ihre schwerste Schlacht zu schlagen.

Eine luftige Passage führte zu den kleinen Krankenzimmern, in denen die frisch Operierten bewacht und versorgt wurden, wo es sich entschied, ob des Verwundeten Lebensfaden gestärkt oder abgeschnitten wurde. Das Fenster eines dieser Räume blickte auf den Hafen hinaus, eine ältere Marineschwester mit faltigem, verarbeitetem Gesicht stand davor und beobachtete eine Fregatte, die draußen auf eine Festmacherboje zufuhr, auf der zwei halberfrorene Seeleute saßen, um die Leinen anzunehmen. Hinter der Schwester, in einer verdunkelten Ecke des weißen Raumes, ruhte eine stille Gestalt steif ausgestreckt auf dem Bett, das Kinn auf der sauber umgeschlagenen Decke, die Haut bleich und durchsichtig. Die Augen und einen Teil des Kopfes verdeckte ein komplizierter Kreuzverband. In Höhe der Hüften war das Bett unförmig aufgebauscht, dort schützten Drahtkäfige den regungslosen Körper vor Berührung. Die Schwester verlagerte seufzend ihr Gewicht auf den anderen Fuß, und wie aus Mitgefühl heulte die Sirene der Fregatte auf.

Geräuschlos öffnete sich die Tür, und ein hochgewachsener Geschwaderarzt mit buschigen schwarzen Augenbrauen und kräftigem Kinn schritt zielstrebig auf das Bett zu; sein Stethoskop glitzerte im schwindenden Licht.

Die diensthabende Schwester nahm das Krankenblatt vom Fußende hoch, und einige Augenblicke war nichts zu hören als das Rascheln von Papier und das Klirren der Flaschen, weil eine andere Schwester den kleinen Nachttisch säuberte.

»Hm, keine wesentlichen Fortschritte, Schwester«, sagte der Geschwaderarzt schließlich und rieb sich mit dikken, kräftigen Fingern das Kinn.

»Es sind jetzt achtundvierzig Stunden, Sir. Doktor Anderson meinte, so oder so müsse man heute eine Veränderung erkennen.«

Der mit goldenen und roten Tressen geschmückte Ärmel faßte unter die Decke und fühlte den Puls.

»Hm«, sagt der Arzt wieder. »Hat man seine Eltern verständigt?«

»Ja, Sir. Mr. und Mrs. Royce werden heute abend ankommen. Der Oberpfleger hat gerade veranlaßt, daß sie vom Bahnhof abgeholt werden.«

Der Geschwaderarzt seufzte tief: Alles paßte genau in das nur zu vertraute Schema. Die gekrümmten, verbrannten, geschlagenen Körper kamen seit langem in endloser Prozession zu ihm, trotzdem konnte er sie immer noch nicht mit dem Gleichmut empfangen, den man von seinem Beruf erwartete. Dieser hier zum Beispiel: Fast noch ein Junge, hatte er weiß Gott welche Taten draußen in der Nordsee vollbracht und lag nun reglos wie ein Stein mit schwach tickender Lebensuhr vor ihm. Gerade als er eine Operation hinter sich hatte, war die Oberschwester in ihrer brüsken Art mit der Nachricht in sein Büro gestürmt, daß weitere Überlebende von einem Zerstörer angelandet worden seien. Es folgte der übliche traurige Zug: voran die Schockfälle, die Haare ölverschmiert, die zitternden Körper in Decken gehüllt. Dann die Bewußtlosen, darunter auch dieser mit seinem hastig verbundenen Körper und der geschwärzten Haut. Der Arzt sah sich das Krankenblatt an: schwere Verbrennungen an Armen und Brust, Kopfverletzungen, ein Schock als Nebenwirkung. Falls man überhaupt noch von Nebenwirkung sprechen konnte.

Er schien zu einem Entschluß gekommen zu sein, richtete sich auf und blickte auf seine Uhr.

»Ich gehe jetzt eine Tasse Tee trinken. Rufen Sie mich sofort, wenn eine Änderung eintritt.«

Als er draußen an einem der Krankensäle vorbeikam, hörte er die schrille Stimme einer Schwester, die offensichtlich jemanden zurechtwies.

»Das interessiert mich nicht«, schimpfte sie. »Sie gehen jetzt sofort zurück ins Bett, und nachher bringe ich Ihnen Tee. Aber Sie können sich darauf verlassen, daß ich Sie melde, wenn Sie sich nicht benehmen!«

Der Arzt trat in den nun hell erleuchteten Krankensaal. Schwester Adams lächelte ihm säuerlich entgegen.

»Guten Abend, Sir. Würden Sie bitte mit Bett fünf reden? Er möchte unbedingt aufstehen. Doch bevor ich das zulassen kann, muß ihn erst morgen früh der Arzt sehen.«

Langsam ging er zu dem Missetäter hinüber, der trotzig aufgerichtet in seinen Kissen saß.

»Was ist los, mein Junge? Wer sind Sie?«

»Unteroffizier Raikes, Sir, Bootsmann von MTB 1991. Ich wollte nur meinen Offizier besuchen.« Mit vor Kummer zerfurchtem Gesicht hielt er inne.

»Können Sie mir sagen, Sir, ob er durchkommt?«

Der Arzt war gerührt, sein Unmut schwand.

»Ich habe von Ihnen gehört, Raikes«, sagte er und zog sich einen Stuhl neben das Bett. »Sie sind seinetwegen noch mal umgekehrt. Der Kommandant des Zerstörers hat mir erzählt, wie Sie mit dem Floß durch das brennende Benzin gepaddelt sind, um diesen Offizier zu retten.«

Raikes wurde rot und wand sich vor Verlegenheit.

»Wird er nun am Leben bleiben, Sir?« fragte er beharrlich.

»Sie haben Ihren Teil getan, jetzt tun wir den unseren. Versuchen Sie, sich auszuruhen, und überlassen Sie uns die Sorge.«

Als er aufstand, um zu gehen, wandte er sich nochmals um. »Raikes, ich bin stolz darauf, Sie kennengelernt zu haben.«

Ohne auf Schwester Adams zu achten, die fahrig und brummelnd seine Decke glattzog und die Kissen aufschüttelte, legte Raikes sich zurück und ließ seine Gedanken zurückwandern.

Mit geschlossenen Augen fühlte er sofort wieder die wilden Stöße des kleinen Rettungsfloßes. Sie hatten Nr. 1991 davontreiben sehen, eingehüllt in Flammen und Rauch, an Deck eine zusammengekauerte Gestalt. Ihr eigenes Leiden, sogar ihr Wille zu überleben, war vergessen, als sie das Drama beobachteten. Plötzlich war – wie ein Schauspieler auf der Bühne – der Trawler aus dem Nebelvorhang gekommen. Vor ihren Augen hatten sich die Torpedos auf ihre tödliche Reise begeben. Als dann die Explosion verklang, hatten sie heiser gejubelt – bis auch ihr eigenes kleines Schiff unter Getöse zerbarst und sank. Krampfhaft versuchte Raikes nun, sich an jede Einzelheit zu erinnern. Weeks war es gewesen, der plötzlich gerufen hatte: »Mein Gott! Da treibt unser Offizier! Ich hab' seine Schwimmweste gesehen!«

Das war der entscheidende Augenblick gewesen.

»Was nun, Jungs?« hatte Raikes gekrächzt, während eine See ihm den Rücken durchnäßte. Einen Augenblick hatten sie unschlüssig über das bewegte Wasser gestarrt, auf die Wand brennenden Benzins, die das sinkende MTB zurückgelassen hatte. Doch nur einen Augenblick.

Dann hatte sich Weeks auf die Knie erhoben und dadurch das Floß gefährlich ins Wanken gebracht.

»Natürlich kehren wir um. Reich mir dieses verflixte Paddel da!«

Ihre Fahrt, nur wenige Spannen von den gierigen Flammen entfernt, war ein Alptraum gewesen. Mühsam erkämpften sie sich jeden Zentimeter des Weges. Irgendwie hatten sie Royce schließlich gefunden und auf das Floß gezogen. Der halbnackte Körper, zerschlagen, blutig und schrecklich verbrannt, war im Salzwasser furchtbar aufgequollen.

Irgendwie waren sie danach den Flammen entkommen, hatten sich, um einander zu wärmen und zu trösten, zusammengekauert, hatten gesungen und geflucht und sich verzweifelt ans Leben geklammert. Drei Stunden später ragte dann die genietete Bordwand des Zerstörers turmhoch über ihnen auf; es kamen Kletternetze, starke Arme und helfende Hände, ermutigender Zuspruch. Raikes erinnerte sich, wie ein weiches Handtuch seine wunde Haut abgetupft hatte, an den Schluck Rum, der in seiner Kehle brannte. Langsam hatte der Zerstörer weiter die Untergangsstelle umkreist und nach dem zweiten Floß Ausschau gehalten. Nach einer Stunde hatten sie es gefunden, aber nur eine einzelne Gestalt kauerte darin. Der Schiffsarzt hatte versucht, sie fernzuhalten, doch sie hatten gesehen, wie Parker vorsichtig an Bord gehoben wurde. Er hatte sie unsicher angelächelt und mit ganz fremder Stimme gesagt: »Ich bin wieder da, Dad. Ich konnte nicht ins Kino rein, deshalb komme ich früher zurück.« Als sie ihm die Beruhigungsspritze in den Arm stießen, begann er wild zu lachen.

Raikes öffnete seufzend die Augen. Armer, alter Parker. Welch ein Ende.

Schwach klang durch die klare Luft der klagende Ton

eines Horns: die abendliche Flaggenparade. Raikes schlief ein.

Draußen über dem unruhigen Gewässer schwand schnell das Tageslicht. Die neu eingetroffene Fregatte schwojte mit abgestellten Maschinen um ihre Boje, auf dem Achterdeck faltete der Signalgast der Wache die Flagge zusammen und ging zur Brücke. Der wachhabende Offizier dachte an die vielen Einzelheiten, um die er sich nun zu kümmern hatte: Urlauber, Straffällige, Runden, Schiff abblenden, Wache mustern, Arbeitsgruppen. Krieg oder Frieden, das machte für den Routinedienst keinen Unterschied.

Zwischen den verankerten, verdunkelten Schiffssilhouetten ertastete sich der Urlaubertender seinen Weg zum Parkeston-Kai. Er war gedrängt voller Seeleute, die sich auf einen kurzen Landgang freuten. Als der Tender an den glitschigen Pfählen des Anlegers schrammend zum Stehen kam, kletterte die lärmende Menge, lange ehe die ersten Leinen festgemacht waren, auf die Betonplattform. Die Männer steckten sich Zigaretten an, schoben die Mütze etwas schräger und schauten nach den Zollbeamten aus, eingedenk der Pakete zollfreien Tabaks, die sie in den dafür sehr brauchbaren Gasmaskentaschen verstaut hatten. Der eine oder andere musterte neugierig das ältere Ehepaar, das klein und verloren am Eingang der Bahnstation stand und völlig fehl am Platz wirkte. Doch kurz danach war die blau gekleidete Menge verschwunden und hatte die beiden allein gelassen.

Bald jedoch war am Anleger das Knattern eines schnellen Motorbootes zu hören; der Kopf eines Unteroffiziers lugte über die Kante.

»Mr. und Mrs. Royce?«

Mr. Royce nickte. »Das war vielleicht eine Fahrt, nicht wahr, Liebes? Dreimal mußten wir umsteigen.«

Seine Frau lächelte ihn an, doch der Unteroffizier, den man als Pensionär wieder zur Marine einberufen hatte, erkannte, daß hinter diesen ängstlichen Augen wenig Fröhlichkeit steckte.

»Kommen Sie bitte mit. Ein gutes Abendessen wartet auf Sie.« Er zögerte. »Im Lazarett.«

Langsam stiegen sie im Licht einer Handlampe die schlüpfrigen Stufen hinunter, wo eine schlanke blaue Barkasse gegen die Fender schlug. Sobald sie saßen, rief der Unteroffizier: »Los! Vorne absetzen!« Brummend glitt das Boot in die Dunkelheit.

In dem winzigen, vor Sprühwasser geschützten Cockpit starrten die beiden Passagiere stumm in die fremdartige Umgebung, die Welt ihres Sohnes, von der sie sich bis dahin durch Rundfunkberichte und Clives Briefe nur ein verschwommenes Bild gemacht hatten.

Mrs. Royce wandte den Kopf zu dem beruhigenden Profil, das immer an ihrer Seite war. »Glaubst du ...«, begann sie wohl zum hundertsten Mal und hielt hilflos inne.

»Mach dir keine Sorgen, Liebes, ich hab' dir doch gesagt, sie haben uns nur hergebeten, damit er schneller wieder gesund wird.«

In der Dunkelheit drückte er ihren Arm.

Als sie die elegante, weiß gestrichene und von Messingdelphinen flankierte Landungsbrücke erkletterten, trat eine Gestalt zu ihrer Begrüßung vor, der sie ins Lazarett folgten. Das Motorboot drehte Richtung Bootshafen ab, und der alte Unteroffizier überlegte traurig, wie lange er diese herzzerreißenden Fahrten mit Eltern, Ehefrauen und Freundinnen wohl noch machen mußte. Er spuckte über Bord und wandte sich dem Bootsgast im Bug zu.

»Du bist heut' dran mit Tee, wenn wir fest sind, Nobb.«

Das Wartezimmer, das Mr. und Mrs. Royce fünf Minuten später betraten, war bereits voll besetzt; Mr. Royce war insgeheim erleichtert, denn jetzt war eine weitere Unterhaltung nicht mehr möglich. Als sie auf dem alten, durchgesessenen Sofa Platz genommen hatten, betrachtete er die beiden Offiziere, die es sich in den Sesseln neben der Heizung bequem gemacht hatten. Der eine, ein Lieutenant-Commander mit scharf geschnittenem, doch müdem Gesicht, blätterte gelangweilt in einer alten Zeitschrift, während der andere, ein untersetzter Lieutenant mit groben Zügen, bedächtig seine Pfeife auskratzte. Plötzlich blickte er mit fragendem Blick seiner hellen Augen auf. Nachdem er offensichtlich zu einem Entschluß gekommen war, stieß er seinen Gefährten an und erhob sich.

»Guten Abend. Habe ich die Ehre mit Mr. und Mrs. Royce?«

Mrs. Royce lächelte und nickte scheu.

Der Lieutenant trat mit ausgestreckter Hand auf sie zu. »Ich bin Murray, aber für Sie Jock, wenn Sie wollen. Und dies ist Lieutenant-Commander Emberson. Wir sind gute Freunde Ihres Sohnes.«

Das Eis war gebrochen, beide Namen waren ihnen vertraut, weil in Clives Briefen häufig erwähnt.

Emberson zog einen Stuhl heran. »Ein Jammer, daß Sie diese weite Zugreise machen mußten, das ist zur Zeit kein Vergnügen.«

»Ja, es ist eine ekelhafte Tortur«, setzte Murray hinzu.

Ehe Mr. Royce eine ähnliche Bemerkung machen konnte, hörte er die zittrige Stimme seiner Frau und versteifte sich.

»Sagen Sie mir ganz ehrlich: Sieht es so aus, als ob wir . . . als ob Clive . . .« Sie zögerte und hielt inne.

Emberson und Murray wechselten schnelle Blicke. »Nun machen Sie sich bloß keine Sorgen!« Diese und weitere beruhigende Versicherungen wurden durch das Erscheinen des Arztes unterbrochen; beide Offiziere nahmen Haltung an.

»Ich bin Geschwaderarzt Lloyd und freue mich, daß Sie gut angekommen sind«, sagte er kurz. »Jetzt wollen wir uns zuerst mal Ihren Jungen ansehen. Danach bekommen Sie ein ordentliches, markenfreies Abendessen serviert.«

Wortlos eilten sie durch die leeren Gänge zu dem Einzelzimmer.

Als der Geschwaderarzt zur Klinke griff, wurde die Tür aufgerissen. Fast stieß er mit der Schwester zusammen.

»Wo wollen Sie hin?« zischte er. »Was ist los?«

Mrs. Royce fühlte eine Schwäche, sie klammerte sich an den Arm ihres Mannes und beobachtete das Gesicht der Schwester, die offenbar völlig die Fassung verloren hatte.

»Alles in Ordnung, dies sind seine Eltern«, sagte der Arzt und versuchte, seine Befürchtungen zu verbergen.

»Der junge Offizier, Sir«, stammelte sie und blickte von einem zum anderen. »Er hat mit mir gesprochen!«

»Tatsächlich?« Der bullige Arzt schoß an ihr vorbei, gefolgt von den anderen.

Beim Anblick der Gestalt im Bett entfuhr Mrs. Royce ein leiser Schrei, doch der Arzt beachtete sie nicht, bis er mit seiner Untersuchung zu Ende war. Schließlich richtete er sich auf und seufzte tief.

»Ihr Sohn hat das Unmögliche geschafft«, sagte er langsam. »Er ist tatsächlich über den Berg.« Dann wandte er sich zur Tür. »Sie dürfen sich zehn Minuten zu ihm setzen; ich sorge derweil für Ihr Abendessen. Kommen Sie mit, Schwester.« Die Tür schloß sich.

Geräuschvoll fuhr ein Krankenwagen den Kiesweg zum Lazarett hinauf, und irgendwo in weiter Ferne heulte eine Luftschutzsirene. Doch in dem kleinen Raum herrschte vollkommener Friede.

Bei der Rückkehr der Schwester saßen Mr. und Mrs. Royce immer noch stumm da. Freundlich lächelnd stellte sie ein Tablett mit Tee neben das Bett.

»Ich dachte, vielleicht hilft Ihnen das wieder auf die Beine.«

Mrs. Royces Augen glänzten. »Danke für Ihre Mühe. Können Sie mir erzählen, was er Ihnen gesagt hat?«

Die Schwester schwieg und runzelte die Stirn.

»Nun, ich saß gerade beim Fenster, als ich merkte, daß er

sich bewegte. Also ging ich hinüber. Da öffnete er die Augen, sah mir ins Gesicht und fragte: ›Sind die anderen gerettet?‹ Ich sagte ja oder so ähnlich. Da lächelte er mich an und schlief wieder ein. Alles andere wissen Sie.«

»Mein armer Clive, so schmal sieht er aus!«

»Machen Sie sich keine Sorgen. Geschwaderarzt Lloyd meint, daß er bald wieder gesund wird.«

»Übrigens«, Mr. Royces Stimme klang ein bißchen unsicher, »was ist wirklich mit den anderen passiert?«

Die Schwester beschäftigte sich geräuschvoll mit den Teetassen.

»Leider gab es nur acht Überlebende.«

Schließlich mußten sie gehen. Nach einem großartigen Abendessen, das sie aber kaum beachteten, brachte man sie in ein Zimmer im Anbau, wo sie zum erstenmal seit Ankunft des Telegramms Schlaf fanden.

Der folgende Morgen war hell und klar, auf der Reede warf eine frische, stetige Brise Millionen winziger Wellenköpfe auf, und der Himmel, zum erstenmal vollkommen wolkenlos, war von einem wunderbaren, wenn auch etwas harten Blau. Ungeduldig zerrten die Schiffe an ihren Leinen, als wollten sie ihre Besatzungen an einem solch herrlichen Tag wach rütteln, und aus zahllosen Kombüsenschornsteinen stiegen bereits schwache Rauchfahnen auf, die sich mit dem Duft von gebratenem Speck oder Würstchen mischten. An der Gaffel des Signalturms wurde das Vorbereitungssignal gehißt – zwei Minuten bis Flaggenparade –, und auf den frisch gefegten und geschrubbten Achterdecks standen die Signalgasten bereit, die Flagge zu setzen und damit für die Marine einen weiteren Tag offiziell zu beginnen.

Eine Minute später öffnete Royce die Augen, langsam, sehr langsam begannen Verstand und Gefühl sich zurechtzufinden. Zuerst hatte er den Eindruck, er schwebe frei im Raum; ein unwirkliches und körperfernes Losgelöstsein, das nicht mit der Wirklichkeit in Einklang zu bringen war, durchdrang ihn. Nur ein heller Schimmer umgab ihn, noch fehlte ihm jedes Gefühl seiner selbst und der Wille, wieder in die wirkliche Welt zurückzufinden, die vor kurzem noch eine Welt voller Schmerzen gewesen war.

Auf dem großen Exerzierplatz von HMS *Ganges* sollte ein unbekannter junger Hornist die Räder wieder anwerfen und Royce das Stichwort für seine Rückkehr ins Land der Lebenden geben. Der Hornist hob das blitzende Instrument und befeuchtete seine Lippen. Der Wachhabende Offizier rief heiser: »Heiß Flagge!«, und das leuchtendbunte Tuch stieg am Mast empor. Die hellen Töne hallten von den umliegenden düsteren Gebäuden wider, ließen die Möwen in kreischendem Protest auffliegen und verklangen, nachdem sie endlich die Sperre in Royces Unterbewußtsein durchdrungen hatten.

Er blinzelte, verzog die trockenen Lippen und versuchte sich zu bewegen. Der schmerzhafte Stich, der dabei seinen Rücken durchzuckte, machte ihm im Bruchteil einer Sekunde alles wieder bewußt. Zuerst erfüllte ihn Furcht, dann Neugier. Unter Schmerzen wandte er den Kopf der Lichtquelle zu und sah am Fenster eine Schwester sitzen. Er hatte also überlebt. Die Anstrengungen, seine Gedanken zu ordnen, schwächten ihn, doch schweigend kämpfte er gegen die Schwärze, bis er mit plötzlicher Klarheit wieder das feindliche Schiff vor sich sah, so deutlich, daß es das Licht verdeckte und den ganzen Raum füllte. Sein Körper wurde klamm, zum erstenmal fühlte er seine Glieder und versuchte, die Beine zu bewegen. Es ging nicht. Mit knirschenden Zähnen versuchte er es erneut und hielt den Atem an, bis seine Magenmuskeln sich vor Anstrengung zusammenzogen. Kleine rote und grüne Punkte sprangen vor seine Augen, keuchend legte er sich zurück, gnadenlos begann im Hinterkopf ein Hammer zu pochen. So war das also. Irgend jemand hatte ihn gerettet – doch wofür? Damit er ein hilfloser Krüppel blieb? Fest schloß er die Augen und biß sich auf die Lippen, um ein selbstmitleidiges Winseln zu unterdrükken. Selbst seine Arme verweigerten ihm den Dienst. In plötzlicher Panik warf er den Kopf auf dem Kissen hin und her. Jede Bewegung verschlimmerte die Qual, und schließlich hörte er sich gurgelnd aufschreien. Da kamen Schritte. Zart, aber fest legte sich eine kühle Hand auf seine Stirn und vermittelte ihm ein seltsames Gefühl der Geborgenheit. Er blickte auf in besorgte graue Augen und nahm verschwommen den Geruch von Seife und das Rascheln einer gestärkten weißen Tracht wahr. Er öffnete die Lippen, die sich wie altes Leder anfühlten, und versuchte es erneut.

»Wo bin ich?«

Erschreckt hielt er inne. Das war doch nicht seine Stimme? Viel zu hoch, zu krächzend.

Er räusperte sich, schmeckte Benzin. Im selben Augenblick, wie durch eine Explosion in seinem Gehirn hervorgerufen, kamen die grausigen Erinnerungen wieder und überschlugen sich in schrecklichem Durcheinander: knatternde Flammen, Geschützfeuer, einbrechendes Wasser, all das wirbelte wie eine höllische Symphonie durch sein Gehirn, und im Hintergrund hörte er Schreie, von denen einige auch die seinen waren.

Wie lange dieser Anfall dauerte, wußte er nicht; nur allmählich nahm er starke Hände wahr, die ihn hielten, dazu beruhigende, sanfte und doch eindringliche Stimmen.

Schlaff und ruhig, das Bewußtsein wieder betäubt, lag er da, bis eine der Stimmen zu ihm drang und ihn festhielt.

»Na, komm schon, alter Junge, aufwachen! Höchste Zeit, sich aufzusetzen und was zu essen!«

Mühsam riß sich Royce zusammen und blickte in das grobe, vertrauenerweckende Gesicht des Arztes.

»Verzeihung, Sir, das ging alles noch ein bißchen durcheinander«, stammelte er. »Aber ich fühle mich jetzt schon besser.«

Während er dies sagte, fühlte er tatsächlich Leben durch seinen Körper pulsieren, und versuchte ein Lächeln.

»Na schön. Da Sie sich also entschieden haben, bei uns zu bleiben, sollten Sie sich mal anhören, was mit Ihnen los ist.«

Als Royce sich versteifte, hob er schnell die Hand.

»Machen Sie sich keine Sorgen. Ich verspreche Ihnen, daß Sie in ein paar Wochen wieder ganz gesund werden. Vorausgesetzt natürlich, daß Sie ein braver Junge sind. Nur die häßlichen Brandnarben und ein oder zwei Kratzer werden bleiben – Sie haben weiß Gott Glück gehabt. Relativ gesehen«, setzte er mit breitem Lächeln hinzu.

Die nüchterne und sachliche Art des Arztes hatte die gewünschte Wirkung. Sie weckte Royces Vertrauen, und er begann wieder an Dinge und Ereignisse zu denken, die außerhalb seiner eigenen Schmerzen lagen. »Sagen Sie, Sir: Wie kam ich hierher? Sind die anderen gerettet?« fragte er etwas ruhiger.

Die große Gestalt ließ sich bequem auf einem Stuhl neben dem Bett nieder. Langsam und vorsichtig berichtete der Arzt von Raikes' mutigem Rettungsmanöver, vom gerade noch rechtzeitigen Erscheinen des Zerstörers und schließlich, aus eigenem Erleben, von der Ankunft der Überlebenden im Lazarett.

Erstaunt hörte Royce zu. Daß er bei einem solchen Ereignis beteiligt gewesen sein sollte, sogar die Hauptfigur dargestellt hatte, schien ihm jetzt völlig unbegreiflich. Der Arzt hörte auf zu sprechen, doch Royce war klar, daß er, um ihn zu schonen, eine Menge weggelassen hatte.

»Nur acht von uns sind übrig, sagen Sie? Geht es ihnen jetzt gut?«

»Mit denen ist alles in Ordnung. Bisher haben nur Sie uns Sorgen gemacht. Also kümmern Sie sich jetzt darum, daß es Ihnen bald besser geht und Sie in Urlaub fahren können. Schließlich brauchen wir Ihr Bett.«

Royce legte sich zurück. Zum erstenmal fühlte er sich erleichtert, seine schlimmsten Befürchtungen waren zerstreut. Er war auf die Probe gestellt worden und hatte sie bestanden.

Die nächsten drei Stunden seines neugewonnenen Lebens waren für ihn die schwierigsten. Während seine Eltern neben seinem Bett saßen, versuchte er verzweifelt, seine Erlebnisse harmloser darzustellen und seine Mutter daran zu hindern, der Schwester Vorschriften zu machen. Über einige ihrer Vorschläge mußte diese lächeln, was Royce wiederum vor Verlegenheit erröten ließ. Schließlich wurde es Zeit für sie zu gehen. Während seine Mutter noch am Bett zögerte und ihn ängstlich beobachtete, fühlte er sich plötzlich sehr müde und schwach.

»Der Arzt meint, du kannst bald nach Hause kommen«, sagte sie. »Paß also auf dich auf, mein Lieber, und mach dir keine Gedanken, wenn du uns nicht schreiben kannst. Wir schicken dir für die verlorenen ein paar neue Kleider.«

Royce sah auf seine dick verbundenen Hände hinunter. Der Gedanke, all die gewohnten kleinen Tätigkeiten wie Schreiben, Rasieren, Pfeifestopfen oder auch nur eine Tür öffnen nicht mehr bewältigen zu können, war ihm noch gar nicht gekommen.

Mr. Royce bemerkte den traurigen Ausdruck im Gesicht seines Sohnes.

»Wir gehen jetzt, Clive. Es war wunderbar, dich wiederzusehen. Deine Mutter und ich sind stolz auf dich.«

»Stolz? Ich tat nur, was ich tun mußte, Dad.« Seine Stimme wurde schwächer.

»Nun ruh dich schön aus. Wir müssen den Zug erreichen und anfangen, zu Hause alles für dich herzurichten.«

An der offenen Tür sah er noch einmal zurück und räusperte sich.

»Ja, stolz. Wir haben heute morgen zwei deiner Offiziere getroffen, die haben uns alles erzählt. Mach's gut, mein Junge.«

Sofort trat die Schwester wieder in Aktion, zog die Decken glatt, machte es ihm bequem, murmelte düstere Drohungen und bewachte ihren Patienten, wie es die Schwestern in der ganzen Welt tun.

Es folgten schwierige Tage für Royce, in denen er sowohl die Schmerzen als auch ihre Behandlung aushalten mußte. Besuche waren ihm nicht erlaubt, weil man befürchtete, sie könnten ihn schwächen. Die Briefe mit guten Wünschen und Gratulationen jedoch, die von *Royston* eintrafen, bewegten ihn zutiefst.

Die einzige Ausnahme bildete Raikes. Hartnäckig hatte er seine ständige Fragerei so weit getrieben, daß man ihm schließlich erlaubte, den größten Teil des Nachmittags bei Royce zu sitzen, vorausgesetzt, er regte ihn nicht auf. Das funktionierte großartig. Die meiste Zeit waren beide Männer völlig zufrieden damit, schweigend das Bewußtsein von Kameradschaft und Leistung auszukosten.

Am Ende der ersten Woche wurden sie jedoch durch den stürmischen Eintritt der Oberschwester aufgestört, die in höchster Erregung war, etwas ganz Ungewöhnliches für diesen Fels in der Brandung.

»Großer Gott im Himmel!« Sie wedelte mit ihren gestärkten Manschetten. »Das Zimmer ist ein Schweinestall! So geht es wirklich nicht!« Dann begann sie, jeden Gegenstand zurechtzurücken, obwohl das Zimmer genauso aussah wie sonst, nämlich tadellos.

Royce wandte den Kopf auf dem Kissen; das hatte er inzwischen gelernt.

»Was ist los, Oberschwester? Kommt ein Admiral?«

Stirnrunzelnd drohte sie mit dem Finger. »Woher wissen Sie das? Ich hab's doch selbst erst vor zehn Minuten erfahren.«

Royce wurde blaß. »Wollen Sie damit sagen, daß tatsächlich ein Admiral kommt? Um mich zu besuchen?«

»Ja, gewiß.« Sie sah auf ihre Armbanduhr. »Er muß jede Minute hier sein.«

Raikes stand mit glänzenden Augen auf.

»Tut mir leid, Sir, aber diesmal muß ich Sie im Stich lassen. Admirale sind nicht meine Kragenweite.«

Und mit hämischem Grinsen verschwand er.

Vizeadmiral John Marsh, zu dessen Befehlsbereich der Stützpunkt gehörte, war ein kleiner, unauffälliger Herr, der manche Menschen mit seiner offenen und rauhen Art vor den Kopf stieß. Als er leichtfüßig den kleinen Raum betrat und mit scharfen Blicken um sich spähte, die Ärmel glitzernd vor Goldtressen, konnte Royce fast die Energie fühlen, die von diesem Miniaturvulkan ausging.

Der Admiral verschwendete keine Zeit.

»Mein Junge, ich freue mich, Sie kennenzulernen«, bellte er. »Ich nehme an, wir werden später noch nähere Bekanntschaft schließen, doch jetzt muß ich mich erst mal um den Krieg kümmern.«

»Jawohl, Sir«, erwiderte Royce lahm.

»Ich wollte Ihnen nur persönlich sagen, daß Sie Ihre Sache großartig gemacht haben. Eine tolle Leistung!«

»Aber es war doch nur ein Trawler, Sir . . .«

»Ich weiß, was passiert ist, und auch, was Sie getan haben!«

»Was der Admiral sagen will«, Royce bemerkte erst jetzt den erschöpften Flaggleutnant des Admirals, einen völlig überarbeiteten jungen Mann im Hintergrund, »ist, daß eine Auszeichnung . . .«

»Halten Sie die Klappe, Dummkopf«, stieß der Admiral gereizt hervor. »Ich wollte sagen, daß Sie für das Distinguished Service Cross eingereicht sind. Einverstanden?«

»Einverstanden, Sir?« stotterte Royce. »Ich bin ganz . . . ganz . . .« Er rang nach Worten. »Ich weiß gar nicht, wie ich Ihnen danken soll.«

»Ich danke *Ihnen*, Royce. So, und nun muß ich los, aber wir sehen uns bald wieder. Kommen Sie, Roberts.«

Die Tür schlug hinter ihnen zu.

»Haben Sie das gehört, Oberschwester? Oder träume ich?«

»Jawohl, ich hab's gehört. Aber Sie haben es nicht verdient, schauen Sie sich nur mal Ihre Verbände an! Und halten Sie den Kopf ruhig!«

Doch bevor sie hinausrauschte, umarmte sie ihn kurz.

Das Leben im Lazarett verlief bis ins kleinste so geregelt, daß auch die geringste Abwechslung einen Höhepunkt im Leben des Patienten darstellte. Je mehr seine Kräfte zunahmen, um so unruhiger wurde Royce, er freute sich auf jedes ungewöhnliche Ereignis. So zum Beispiel auf die stets lebensgefährliche Rasur durch eine attraktive, aber völlig ungeübte Hilfsschwester oder auf das Bettenmachen. Endlich kam der Tag, an dem er mit Erlaubnis des Arztes aufstehen durfte. Behutsam schob er seine Füße in die Pantoffeln und taumelte in die Senkrechte. Jedenfalls hatte er das beabsichtigt, wäre aber ohne die wachsame Schwester hingefallen. Doch trotz der seltsamen Topplastigkeit schwankte er entschlossen und Schritt für Schritt zum Fenster.

Der Weg war schmerzhaft, die Belohnung groß. Keuchend, mit einer Schulter an die Wand gelehnt, sah er den ganzen Hafen in schimmerndem Licht vor sich ausgebreitet; nun fühlte er sich wieder zu Hause. Trotz aller Drohungen der Schwester stand er eine ganze Stunde am Fenster, nahm jede Einzelheit gierig in sich auf, studierte jedes in Sicht kommende Schiff, versuchte den vielfachen Aktivitäten der Hafenfahrzeuge und Kräne zu folgen. Mehr denn je war er entschlossen, das Lazarett bald zu verlassen, vor allem weil die anderen bereits auf Urlaub gegangen waren. Raikes hatte sich nur zögernd verabschiedet, aber auch er war schließlich abgereist. Royce lachte in sich hinein. Der gute, alte Raikes. Zum Glück sollte er die D.M.S.* für seinen selbstlosen Einsatz erhalten.

Als Royce der letzte Brief Benjy Watsons in den Sinn kam, mußte er laut auflachen. Wenn auch sicher etwas übertrieben dargestellt, ging doch daraus hervor, daß Kirby über Royces Kriegsglück nicht besonders erfreut ge-

* Distinguished Service Medal = Tapferkeitsauszeichnung für Unteroffiziere (Anm. d. Übers.).

wesen war. Aber beim Gedanken an die anderen, die weniger Glück hatten, verging ihm das Lachen gleich wieder.

Emberson besuchte ihn oft, unterrichtete ihn über das Geschehen in den örtlichen Flottillen, über die Feindfahrten und erzählte ihm von Benjys letzten Streichen.

»Du hast den zweiten Streifen bekommen, das D.S.C. und einen berühmten Namen dazu.« Sein junges, gefurchtes Gesicht verzog sich in einem herzlichen Lächeln. »Deshalb bist du jetzt wohl mit einem eigenen Boot dran. Also beklage dich nicht, meine Junge, sondern wart's ab.«

»Artie, du weißt nicht, wie das ist, hier eingepfercht zu sein mit all diesem . . .«, er deutete über den Hafen, »direkt vor Augen.«

Emberson sah ihn eine Weile nachdenklich an.

»Ich will dir was sagen, Clive: Komm in der nächsten Woche runter zu meinem Boot. Wir werden dort eine kleine Party veranstalten. Nichts Großes natürlich, das würde der Arzt nicht zulassen.«

»Wäre das möglich? Würden sie mich rauslassen?«

»Das schaffe ich schon, alter Freund. Es wäre so eine Art therapeutischer Urlaub. Schließlich ist für einen Helden nichts gut genug.«

Royce tanzte fast vor Freude. »Wenn das klappt, geht die Party auf meine Kosten.«

Er konnte an nichts anderes mehr denken. Selbst als sie seinen Kopfverband abnahmen und er die kahlen Stellen sah, wo seine Kopfhaut sauber geflickt war, bemerkte er nur: »Das wächst bald wieder.«

Schließlich kam der Tag des versprochenen Ausgangs. Im Verwaltungsbüro kämpfte irgendein gehetzter Mensch mit einem Berg von Papier. Vor ihm fühlte sich Royce wie ein kleiner Junge, der Mumps hinter sich hat und nun den ersten Schritt in die Außenwelt wagt.

Ich weiß nicht, was der Arzt sich dabei gedacht hat, Sie in diesem Zustand in die Stadt zu lassen. Das wird Ihrer Genesung ganz bestimmt nicht guttun.«

Royce sah sich im großen Spiegel an der Wand und lächelte trübe. In seinem losen blauen Lazarettkittel und der abgenutzten Uniformhose war er wirklich ein sonderbarer Anblick. Aber auch wenn seine neue Uniform rechtzeitig fertig geworden wäre – mit den verbundenen Armen wäre er bestimmt nicht in die Ärmel hineingekommen und sein immer noch wunder Rücken hätte ein enganliegendes Jakkett nicht vertragen. Am meisten erschrocken war er über sein Gesicht: Alle Jugend schien daraus verschwunden, geblieben war nur ein hageres, ziemlich eingefallenes Zerrbild seines früheren Selbst. Die Augenbrauen waren noch nicht voll nachgewachsen, auf der Stirn leuchteten häßliche rote Brandnarben. Auf dem ungeschickt gestutzten Haar saß eine nagelneue Mütze mit blitzendem Emblem, das sein wildes Aussehen noch hervorhob.

»Trotzdem gehe ich auf jeden Fall«, sagte er bestimmt. »Schon jetzt sehe ich wie tot aus, aber wenn ich hier noch länger bleibe, bin ich's wirklich.«

Mit laufendem Motor stand ein Taxi an der Auffahrt, der Fahrer rief: »Hierher, Sir. Commander Emberson hat mich beauftragt, Sie abzuholen und heil bei ihm abzuliefern.«

Royce grinste und ließ sich auf dem Rücksitz nieder.

Ob es das Stoßen des Fahrzeugs war, die Aufregung oder ganz einfach die Tatsache, daß er das Ausmaß seiner Verwundungen unterschätzte – jedenfalls hing er nach zehn Minuten würgend an den Haltegriffen und mußte sich fast übergeben. Der ältere Fahrer hatte ihn im Rückspiegel beobachtet und hielt nun plötzlich an.

»Ich glaube, ich bringe Sie besser zurück. Hat keinen Sinn, daß Sie sich selbst umbringen.«

Royce wagte nicht zu sprechen, er schüttelte nur heftig den Kopf und kletterte unter Schmerzen nach draußen auf den Gehsteig.

»Es geht schon. Aber ich laufe lieber ein Stückchen. Fahren Sie nur hinter mir her.«

So machten sich die große, hagere Gestalt im flatternden blauen Kittel, die mit großer Konzentration dahinschritt, und das alte Taxi, das am Randstein hinter ihr herschlich, auf den Weg zum Hafen.

Royce atmete jetzt leichter, selbst der Schwindel war gewichen. Er blieb jedoch immer wieder stehen und tat so, als wolle er ein Schaufenster betrachten. So konnte er den Fahrer täuschen und für das nächste Stück Kräfte sammeln.

Schließlich erreichten sie das Gittertor vor dem Liegeplatz der Küstenstreitkräfte; von Kopf bis Fuß zitternd, versuchte Royce verzweifelt, das schweißüberströmte Gesicht mit den verbundenen Händen zu verdecken. Der wachestehende Marinepolizist grüßte und riß die Augen vor Erstaunen auf.

»Hören Sie, Sir«, meinte er besorgt, »es geht mich zwar nichts an, aber ich glaube, ich sollte doch den Arzt rufen.«

»Nein, es geht Sie wirklich nichts an«, entfuhr es Royce. »Jetzt, da ich's bis hierher geschafft habe, lasse ich mich von Ihnen nicht aufhalten!«

Der Unteroffizier blieb ungerührt.

»In Ordnung, Sir. Dann bringe ich Sie eben selbst zu Commander Embersons Boot. Glücklicherweise ist es nicht weit.«

Royce wurde friedlicher. Er lächelte.

»Tut mir leid, Unteroffizier. Aber ich glaube, ich bin neuerdings ein bißchen gereizt.«

Ohne weitere Zwischenfälle kamen sie bis zum Steg. Royce stützte sich auf seinen Begleiter und ließ den Blick über die ganze Länge des neuen MTB gleiten. Es war ein Fairmile-Typ und doppelt so groß wie die Boote seiner Flottille. Es schien überall Geschütze zu tragen, und die von der Pier aus sichtbaren Torpedorohre zeigten drohend aufs Marinepostamt. An Deck arbeiteten Seeleute unter Aufsicht eines jungen Sub-Lieutenants, der in blauem Bordanzug und leuchtendweißem Pulli tadellos wirkte.

Das richtige Boot für den Flottillenchef, dachte Royce, da war wohl noch Kirbys Einfluß zu spüren. Er beobachtete den jungen Sub, der sich zielbewußt an Deck bewegte, und verglich ihn mit dem Anblick, den er vor einer halben Stunde im Lazarettspiegel gesehen hatte. War es möglich, daß auch er einst so viel jugendliche Begeisterung ausgestrahlt hatte? Sie waren im gleichen Alter, aber nur den Jahren nach. Sein Grübeln wurde durch den Sub, der – von ihm unbemerkt – leichtfüßig auf die Pier getreten war, unterbrochen. Ich lasse wohl schon geistig nach, dachte er wütend.

»Lieutenant Royce?«

Automatisch straffte er sich. Es war das erstemal, daß er mit seinem neuen Dienstgrad angeredet wurde; er klang fremd und ziemlich formell.

»Wir haben Sie schon erwartet, Sir, der Kommandant wird sich sehr freuen. Er hat ein paar Freunde eingeladen, um Ihre Rückkehr zu feiern.« Er brach ab, sah ihn an, und sein Gesicht wurde ernst. »Fühlen Sie sich auch wohl, Sir?«

Royce saugte die Lungen voll Salzluft und nickte. »Ja, gehen Sie nur vor. Es dauert etwas, bis man sich wieder daran gewöhnt, das ist alles.«

»Verstehe, Sir.« Doch er verstand ganz sicher nicht. »Übrigens, mein Name ist Bird, und wenn ich hier an Deck fertig bin – wir überprüfen gerade unsere neue Browning –, komme ich auch in die Messe.«

Mit ausgestreckten Händen trat Emberson auf ihn zu.

»Clive, du schlauer Fuchs, du hast es früher geschafft und damit meinen feierlichen Empfang durchkreuzt.«

Auch Royce streckte unwillkürlich eine Hand aus, aber dann blickten beide auf die unförmigen Verbände nieder.

»Tut mir leid, Artie, hab' nicht daran gedacht. Wir können uns nur voreinander verbeugen.«

Das Problem, wie Royce den steilen Niedergang zur Messe bewältigen konnte, hatten sie bereits gelöst. Unten standen zwei Seeleute und führten seine Füße, mit seiner oberen Hälfte beschäftigten sich der Bootsmann und Emberson. Royce brauchte nichts selbst zu tun.

Die Messe mit den kreuz und quer laufenden Rohren unter der Decke war für ein MTB recht lang und schmal. Der helle Widerschein des gekräuselten Wassers auf der rauhen Farbe, die leichte Bewegung unter seinen Füßen und die vertrauten Schiffsgerüche und -geräusche bereiteten Royce einen behaglichen Willkomm.

Ein langer Matrose in enger weißer Jacke deckte den Teetisch und zog den bequemsten Stuhl heran. Behutsam setzte sich Royce und verzog das Gesicht.

»Beinahe hätte ich es nicht geschafft, aber es hat sich gelohnt. Ich kann euch gar nicht sagen, was es bedeutet, wieder auf einem Boot zu sein.«

»Ich weiß: kein Palast, aber ein Zuhause.«

»Wo sind die anderen, von denen dein Sub mir erzählt hat?«

»Keine Sorge, die kommen gleich wieder. Sie sind nur rüber zur *Kitson* gegangen, um sich ihr Radargerät anzusehen. Alle neuen Schiffe in Harwich haben Radar bekommen.«

Der Türvorhang wurde zur Seite geschoben, Benjy Watson, Jock Murray und drei andere Offiziere betraten den Raum.

»Hier ist er!« schrie Benjy. »Wer sagt, daß er aufgegeben hat?«

Royce sah von einem Gesicht zum anderen und überlegte, wie sie wohl sein entstelltes Äußeres fanden. Dabei wurde ihm klar, wie sehr sie ihm gefehlt hatten.

»Ich bin eben zäh«, grinste er.

Sie genossen die Teemahlzeit in vollen Zügen. Gott allein mochte wissen, wo sie all die rationierten Leckerbissen »organisiert« hatten, jedenfalls schmeckten sie köstlich. Als dann die Pfeifen brannten, klönten sie, bis sie heiser waren. Aber Royce fühlte die Schwäche und den

Schwindel zurückkehren und redete schneller und nervöser, als fürchte er, abbrechen und gehen zu müssen.

Die anderen merkten recht genau, was mit ihm vorging, und wechselten bedeutsame Blicke. Emberson hätte schon früher nach einem Taxi geschickt, doch die Hauptüberraschung stand noch bevor. Besorgt blickte er auf die Uhr.

»Ich fürchte, deine Bewährungsfrist läuft ab, Clive«, sagte er leise. »Du mußt in einer halben Stunde zurück sein, das ist mit dem Doktor vereinbart.«

Royce erhob sich unsicher und merkte, wie seine Kräfte nachließen. Die Gesichter rund um ihn verschwammen, er mußte blinzeln, um sie zu erkennen. Zwischen den bandagierten Händen hielt er seine Teetasse wie ein Hund einen Knochen, und die Anstrengung, sie heil auf den Tisch zu stellen, war ihm fast zuviel. Undeutlich nahm er wahr, wie die anderen still wurden. Selbst Benjy sah seltsam besorgt aus.

»Vielen Dank, daß ihr mich eingeladen habt«, sagte er mit gezwungenem Lächeln. »Es war genau das, was mir gefehlt hat.«

In diesem Augenblick gab die Browning oben an Deck eine Probesalve ab. Obwohl man Royce vorher gewarnt hatte, war er offensichtlich weder auf die Heftigkeit noch auf seine eigene Reaktion gefaßt. Die Messe, die Offiziere, alles löste sich in einem Wirbel auf, und das einzige, was sein kranker Kopf erfaßte, war das schreckliche, stoßweise Rattern. Aufseufzend sank er zu Boden.

Während sie ihm zu Hilfe eilten und Emberson schrecklich über den unsichtbaren Kanonier fluchte, wurde der Türvorhang aufgerissen und die kleine Gestalt einer Wren trat hastig ein.

»Ich komme leider etwas spät, Sir, der Bus ...« Sie brach ab und starrte mit aufgerissenen Augen auf die Szene. Ihr Gesicht war plötzlich schneeweiß.

»Was ist geschehen, was ist los mit ihm?«

Emberson sah auf. »Schnell, halten Sie seinen Kopf, und nehmen Sie seine Schultern hoch.«

Royce lag auf der Seite und merkte nur verschwommen, daß er lebte. Alles war dunkel, aber er hörte eine Stimme rufen: »Bootsmann, schnell, einen Krankenwagen!«

Krankenwagen? Auf See? Unmöglich! Waren sie nicht im Gefecht? Aber sicher – die Kanone, sie mußte doch weiterfeuern! Er wandte sich um, aber irgend jemand hielt ihn fest. Schwach wehrte er sich. Wie von fern hörte er seinen eigenen Protest. Erst in diesem Augenblick erkannte er Julia, die auf ihn heruntersah. Sie war so nahe, daß er sie berühren konnte. Auf einmal fühlte er sich zufrieden, Schmerz und Anspannung ließen langsam nach.

»Julia, Liebling«, flüsterte er. »Du solltest nicht hier sein, es ist zu gefährlich . . .« Seine Stimme verklang.

Nur verschwommen nahm er die weißen Jacken der Sanitäter und die Bahre wahr. Die Vision dieses Gesichts mit den tränenfeuchten Augen ließ ihn plötzlich verzweifeln, mit letzter Kraft schrie er auf, drängend, warnend. Doch als der Nebel über ihm zusammenschlug, hörte er diese Stimme wieder, so wie damals auf dem Bahnsteig, sanft und süß. »Alles in Ordnung, Clive, jetzt ist ja alles gut.«

Unter schrillem Geläut jagte der Krankenwagen zum Lazarett, aber ihn umfing eine große Ruhe. Die Glocke bedeutete: »Feuer einstellen.« Ja, nun würde alles gut werden.

Royce saß im Bademantel am Fenster. Der blaßgelbe Schein der Nachmittagssonne erhellte sein Gesicht und tilgte die von Strapazen eingegrabenen Falten. Zum erstenmal schenkte er dem Hafen unten keine Beachtung. Selbst der Besuch auf dem MTB, sein unerfreuliches Ende, die heftigen Vorwürfe des Arztes und der Oberschwester waren zur Bedeutungslosigkeit verklungen. Wichtig war nur der Brief, den er wohl schon dutzendmal gelesen hatte und der nun in seinem Schoß lag.

Als er sich von dem Zusammenbruch erholt hatte, fürchtete er, der einzige Lichtblick, das einzige kurze Glück sei nur wieder ein Traum, ein Trugbild seiner gequälten Phantasie gewesen. Doch ihr hastig auf Kantinenpapier geschriebener und ihm von der Schwester ausgehändigter Brief hatte seine Befürchtungen zerstreut und ihn in zitternde Erwartung versetzt. In ihrer klaren sauberen Handschrift hatte Julia Harston, immer ein Auge auf der Bahnhofsuhr, sich bemüht, soviel wie möglich auf dem Bogen unterzubringen. Lächelnd begann er erneut zu lesen, ohne sein Glück schon ganz fassen zu können.

Sie erklärte ausführlich, daß Emberson sie angerufen und ihr erzählt hatte, wie kritisch Royces Zustand war und daß er in halbwachen Augenblicken immer nach ihr frage. Deshalb glaubte Emberson, sie könne bei seiner Genesung helfen. Ein hastig eingereichter Kurzurlaub, eine verständnisvolle Vorgesetzte, eine bereitwillige Vertreterin in der Signalstation von Rosyth, und schon hatte ein Schnellzug sie nach Süden gebracht. Sie kam gerade zurecht, um den Schmerz und den Schock zu begreifen, den er erlitten hatte. Dieser Teil des Briefes tat ihm gut, denn er wußte aus eigener Erinnerung, daß er beim Verlassen des Lazaretts zwar schrecklich ausgesehen hatte, bei Julias Eintreffen aber ein völliges Wrack gewesen war. Jedenfalls hatte er ihr unter diesen Umständen keinen guten Anblick geboten. Doch nun fühlte er sich schon bedeutend besser. Sie berichtete weiter, daß sie eilig nach Rosyth zurück mußte. Zuvor hatte das Lazarett sie jedoch noch ziemlich kühl davon unterrichtet, daß es dem Patienten so gut gehe, wie es angesichts seiner Eskapaden erwartet werden konnte. Er grinste, denn das war mehr oder weniger das, was die Oberschwester auch ihm gesagt hatte. Der Schluß des Briefes aber gefiel ihm besonders: »Die Art, wie ich Sie behandelt habe, als wir uns zuletzt trafen, tut mir sehr leid. Aber ich weiß nun, daß wir es beide verstehen. Wenn Sie mich immer noch sehen wollen, wäre ich sehr glücklich.

Auch würde ich mich freuen, wieder von Ihnen zu hören. Bitte passen Sie gut auf sich auf und übermitteln Sie meinen Dank an Commander Emberson, der mir soviel von Ihnen erzählt hat ... Ihre Julia.«

Das war der Teil, der ihn beglückte. Und sie hatte ganz einfach mit ihrem Vornamen unterschrieben. Nur ein Wort auf billigem Papier, doch für ihn war es ein Zeichen von Vertrautheit. Früher war sie nur ein Traum gewesen, an den er während der ermüdenden Stunden auf Wache denken konnte. Doch nun hatte es eine Reihe atemberaubender und beängstigender Veränderungen in seinem Leben gegeben, der Traum war fast Wirklichkeit geworden und die Zukunft voller Hoffnung. Dennoch, überlegte er, mußte das Ganze sehr behutsam behandelt werden, denn bisher hatte die Initiative bei anderen gelegen. Wenn er nicht erneut alles verderben wollte, mußte er schrittweise vorgehen. Als erstes mußte er sein dienstliches Leben wieder in Ordnung bringen, und das hieß, das Lazarett zu verlassen. In seiner gewohnten methodischen Weise ging er dieses Problem unverzüglich an. Trotz aller Überarbeitung bemerkten Ärzte und Schwestern sehr schnell, welches Interesse er nun an seiner Behandlung hatte und wie ungeduldig er bei jedem Rückschlag wurde.

Binnen zweier Wochen waren die meisten äußeren Merkmale seiner Verletzungen verschwunden. Nun spazierte er gern im Park des Lazaretts umher und ging gelegentlich hinunter zum Stützpunkt, um Emberson zu besuchen. Und an einem ansonsten trüben Morgen zog er sorgfältig seine neue Uniform an, verabschiedete sich vom Lazarettpersonal und fuhr für drei Wochen nach Hause.

Wie üblich genoß er seinen Urlaub in vollen Zügen und freute sich, daß er seine Eltern glücklich machen konnte. Doch diesmal war etwas anders. Anfangs ging er darüber hinweg und versuchte zu ignorieren, was vielleicht nur Einbildung war. Doch als immer mehr Tage erzwungener Muße verstrichen, wurde ihm klar, daß sich Lieutenant

Clive Royce, D.S.C., erheblich von dem geplagten, aber unbekümmerten jungen Offizier unterschied, der sich einst durch die ersten Schwierigkeiten auf einem MTB gekämpft hatte. Je mehr er darüber nachdachte, um so erstaunlicher erschien ihm seine innere Veränderung. Aber er konnte nicht einmal den genauen Zeitpunkt dafür bestimmen. Schließlich war der Krieg auch bisher nicht einfach für ihn gewesen, sagte er sich. Doch daran allein lag es nicht, es ging sehr viel tiefer.

Zweimal hatte er an Julia in Schottland geschrieben, hatte ihr von seiner Genesung erzählt und hoffte nun, sie so bald wie möglich besuchen zu können. Auch ihr hatte er von seinen seltsamen Empfindungen und Befürchtungen berichtet. Ihre Antwortbriefe waren witzig und gleichzeitig beschwichtigend, freundlich, aber ohne ersichtliches Mitgefühl. Anfangs fühlte er sich etwas verletzt durch ihre scheinbare Härte. Wenn er ungeachtet des ständigen Sprühregens durch die Wälder schlenderte, las er ihre Worte immer wieder und versuchte, ihre Bedeutung voll auszuschöpfen. Dabei wurde ihm klar, daß sie mit ihrer Methode recht hatte: Die Vergangenheit war Geschichte. Von nun an würden andere zu ihm aufschauen und sich für ihr eigenes Überleben auf seine Erfahrungen verlassen. Da wußte er, was ihn verändert hatte: die Verantwortung für andere. Ein Vorhang schien sich vor ihm zu heben, der Weg war nun klar. Als seine Mutter ihm vier Tage vor Urlaubsende einen gelben Umschlag übergab, fühlte er sich fast erleichtert.

»Ich muß mich auf *Royston* melden«, verkündete er schlicht. »Das verstehe ich nicht ganz: Ich soll vor einer Kommission erscheinen.«

Unaufdringlich halfen seine Eltern ihm, die neu gekaufte Ausrüstung zu packen. Plötzlich fuhr Royce wie von der Tarantel gebissen zusammen. »Großer Gott«, brach es aus ihm heraus, »die denken doch nicht etwa, daß ich nicht mehr ganz zurechnungsfähig bin!«

Er hatte verschiedentlich erlebt, daß Offiziere als ungeeignet für die Küstenstreitkräfte oder gar für den Borddienst überhaupt eingestuft wurden, Männer, die einst als harte Kämpfer unentbehrlich gewesen waren, aber nun plötzlich wie zerbrochene Wracks und graugesichtige Gespenster aussahen, die vor Entscheidungen zurückschreckten und bei jedem Geräusch aufsprangen. Dies war der Preis, den sie für ein Leben in ständiger Gefahr zahlen mußten.

»O nein«, stöhnte er, »das können sie mit mir nicht machen! Ich muß ihnen beweisen, daß ich wieder in Ordnung bin!«

Die Reise zum Stützpunkt war scheußlich und schien ihm doppelt so lang wie sonst. Danach war selbst der Anblick des häßlichen Rumpfes der *Royston* eine Erleichterung. Royce eilte in die Messe, um seine Freunde nach Informationen anzuzapfen, doch die Flottille war zur Sicherung eines Geleitzuges auf See. Also blieb ihm nichts anderes übrig, als direkt in das Büro des Commanders zu gehen und es hinter sich zu bringen.

Commander Wright sah beim Anblick eines schmallippigen Royce erstaunt auf.

»Du lieber Himmel, Mann, Sie sind ja früh zurück«, dröhnte er jovial. »Fein, Sie wiederzusehen. Ach ja, und herzliche Glückwünsche, mein Junge!«

Royce stand steif da. »Darf ich Sie etwas fragen, Sir?« Er zögerte. »Die Kommission morgen, kann ich dagegen Einspruch erheben?«

»Einspruch erheben? Einspruch erheben?« Wright brüllte so laut, daß der Registrator im benachbarten Büro zusammenfuhr. »Was zum Teufel meinen Sie damit? Nach allem, was Sie durchgemacht haben, wollen Sie nicht Kommandant werden? Verflucht und zugenäht, das erklären Sie mir mal!«

Der arme Royce verstand überhaupt nichts.

»Kommandant?« fragte er schwach.

»Ja, wissen Sie das nicht?«

»Nein, Sir. Ich dachte, man wolle mich absägen.«

Wright lehnte sich in seinem Sessel zurück und lachte, bis seine Augen tränten.

»O Royce, Sie bringen mich um!« keuchte er. »Ich ziehe hier alle Fäden, um Ihnen ein Kommando zu besorgen, außerdem brauchen wir dringend erfahrende MTB-Leute, und Sie kommen hier herein und quatschen von Absägen.«

Er nahm eine Flasche und zwei Gläser aus dem Wandschrank.

»Hier, mein Junge, darauf wollen wir trinken. Ich habe alles getan, was ich konnte, Sie müssen nur noch auf Captain Marney den richtigen Eindruck machen. Dann geht alles klar.«

Wie benebelt saß Royce im Sessel und schmeckte kaum den puren Gin. Vor ihm tat sich eine neue Phase auf, noch jenseits seines Begriffsvermögens: ein eigenes Boot!

Beim Verlassen des Büros ging er wie auf Wolken, hörte aber Wright immer noch lachen.

6

Captain Reginald Marney, Chef der örtlichen Küstenstreitkräfte, schritt ungeduldig in seiner blitzsauberen Kajüte auf und ab. Im Hintergrund standen zurückhaltend und unbewegt ein Schreiber sowie der Signalmeister der *Royston* und folgten dem großen Mann mit den Augen.

Captain Marney war eine beeindruckende Figur: Ende Vierzig, das braune Gesicht durch viele Dienstjahre zwischen Island und Shanghai gefurcht, die kurzen Haare unter der Last der Verantwortung schnell ergraut.

»Das war's für heute morgen«, sagte er knapp. »Nun noch eine Weisung an den Befehlshaber, an die Operationsoffiziere und alle Kommandanten.«

Er hielt inne und spähte durch das blanke Bulleye.

Schließlich blieb sein Blick auf einem MTB hängen, das gerade an der Artilleriewerft längsseit gehen wollte. Dummkopf, dachte er, legt zu hart Ruder. Das MTB kam ziemlich plötzlich zum Stehen und prallte von den Gummifendern der Pier ab. Der Captain war zufrieden, daß er mit seiner Beobachtung recht behalten hatte. Er räusperte sich, und der Signalmeister leckte an seiner Bleistiftspitze.

»Im Lauf des nächsten Monats müssen wir die feindliche Küstenschiffahrt mit allen Mitteln unter Druck setzen, damit möglichst starke deutsche Streitkräfte von unseren Geleitzugwegen abgezogen werden. Stützpunkt und Einsatzstab sollten sich mit den Kommandanten abstimmen, auf welche Weise in dieser entscheidenden Periode möglichst viel erreicht werden kann. Das Ganze unter ›Vertraulich‹ wie üblich«, schloß er.

Wie an jedem Morgen hatte Marney seit zwei Stunden Briefe und Befehle diktiert. Als sich die beiden zum Gehen wandten, setzte er noch hinzu: »Und, Signalmeister, machen Sie ein Signal an MTB 7784: ›Schlage vor, die Ruderlage rechtzeitig zu ändern, damit Ihre Kommandantenzeit nicht vorzeitig endet.‹«

Er lächelte in sich hinein. Diese Reservisten . . . Nun ja, es war eben alles neu für sie. Er seufzte tief auf.

Geräuschlos trat sein Registrator ein, ein wieseliger Mann namens Slade.

»Commander Wright sowie Commander Thirsk zur Sitzung, Sir.«

»Danke, Slade. Tische, Stühle und so weiter. Wie immer.«

Marney war ein Mann weniger Worte.

Die Kommission trat hin und wieder zusammen, um neue Kommandanten einzusetzen und die Lücken, die durch Tod, Beförderung und neue Boote entstanden waren, zu füllen. Dabei wurden auch viele andere brennende Probleme von Nachschub und Bedarf besprochen. Jetzt, da überall britische Schiffe verlorengingen, war der Bedarf sehr groß und Ersatz nicht nur schwieriger zu finden, sondern auch weniger erfahren.

Als Royce schließlich vor dem grimmig blickenden Trio Platz nahm, kamen ihm die ersten Bedenken. Doch dann riß er sich zusammen und fand Trost in Wrights ermutigendem Nicken.

Der Chef der Küstenstreitkräfte kam schnell zur Sache.

»Ich habe Ihren Bericht gelesen, Royce. Er hat mir gefallen, aber ich möchte, daß Sie mir das Ganze nochmals erzählen. Von dem Moment an, als Sie sich zum erstenmal hier meldeten.«

Schweigend hörten sie zu, betrachteten das Gesicht des jungen Mannes und nahmen seine Worte in ihrer vollen Bedeutung auf. Als er geendet hatte, schickten sie ihn hinaus, wo er, wenn auch nicht lange, in quälender Einsamkeit wartete. Wieder zurück, versuchte er in den Gesichtern der anderen, besonders in dem des Captains, zu lesen.

»Ich denke, es wird Sie freuen zu hören, daß wir zufrieden sind«, begann Marney. »Ich bin sicher, daß Sie alles tun werden, um Ihren Mangel an Ausbildung mit Mut und Einfallsreichtum auszugleichen.«

Er hielt inne, und Royce murmelte seinen Dank.

»Danken Sie mir nicht, Royce. Denken Sie daran, daß eine schwere Aufgabe vor Ihnen liegt. Sie müssen sich darüber klar sein, daß Sie auf Ihrem Weg genauso einsam sein werden wie ich hier. Sie werden vor vielen Schwierigkeiten stehen, mit denen Sie sofort und ohne den Rat anderer fertig werden müssen. Ihre Männer haben zumeist wenig Ahnung von diesem Geschäft, sehr viel weniger, als Sie jemals hatten. Ich habe Sie für diese Aufgabe nicht nur wegen Ihrer fachlichen Qualifikation ausgewählt, die auf der Hand liegt, sondern weil Sie Ihren Sinn für Menschlichkeit nicht verloren und sich davor gehütet haben, hart zu werden. Denken Sie daran: Wird man im Krieg zu hart, wird man gleichzeitig zerbrechlich.«

»Ich werde versuchen, mich danach zu richten, Sir.«

»Nun dann, viel Glück. Und nun zischen Sie ab zum wohlverdienten Drink. Alle weiteren Einzelheiten erfahren Sie heute nachmittag von Commander Wright.«

Die Tür schloß sich hinter ihm; die drei altgedienten Marineoffiziere machten es sich bequem und sahen einander an.

Commander Thirsk, ein rotgesichtiger Zerstörerkommandant, schüttelte den Kopf. »Arme Schweine! In Friedenszeiten hätte es Jahre gebraucht, bis er solch eine Chance bekommen hätte. Jetzt sollen sie ein eigenes Boot führen, fast bevor sie verstehen, richtig zu grüßen.«

»Vergessen Sie nicht, Harry: Damals bekamen sie auch nicht so viele Chancen, getötet zu werden«, erwiderte Captain Marney trocken.

Die Reparaturwerft am Ende des Hafens wirkte wie ein achtlos verstreutes Durcheinander von ausrangierten Maschinenteilen und rostigen Panzerblechen. Hier und da tuckerten Dieselgeneratoren und leiteten Strom in die langen Kabel, die sich in alle Richtungen schlängelten. Auf den Slipbahnen, die bedeckt waren mit einer grünen Tang- und Ölmischung, wurden verschiedene kleinere Kriegsschiffe überholt. Das Gewimmel der Werftarbeiter, die in Kesselanzügen oder abgetragenen Overalls von einer Arbeit zur anderen eilten, ergab für den Uneingeweihten wenig Sinn.

Einen Zusammenhang herzustellen zwischen den abgetakelten, schleimigen, zweckentfremdet auf Blöcken ruhenden Rümpfen, deren Innereien in wildem Durcheinander rundum verteilt lagen, und den eleganten Formen, die im Hafen an ihren Verankerungen schwojten, war schwierig. Die Boote in der Werft schienen verloren, verurteilt, immerdar in diesem Chaos zu liegen. Das Instandsetzungspersonal bewältigte jedoch auf seine besondere Weise diese Diskrepanz mühelos und beendete die meisten Arbeiten absolut planmäßig.

Ein Boot sprang Royce besonders ins Auge, als er und Commander Wright über den gewundenen Weg wanderten, das Kinn vor dem Nordwind tief im Mantelkragen versteckt. Das Boot lag auf der zweiten Slipbahn, die Farbe abgekratzt, die Mahagoniplanken nackt und bloß wie eine offene Wunde. Drähte und Kabel hingen über die Bordwand, Männer hämmerten und schliffen, sägten und malten mit fachmännischer Gleichgültigkeit. Auf der Erde neben dem Boot lag ein Rettungsring mit der abgeblätterten goldenen Aufschrift MTB 1993: Embersons altes Boot. Die beiden Männer blieben einen Augenblick schweigend stehen, als wollten sie ihm ihre Reverenz erweisen.

»Hat eine Aufmöbelung wahrhaftig verdient«, murmelte Wright.

Ein gehetzt wirkender Lieutenant in schmutziger Flanellhose und Uniformbluse trat hinter einem Stapel Treibstoffässer hervor, in den öligen Händen ein Bündel Formulare und Listen. Wright erwiderte fröhlich seinen unsicheren Gruß.

»Hallo, Page, wie geht's mit der Überholung voran?«

Page verzog das Gesicht. »Es ist zum Verrücktwerden! Ich weiß nicht, wann das Boot mehr Ärger macht, im Wasser oder hier.«

Beim Weiterschreiten blickte Wright Royce an, der zielstrebig an seiner Seite ging, den Blick starr voraus gerichtet.

»So wird es Ihnen ab morgen auch ergehen, mein Junge. Das ist der Glanz des Kommandantenlebens!«

Royce nickte, hatte jedoch gar nicht richtig zugehört. Sein ganzes Denken war beherrscht von dem immer stärker werdenden Wunsch, so bald wie möglich zu seinem neuen Boot zu kommen. Er und Wright waren bis in die frühen Morgenstunden alle Einzelheiten durchgegangen, sowohl Abmessungen als auch schiffbauliche Neuerungen: Später hatte er sich auf seinem Bett hin und her geworfen und sämtliche Informationen über MTB 9779 im Geiste wiederholt. Nun endlich kam der große Moment, oder würde jedenfalls sehr bald kommen, und er hoffte nur, daß er sich ihm gewachsen zeigen würde. Geistesabwesend hatte er sein Frühstück verschlungen, als Wright hereinschlenderte und beiläufig verkündete, das Boot sei soeben frisch aus der Bauwerft eingetroffen.

Die Crew war bereits in Dover an Bord gegangen. Ihre Namensliste und andere sorgfältig studierten Unterlagen steckten griffbereit in Royces Manteltasche. Während er unwillkürlich den Schritt beschleunigte, fühlte er sich wie ein kleiner Junge, der zum ersten Mal ins Internat kommt.

»Nur nicht so hastig«, schnaufte Wright. »Das Boot läuft Ihnen nicht weg.«

Er war schon zu lange dabei, um die Symptome nicht zu erkennen.

»Lassen Sie sich von einem alten Mann einen guten Rat geben. Die Besatzung macht sich über Sie sehr viel mehr Gedanken als umgekehrt. Das sind zum größten Teil Dilettanten, grüne Jungs. Sie müssen sehr geduldig mit ihnen sein, viel an ihnen arbeiten und ihnen den richtigen Weg zeigen. Das gilt ebenfalls für die Offiziere.«

Royce lächelte. »Danke, Sir. Was Sie da gesagt haben, hat mir mehr geholfen, als Sie ahnen.«

In diesem Augenblick bogen sie um die Ecke der riesigen Maschinenwerkstatt und hatten jetzt den ganzen nördlichen Bogen der Landzunge im Blickfeld. Der heftige Wind ließ sie schaudern. Unter ihnen ragte die Ausrüstungspier ins Fahrwasser hinaus, über die Lieferwagen und Kräne, Lastwagen und Handkarren mit allem wichtigen Material für ein seegehendes Schiff rollten, vom Taufender bis zum Toilettenpapier.

Die meisten der hier liegenden Schiffe waren Versorger oder Tender für die größeren, draußen auf tiefem Ankergrund wartenden Schiffe. Royce aber hatte nur Augen für ein einziges Boot, das in frischer grauer Farbe strahlte und sich seiner mächtigen Schönheit freute. Es schien zu spüren, daß ihm zwischen den geschäftigen Barkassen und Leichtern eine Sonderstellung zukam.

Royce blieb so plötzlich stehen, daß Wright gegen ihn taumelte.

»Herrgott, was ist denn los?«

»Verzeihung, Sir, aber ich bin ganz überwältigt. Eine wirkliche Schönheit!«

Als sie sich auf der abschüssigen Straße näherten, begann Royce zu erkennen, wie groß sein Boot im Vergleich zu den anderen in der Flottille war. So groß wie die Boote, die er in Harwich gesehen hatte: eine der letzten kraftstrotzenden Ergänzungen der Mosquito-Flotte. Ihm kam es in diesem Moment riesig vor, und er rief sich die Einzelheiten ins Gedächtnis zurück: Länge fast fünfunddreißig Meter, Maschinenleistung über viertausend PS, Marschgeschwindigkeit dreißig Knoten. Obwohl es wie seine kleineren Schwestern nur zwei Torpedorohre besaß, starrte es geradezu vor Geschützen, angefangen bei einer Bofors auf dem Vorschiff bis hin zu den schweren Brownings achtern, und neben der Brücke ragten die vertrauten schlanken Rohre zweier Örlikons auf: in der richtigen Hand ein starker Kämpfer. Dabei fiel ihm erneut seine Besatzung ein. Abgesehen von den Offizieren, bestand sie nur aus für die Kriegsdauer eingezogenen Männern. Ein ernüchternder Gedanke.

Von den Offizieren wußte er außer ihren Namen und den kurzen Beurteilungen nichts. Sub-Lieutenant John Carver, ein einundzwanzigjähriger früherer Berufsfotograf, sollte sein IWO werden. Er war seit elf Monaten bei der Marine, davon hatte er drei Monate auf einem Atlantikzerstörer verbracht, den Rest in Ausbildung. Der andere Offizier war ein achtzehnjähriger Fähnrich, Colin Leach, der vor neun Monaten noch die Schulbank gedrückt hatte.

Sie blieben in angemessenem Abstand von der Stelling stehen, wo ein junger Seemann mit einem riesigen Revolver am Gürtel herumlungerte.

Royce lächelte mißmutig. Bei dem werde ich mal ein bißchen »Kirby spielen« müssen, dachte er.

»So, Royce, weiter komme ich nicht mit. Ein neuer Kommandant sollte diesen Moment allein erleben. Machen Sie's gut!« Und ehe Royce widersprechen konnte, war Wright gegangen.

Er schlug den Mantelkragen zurück, atmete tief durch und trat langsam auf das Boot zu.

Nun geschahen mehrere Dinge gleichzeitig: Zuerst nahm der Posten Haltung an, verfing sich aber mit dem Revolver im Geländer der Stelling, was ihn gefährlich ins Wanken brachte und daran hinderte, überhaupt zu grüßen. Royce warf ihm einen angemessen kühlen Blick zu. Dann erschien an der Reling plötzlich ein Offizier in tadelloser Uniform und mit weißem Schal.

Er grüßte steif, als Royce an Bord ging. Das mußte Carver sein: ein großer, auffallend hübscher junger Mann mit blondem Haar; das Gesicht wurde nur durch ziemlich hervortretende Augen beeinträchtigt, die ihm ein fast arrogantes Aussehen verliehen.

Royce erwiderte den Gruß, schüttelte ihm die Hand und musterte das Deck. Sauber und ordentlich, aber es war ja auch ein neues Boot. Zu früh für ein Urteil.

»Tut mir leid, daß wir die Materialübernahme noch nicht beendet haben.« Carvers Stimme war erstaunlich tief und angenehm. »Ich fürchte, ich habe den Herrn da drüben, den mit Hut, verärgert.«

Royce blickte zu dem bezeichneten Zivilisten hinüber, der grimmig an seiner Pfeife ziehend auf einem Lastwagen saß.

»Er sagte, zuerst käme jetzt seine Teepause. Der Krieg könne, verdammt noch mal, so lange warten.«

Ob das stimmte oder nicht, es war ein Wort zur rechten Zeit. Royce entschloß sich, den Schutzwall seiner Autorität zu verlassen. Er grinste und schlug dem anderen auf die Schulter.

»Das soll uns ein Beispiel sein. Lassen Sie uns nach unten gehen und eine Tasse Tee trinken, wenn Sie schon dafür eingerichtet sind.«

Die Messe war lang und schmal wie die auf Embersons Boot, aber damit endete auch die Ähnlichkeit. Die frisch lackierten Möbel und die saubere weiße Farbe wirkten neu und kalt.

»Wir müssen uns ein paar Sachen in der Stadt besorgen, IWO, um es hier ein bißchen gemütlicher zu machen.«

Ein Seemann mit lockigem Haar und dem üblichen weißen Jackett kam mit einem Teetablett herein. Royce studierte das unbewegte Gesicht des Mannes, der den Tisch deckte. Einer von seiner Besatzung.

»Wie heißen Sie?« fragte er freundlich; der Mann schreckte hoch.

»Äh, Trevor, Sir.« Dem Akzent nach kam er aus dem Norden. »Steuerbord-Örlikon-Schütze, Sir.«

Einen Augenblick lief es Royce kalt über den Rücken. Er sah wieder den verstümmelten Körper Pooles an der Steuerbord-Örlikon hängen und leicht im Feuer pendeln.

Ihn schauderte, trotzdem nickte er. »Danke, Trevor. Ich hoffe, Sie schießen so gut, wie Sie mit der Teekanne umgehen können.«

Nachdem der Seemann in der Pantry verschwunden war, lehnte sich Carver in einem der brandneuen Sessel zurück und beobachtete Royce.

»Wie ist das, wenn man ins Gefecht kommt, Sir? In einem dieser Boote, meine ich. Es ist so schwer, sich das vorzustellen.«

Royce sah ihn fest an. Jetzt bewahrheiteten sich Captain Marneys Worte. Nun mußte er zeigen, daß er sowohl die eigenen Gefühle wie die seiner Männer beherrschen konnte.

»Machen Sie erst gar nicht den Versuch, IWO. Es ist nie so schlimm oder so leicht, wie Sie erwarten. Ich werde

Sie so in Trab halten, daß Sie möglicherweise gar nichts davon merken.«

Carver lächelte und musterte prüfend die Spitzen seiner eleganten Schuhe.

»Während meiner Ausbildung hat man uns von Ihnen erzählt. Ich bin sehr froh, von Ihnen lernen zu können.« Das klang ehrlich.

Plötzlich ein Scharren und ein Krach an der Tür. Eine jugendliche Stimme zeterte schmerzerfüllt: »Verdammter Niedergang! Mein armes Bein!«

Durch die Tür segelte eine nagelneue Mütze und landete präzise auf einem Sessel, dann folgte das Poltern schwerer Pakete.

»Sagen Sie, IWO, ist der Alte schon reingeschneit?« piepste die Stimme.

Carver lief rot an und erhob sich umständlich, aber Royce brachte ihn mit einem Wink zum Schweigen.

»Großer Gott, ich muß so viele Geheimbücher korrigieren, daß ich es nie schaffe!« Damit platzte Midshipman Leach schwungvoll herein.

Plötzlich hielt er inne, sein Mund blieb offenstehen. »Oje, Sir, Verzeihung, ich wußte nicht . . .«

»Sie sehen, der Alte ist reingeschneit«, warf Royce trokken ein.

Gleichzeitig dachte er: Wie schrecklich jung er doch ist. Und kam sich wie ein Großvater vor.

Leach sah wirklich so aus, wie man sich einen Midshipman vorstellte. Die Uniform schien seine Jugend noch zu unterstreichen. Sein rundes, rosiges Gesicht, die blauen, nun vor Schreck geweiteten Augen und die widerspenstigen Haare, all das erinnerte an einen erschreckten Schuljungen.

Royce lächelte. »Schon gut. Eine Tasse Tee? Machen Sie's sich bequem.«

»Ob der nicht zu stark für ihn ist?« überlegte Carver ernsthaft.

Während sie sich unterhielten und Royce Fragen nach der Besatzung stellte, wurde ihm klar, daß dies eine gute Messegemeinschaft war. Das traf sich glücklich, denn sie würden nicht an Bord der *Royston* wohnen; den Platz dort benötigten die Besatzungen der kleinen Boote.

Den Nachmittag verbrachte er damit, das Boot zu erkunden und verschiedene Listen mit Carver durchzugehen, der zwar willig, doch in allen Fragen des Bordlebens völlig unsicher war. Er würde noch lange Zeit der Führung bedürfen. Leachs Pflichten beschränkten sich zur Zeit auf die Berichtigung von Handbüchern, Seekarten und all der anderen Unterlagen, die selbst auf einem so kleinen Kriegsschiff notwendig waren. Er tat dies mit einer Begeisterung, die Royce amüsierte.

Der Bootsmann war noch nicht eingetroffen, deshalb begleitete Royce ein Leading Seaman namens Denton bei seinem Rundgang. Ein stämmiger Londoner, hatte er sich bereits im Frieden zur Marinereserve gemeldet und sich im Mannschaftslogis anscheinend schon Respekt verschafft.

Dorthin führte er Royce nun. Da die Männer an Deck arbeiteten, war der lange, anheimelnde Raum vereinsamt. Zufrieden betrachtete Royce die ordentlichen Spinde, in denen bereits farbige Bilder von Pin-up-Girls hingen, sowie die eingebauten Geschirrschränke. Die Leinen mit feuchter Wäsche und Handtüchern bewiesen, wie gedrängt alle an Bord wohnten, eine Unbequemlichkeit, welche die meisten Seeleute auf sich nehmen mußten.

Als nächstes lernte Royce den Leitenden Maschinisten namens Anderson kennen, einen Maschinenmaat aus Derby. Er war ein lebhafter junger Mann mit langem Pferdegesicht und beeindruckte Royce durch seine Kenntnis und Liebe zu seinen riesigen Schützlingen.

»Damit kann das Boot geradezu fliegen, Sir«, meinte er und rieb sich die Hände. »Sie werden es merken, wenn wir draußen sind.«

Beim Verlassen des Maschinenraums hatte Royce das

Gefühl, sich auf einen weiteren guten Mann verlassen zu können. Die meisten von ihm Befragten waren zwar ausgebildete, aber keine erfahrenen Seeleute und ihren Abzeichen nach Geschützbedienungen. Bisher hatten sie allerdings auf nichts anderes geschossen als auf einfache Ziele, die von Flugzeugen oder Trawlern geschleppt wurden.

Schließlich war er wieder allein in seiner ihm noch fremden neuen Kajüte. Erstaunlich, wie viele Menschen auf so wenig Raum untergebracht werden konnten. Alles war äußerst praktisch, von der ordentlichen Koje bis zum eingebauten Schreibschrank. Er packte seine Koffer aus, zog sein Seepäckchen an und horchte auf die Geräusche über seinem Kopf. Die Schwere seiner Aufgabe kam ihm aber erst richtig zum Bewußtsein, als sein Blick auf ein Schild an der offenen Kajüttür fiel. »Kommandant« stand darauf. Schwer setzte er sich auf die Koje und fühlte sich plötzlich klein und verlassen. Das Schild anstarrend, wog er die Aussichten auf Erfolg und die Gefahr eines schrecklichen Versagens gegeneinander ab. Jetzt war niemand mehr da, der ihm raten konnte, vorbei das befreiende Gefühl, nur den Befehlen gehorchen zu müssen. Jetzt mußte er sie selber geben. Zum erstenmal fühlte er sich verloren und wäre am liebsten an Deck gestürzt, um zu sehen, was seine Offiziere machten. Aber er bezwang sich und begann bedachtsam zu überlegen, wie er es in Zukunft noch oft tun sollte. Sein Blick fiel durch das Bulleye auf die nur eine halbe Meile entfernte *Royston* und die Liegeplätze der Küstenstreitkräfte. Befehlsgemäß sollte er sein Boot längsseit der *Royston* bringen, sobald die Materialübernahme beendet war, also gegen zwölf Uhr. Bei der Aussicht, unter den Augen der ganzen Flottille mit einem ungewohnten Fahrzeug dort anzulegen, kam ihm der kleine Gewässerstreifen so gefährlich vor wie der Nordatlantik, obwohl er relativ frei von Schiffsverkehr war, da die meisten Hafenfahrzeuge für die Mittagspause festgemacht hatten. Plötzlich merkte er, daß die Bordgeräusche verstummten. Als er noch horchend dastand, klapperte Carver schon den Niedergang herunter. Er trug nun einen nagelneuen Dufflecoat und die Mütze unter dem Arm. Offensichtlich schien er sehr besorgt. »Ausrüstung komplett an Bord. Boot klar zum Verholen«, meldete er atemlos. »Unser Bootsmann wartet auf der *Royston*. Diese Nachricht habe ich gerade bekommen«, fügte er hinzu.

Verdammt, dachte Royce wütend, nicht mal ein erfahrener Rudergänger. Doch zu Carver sagte er nur so ruhig wie möglich: »Klar zum Loswerfen.«

Er zog seinen Dufflecoat an, hängte das Glas um und kletterte auf die Brücke, wo Leading Seaman Denton gleichmütig am Ruder stand. Im Gegensatz zu den anderen Booten hatte dieser Typ den Steuerstand auf der oberen Brücke. Das bedeutete zwar, daß der Rudergänger im Gefecht eher einer Verwundung ausgesetzt war, hatte aber den Vorteil, daß der Kommandant mit einem Minimum an Ruderkommandos auskam – für ein Fahrzeug dieser Art sehr wichtig, wenn es im Einsatz mit hoher Geschwindigkeit drehen und wenden und der Kommandant außerdem den Torpedoschuß überwachen mußte.

Royce nickte Denton kurz zu und stellte mit Befriedigung fest, daß die Brücke übersichtlich und vernünftig konstruiert war. Hinter ihm beschäftigte sich ein junger Signalgast mit den Signalleinen, und auf der Back holten die Männer an den Trossen die Lose durch. Er prüfte die Verbindung mit dem Maschinenraum, legte den Telegraf auf »Achtung« und war überrascht, daß die riesigen Motoren sofort aufheulten und anschließend in ein stetes, beruhigendes Rumpeln zurückfielen. Erst als auf der Brücke nichts mehr zu tun war, wappnete sich Royce, um mit dem Verholen zu beginnen.

»Los vorne!« bellte er und sah, wie ein Werftarbeiter die schwere Vorleine ins Wasser warf. Aber Carver kam offensichtlich gut zurecht.

Er beugte sich über das Schanzkleid. »Los achtern!«

Leach nickte unsicher und hastete zum Heck, um das Einholen der triefenden Leinen zu beaufsichtigen.

Als er sicher war, daß keine Trosse mehr im Wasser hing, die in die Schrauben geraten konnte, legte Royce den Maschinentelegraf auf »Langsam voraus«.

Der starke, um den Molenkopf wirbelnde Strom hatte den Bug bereits kräftig abgesetzt. Royce hatte ihn richtig eingeschätzt. Beim Einkuppeln der Motoren schoß das Boot vorwärts.

»Steuern Sie direkt das Mutterschiff an«, sagte er, um die Angelegenheit nicht unnötig zu komplizieren.

»Aye, aye, Sir.« Denton drehte das Ruder mit harten Händen und blinzelte über den grellen Widerschein im Wasser.

Vor Erleichterung beruhigte sich Royces Herzschlag. Er hatte sein Schiff, sein eigenes Fahrzeug, tatsächlich allein in Bewegung gesetzt. Zufrieden rieb er sich die Hände.

Carver blickte zu ihm auf, weitere Anweisungen heischend.

»Alle Männer vorn und achtern antreten zum Einlaufen.«

Carver salutierte etwas theatralisch, aber eine Sekunde später war das Pfeifengezwitscher und das Trappeln von Füßen auf den Holzdecks zu hören. Die Männer traten an.

In frischer Farbe, mit schimmernden Geschützen und den in zwei sauberen Reihen an Deck angetretenen Gestalten in weißen Pullovern machte das Boot einen guten Eindruck. Unter dem scharfen Steven zogen sich zwei Gischtstreifen nach achtern, und an der Gaffel flatterte die neue Flagge in der leichten Brise.

Am Bug stand Carver, starrte nach vorn und dachte an wer weiß was. Achtern wirkte der kleine Leach wie ein Zwerg zwischen den Seeleuten.

Weiter ging's in Richtung auf den Zerstörer mit dem breiten schwarzen Band um den Schornstein: dem Kennzeichen des Flottenführers.

Als sie querab waren, rief Royce: »Front nach Backbord«, und wieder klangen Pfeifen schrill übers Wasser. Alle nahmen Haltung an, als Reverenz vor dem ranghöheren Offizier. Der Zerstörer erwiderte mit klarem Pfeifentrillern.

Royce strahlte vor Freude und hätte sich in seinem kindlichen Vergnügen gern jemandem anvertraut. In diesem Augenblick stieß der Signalgast einen Ruf aus und zeigte nach Backbord achteraus.

»Schiff kommt auf, Sir!«

Royce fuhr herum. In heißem Schreck sah er den schwerfälligen Rumpf eines alten Frachters, aus dessen dünnem Schornstein schwarzer Rauch quoll, direkt auf sich zusteuern. Das Schiff war nur noch fünfzig Meter entfernt und wohl während ihrer Ehrenbezeugung um die Landzunge gebogen. Er überprüfte die Seezeichen und stellte fest, daß er sich im richtigen Fahrwasser befand und Wegerecht hatte.

»Verdammter Narr«, murmelte er, wozu Denton grinste.

Einige Augenblicke hielt das MTB noch Kurs, bis alle an Bord erkannten, daß sich Royce entweder über die Wasserstraßenordnung hinwegsetzen oder es zu einer Kollision kommen lassen mußte.

»Hart Steuerbord! Gehen Sie hinter ihm rum«, befahl er, schaltete dann den Lautsprecher ein, dessen Farbe noch kaum trocken war, und richtete ihn auf die rostige Brücke des Frachters.

»*Flying Lantern*, ahoi!« Über der Brückenkante erschienen zwei Köpfe, einer mit einer abgenutzten, goldverzierten Mütze, der andere mit einem verwegenen Filzhut.

»Kennen Sie die Regeln nicht?« dröhnte Royce und wartete.

Der Filzhut verschwand, erschien mit einem Megaphon wieder und gab es dem Kapitän. »Was ist denn? Haben Sie Angst, daß wir Ihre kleine Yacht zerkratzen?«

Einige Seeleute kicherten, und Royce lief rot an.

»Nein. Wir fürchten bloß, daß Sie in unserer Bugwelle kentern!«

Der Kapitän rief ein nicht druckreifes Wort zurück, verschwand im Steuerhaus und knallte die Tür zu.

Royce fühlte sich schon wesentlich besser. Er stellte fest, daß er praktisch in Höhe der Festmacherbojen der *Royston* war. Weitere Pfiffe, ein leichter Rückwärtsschub der Maschinen, dann flogen die Wurfleinen zu den auf dem Ponton wartenden Seeleuten hinüber. »Maschinen abstellen!« Es war geschafft.

Zitternd kam das Boot zur Ruhe und legte sich knirschend gegen die Fender. Royce ging auf die Back.

»Ich gehe von Bord, IWO. Vergessen Sie nicht, was ich Ihnen über den Tagesanzug gesagt habe. Commander Kirby sieht uns wahrscheinlich längst zu, denn der Rest der Flottille scheint zurückgekehrt zu sein.«

»Was soll ich jetzt veranlassen?« Carver wirkte hilflos.

»Füttern Sie die Bestien, und sehen Sie zu, daß sie ihre Rumrationen kriegen.« Grinsend ging Royce über den Laufsteg.

Als erstes erblickte er die vertraute stämmige Gestalt von Raikes.

»Unteroffizier Banks meldet sich als Bootsmann«, sagte er ganz ernsthaft.

»Was? Sind Sie verrückt geworden?«

Raikes lächelte, und Royce durchfuhr ein warmes Gefühl.

»Der Banks, dieser Kerl, hat sich etwas ganz Verrücktes geleistet, Sir. Irgendein verdammter Idiot muß die Kommandierungszettel durcheinandergebracht haben, denn er selbst wurde nach Scapa versetzt. Schlimm, nicht wahr, Sir?«

Royce lachte laut. »Ich möchte bloß wissen, welcher verdammte Idiot das gemacht hat! Aber schön, daß Sie wieder da sind. Ich brauche Sie dringend.«

»Ich sah, wie Sie längsseit kamen, Sir. Ehrlich, die Navy hat schon einige komische Vögel heutzutage. Aber wir werden das bald zurechtbiegen.«

Royce ging wie auf Wolken, als er die Messe ansteuerte. Endlich hatte er jemanden, auf den er sich verlassen konnte, der ihm helfen würde, die Besatzung auszubilden.

Als erstes sah er Kirby in der Messe. Irgendwie wirkte er kleiner und älter. Er lehnte an der Bar und sprach mit Deith, der sich ausgesprochen unbehaglich fühlte.

»Guten Tag, IWO. Oder sollte ich jetzt Lieutenant Royce sagen?« Kirbys Stimme klang matt. »Es läßt sich ja alles gut an für Sie. Beförderung und ein eigenes Boot. Prima.«

Sein Ton war jedoch ohne Wärme. Er wandte sich ab und verließ den Raum.

Deith schüttelte den Kopf. »Mein Gott, was für ein Mensch! Wir waren gerade draußen zum Übungsschießen, und ich hab' einmal vorbeigeschossen. Man könnte denken, ich hätte die *Nelson* torpediert, einen solchen Aufstand macht er darum.«

Andere vertraute Gesichter strömten herein, müde und durstig; beim Anblick von Royce wurden sie wieder lebendig.

Benjy strahlte. »Junge, du bist ja jetzt ein Held mit Brief und Siegel! Du machst uns allen Ehre«, tönte er.

Royce grinste, denn obwohl er stolz war auf das blauweiße Band auf seiner Brust, wußte er doch, daß mindestens sechs Offiziere der Flottille die gleiche Auszeichnung besaßen. Und einer von ihnen war Benjy.

»Ja, ich bin froh, wieder bei euch zu sein. Ich hab' das Gefühl, daß sich hier eine Party zusammenbraut.«

Und so war es denn auch.

Mit ihrem niedrigen Land und den tiefliegenden Marschen, nur gelegentlich unterbrochen von Dörfern, Kirchtürmen und vereinzelten Baken, bietet Englands Ostküste von See her wahrscheinlich weniger Charakteristisches als jeder andere Teil der britischen Küste. Im Winter wirkt das Ganze noch trister, und die Ansteuerung oder die Bestimmung des Schiffsortes ist schwierig, besonders wenn die Kompaßnadel ruckartig um achtzig Grad pendelt.

Allein in der unruhigen, düsteren Nordsee, mit einem halbverdeckten Buckel Land an Backbord, fiel und hob sich MTB 9979 bei der Fahrt durch den ruppigen Seegang höchst ungemütlich. Immer wieder sackte der scharfe Steven klatschend in ein Wellental, ein Schleier salzigen Sprühwassers wehte dann hoch über die kleine Brücke und machte das Deck glitschig vor Nässe. Rauf und runter, rauf und runter, mit gleichzeitigen widerlichen Rollbewegungen von einer Seite zur anderen, arbeitete das Boot, bis man das Gefühl hatte, die ganze Welt sei eine verrückte Schaukel.

In seiner Kajüte lag Royce angezogen auf der Koje, einen Fuß gegen das Bücherbord gestemmt, damit er nicht plötzlich hinausfiel, die Hände hinter dem Kopf verschränkt. Mißmutig starrte er auf das weiße Zifferblatt der Uhr. Seit einer Woche hatte er nun das Kommando und war ausnahmslos jeden Tag im Hafen hin und her geschippert, damit seine Besatzung alle ermüdenden und unnötigen Einzelheiten der Seefahrt in den Griff bekam – ganz nach Kirbys Wünschen und Launen. Nur ein einziges Mal waren sie zum Übungsschießen außerhalb der Hafensperre gewesen, und das wurde dann wegen schlechten Wetters abgebrochen.

Eigentlich schwer vorstellbar, sagte er sich, dennoch hatte es den Anschein, daß Kirby alles tat, um ihm das Leben schwerzumachen. Wollte er nicht, daß Royce mit der Flottille zum Einsatz kam?

Commander Wright hatte das Ganze als weiser Mann lange mit Sorge und Mißfallen, aber schweigend beobachtet und Kirby schließlich darauf angesprochen. Kirby stand dabei selbstzufrieden in seinem Büro, die schlanken Hände in die Taschen seines kurzen Jacketts geschoben, die stechenden Augen kalt und skeptisch.

Um sein Mißfallen zu verbergen, hatte Wright woanders hingeschaut.

»Kirby, wir *müssen* alle diese Boote raus in den Einsatz schicken«, sagte er. »Jedes Boot, das wir kriegen können, wenn es nur schwimmt.«

Kirby blieb ungerührt. »Es hat keinen Sinn, eine unausgebildete Besatzung mit der Flottille in See zu schikken. Sie wäre nur eine Belastung.«

Wright wandte sich um, sein Blick wurde hart. »Verdammt noch mal, Mann, sie sind alle noch nicht ausgebildet! Aber wir haben keine Zeit, begreifen Sie das nicht? Wir leben nicht im Frieden!«

»Einige sind noch weniger ausgebildet als die anderen.«

War da ein Anflug von Hohn auf Kirbys Gesicht? Wright sah ihn nachdenklich an und wußte, daß er so nicht weiterkam.

»Als Chef der Flottille trage ich die Verantwortung für meine Kommandanten«, fuhr Kirby leise fort. »Offen gesagt: Durch das Hinzukommen zweitklassiger Seeleute leidet der Ruf der ganzen Gruppe.«

Wie ein alter Ritter, der seinen Gegner umkreist, erkannte Wright den kleinen Spalt in Kirbys Rüstung und stieß gnadenlos zu.

»Ich war bisher weiß Gott verständnisvoll. Aber mir scheint, Sie sind nur um Ihren eigenen verdammten Ruf besorgt«, knurrte er. »Sie sind prima Jungs, alle, und ich muß es schließlich wissen, denn ich habe lange genug beobachtet, wie sie starben. Ganz unter uns: Wenn Sie nicht in der Lage sind, etwas aus Ihrer Flottille zu machen, dann muß ich mich nach jemandem umsehen, der das kann!«

Schwer atmend setzte er sich und starrte Kirby an, der bleich geworden war.

»Darf ich Sie darauf aufmerksam machen, Sir, daß Ihr Vorschlag eine persönliche Drohung gegen mich ist?«

Wright lächelte, doch keineswegs freundlich. »Jawohl, ich drohe Ihnen. Und was gedenken Sie dagegen zu tun?«

Starr und entsetzt wie ein Mann, der vor dem Kriegsgericht sein Urteil hört, stand Kirby da; nicht bereit nachzugeben, doch auch nicht in der Lage, einen Weg aus dieser mißlichen Lage zu finden.

Wright setzte den Angriff fort. Er wandte sich der mit farbigen Nadeln und numerierten Pfeilen versehenen Wandkarte zu.

»Sehen Sie hier: Morgen läuft ein kleiner Geleitzug mit drei Schiffen aus Yarmouth aus, Nachzügler des letzten nach Norden gehenden Geleitzugs. Der junge Royce sollte Geleitschutz für sie fahren, das gibt ihm die Möglichkeit, Boot und Besatzung nach seinen Vorstellungen zu erproben. In Ordnung?«

»Sehr gut«, stieß Kirby hervor. »Und beim nächsten Aufklärungseinsatz nehme ich ihn mit.« Unsicher sah er Wright an.

»Gut, Kirby. Und versuchen Sie doch um Gottes willen zu begreifen, daß es für die schwerer ist als für Sie.«

»Ich kenne meine Aufgabe, Sir.«

»Das hoffe ich«, antwortete Wright vielsagend.

Als Ergebnis dieser Besprechung war Royce nun in See und endlich sein eigener Herr. Mit einem letzten Blick auf die Uhr erhob er sich, paßte sich dem ungleichmäßigen Schlingern an und machte sich dann mit einem tiefen Seufzer auf den Weg zur Brücke.

Der scharfe, salzige Wind klärte ihm Kopf und Verstand im Handumdrehen. Schweigend überprüfte er die Seekarte und sah aus den Augenwinkeln, wie Carver sich bleich ans Sprachrohr klammerte.

»Na, IWO«, fragte er beiläufig, »wie geht's?«

»Ziemlich miserabel. Die Schiffe sind auch noch nicht auszumachen.«

Royce suchte mit seinem Glas die Küste ab. »Wo war Ihre letzte Schiffsortsbestimmung?«

»Leuchtturm Lowestoft.«

»Schön. Wir geben ihnen noch zehn Minuten, dann drehen wir auf und suchen sie.«

Ihm war, als höre er eine andere Person reden. Den ruhigen, zuversichtlichen Ton, mit dem seine eigene Stimme Befehle gab und Voraussagen machte, hätte er sich nie zugetraut. Er lachte in sich hinein.

»Wie geht's den Männern?«

»Fünfzig Prozent kämpfen mit der Seekrankheit, fürchte ich. So wie ich«, erwiderte Carver kläglich.

»Gehen Sie nach unten, und wärmen Sie sich auf. Ich bleibe jetzt hier.«

Carver verschwand dankbar, Royce lehnte sich vergnügt ans Schanzkleid, summte in sich hinein und nahm vom Würgen des Rudergängers keine Notiz.

Wenige Minuten später meldete der Signalgast drei Schiffe, die sich aus Nordost näherten; mit erhöhter Fahrt drehte das MTB auf sie zu. Für jeden erfahrenen Kapitän wäre das ein ganz gewöhnlicher Geleitzug gewesen, aber für Royce repräsentierten die drei verwitterten Küstenfrachter die ersten eigenen Schützlinge. In der nächsten Viertelstunde schwirrte er wie eine Glucke um sie herum und sortierte sie.

Schließlich bezog er an ihrer Steuerbordseite Position, und das schreckliche Schlingern ging wieder los. Als Carver, immer noch grün im Gesicht, wieder nach oben kam, stieg Royce unter Deck.

Halb auf die neuesten Flottenbefehle der Admiralität, halb auf ein Sandwich mit Corned beef und Zwiebeln konzentriert, saß er in seinem einzigen, in einer Kammerecke festgekeilten Sessel und entspannte sich. Acht Glasen: Der junge Leach würde jetzt seine erste Seewache vom IWO übernehmen. Das Sandwich in der Hand, stellte er sich die Szene vor. Hastige Mitteilungen, geflüsterte Anweisungen, dann war dem achtzehnjährigen Jungen der Befehl über die Brücke und die Sorge um das MTB und die drei

Frachter allein überlassen. Ein beängstigender Gedanke, obwohl auf diesem Weg durch den minenfreien Kanal mit plötzlich auftretender Gefahr nicht zu rechnen war. Zu hell für Schnellboote, zu gefährlich für U-Boote, die Hauptsorge waren also Flugzeuge. Royce schüttelte den Kopf beim Gedanken an seine Geschützführer. Sie brauchten noch eine Menge Übung.

Neben ihm pfiff durchdringend das Sprachrohr. Er fuhr hoch.

Die schrille Stimme kam von Leach. »Sir, da treibt ein Gegenstand im Wasser, etwa eine Meile an Steuerbord voraus!«

Royce wartete nicht lange, eilte den Niedergang hoch und suchte mit dem Glas die Stelle ab, während Leach nervös an seiner Seite zappelte. In den kurzen Wellen war der kleine gelbe Gegenstand, ein Schlauchboot, kaum zu erkennen. Das MTB erhöhte die Geschwindigkeit und hielt auf das gebrechliche Fahrzeug zu. Vorübergehend vergaßen die Leute ihre Seekrankheit und sammelten sich neugierig an der Reling. Das Boot schlug einen Kreis und ging mit der Fahrt herunter.

Drei Flieger saßen eng zusammengedrängt in dem tanzenden runden Dingi, die Beine in der Mitte verschränkt die Köpfe nickend im grausigen Takt der Wellen. Eine der ledergekleideten Gestalten starrte mit offenem Mund und leeren Augenhöhlen zum MTB empor.

»Hier, Kameraden, die Leine!« brach ein Seemann das Schweigen.

Diese Narren, dachte Royce wütend, wieviel müssen sie noch lernen! Dann sagte er zu Carver, der ohne Mütze unter ihm auf dem Vorschiff auftauchte: »Holt sie so schnell wie möglich an Bord und legt sie neben die Torpedorohre!«

Leach hielt den Atem an. »Sind sie . . .«

»Ja, mausetot«, sagte Royce kurz. »Erschöpfung.«

Bestürzt sahen die Seeleute zu, wie Raikes diese traurige

Aufgabe handhabte. Schließlich hatten sie es geschafft. Mit Getöse schoß das Boot hinter den Frachtern her. Royce richtete das Maschinengewehr auf der Brücke aus und zog wütend den Abzug. In einer Wolke von Gischt und Kugeln versank das tanzende Dingi.

Seufzend sah er zu Leach hinüber, der in ihr Kielwasser starrte.

»Alles klar?« fragte er scharf.

»Jawohl, Sir. Es hat mich ein bißchen durcheinandergebracht, das ist alles. Ich habe noch nie ... Ich hätte nie gedacht, daß sie so aussehen.«

Besänftigend sagte Royce: »Vergessen Sie's. Ich fürchte, da kommen noch andere, ehe es zu Ende ist.«

Die Stunden schlichen dahin. Es geschah wenig, um die Gedanken der Männer von dem Drama abzulenken. Auf dem Weg in den Kanal passierten sie zwei müde Trawler, und in weiter Ferne patrouillierte eine Korvette in dem ihr zugewiesenen Sektor. Im übrigen gehörte die See ihnen.

Die drei Frachter fuhren schwerfällig mit weniger als fünf Knoten, so daß Royce beschloß, die Gelegenheit zu nutzen und den beachtlichen Haufen Papierkram durchzusehen. Außerdem mußten die anderen Offiziere ohne ihn ihre seemännischen Fähigkeiten auf der Brücke unter Beweis stellen.

Ein letzter Rundblick über die winterliche See.

»Ich überlasse Ihnen das Kommando, Mr. Leach. Rufen Sie mich, wenn irgendwelche Schwierigkeiten mit Navigation oder Bootsführung auftreten« – er wußte natürlich genau, daß Leach lieber vorher sterben würde –, »und ich möchte jedes fremde Flugzeug oder Schiff sofort gemeldet haben, klar?«

»Jawohl, Sir.« Das junge Gesicht strahlte vor Eifer.

Lächelnd stapfte Royce nach unten, breitete die Papiere auf seinem Tisch aus und stellte mit Erleichterung fest, daß die heftigen Bewegungen etwas nachgelassen hatten. Hin und wieder hörte er das leichte Knarren des Ruders und lächelte im Wissen, daß Leach vorsichtig Kursübung übte, so wie auch er das getan hatte, als er zum erstenmal Wache ging.

»Kommandant!« Das Sprachrohr klirrte.

»Ja, was gibt's?«

»Der Wind ist eingeschlafen. Von Osten kommt Dunst auf.«

Sorgfältig verarbeitete Royce diese Information.

»Starker Dunst?«

»Ja, Sir. Ich kann die *Bentaur* nicht mehr sehen.«

»Verdammt!« Royce sprang zur Tür.

Die *Bentaur* war das erste Schiff in der Reihe.

Kaum hatte er den Kopf aus dem Luk gesteckt, da sah er es wie Rauch an Steuerbord übers Wasser quellen. Das war kein Dunst mehr, das war dicker Nebel.

Mit fünf Sprüngen erreichte er die Brücke, aber beim Hochklettern fing er sich wieder.

Es hatte keinen Sinn, jedermann wissen zu lassen, wie besorgt er war. Er holte tief Luft und trat an die Frontscheibe, wo Leachs eingemummelte Gestalt eifrig nach vorn spähte.

Du lieber Himmel, das war bereits richtige Erbsensuppe. Wie oft hatte er sie an dieser Küste erlebt! In der einen Minute feuchter, brausender Wind, dann Stille und schließlich der dicke Nebel als wahrer Feind. Schnell blickte er zu den anderen Schiffen hinüber, die zuversichtlich und gleichgültig dahintrotteten. Das erste Schiff war jedoch hinter einem dichten, wirbelnden Vorhang vollkommen verschwunden. Eine scheußliche Geschichte.

Er fluchte in sich hinein. Schließlich konnte er den beiden anderen ja nicht sagen, sie sollten ankern und die *Bentaur* allein weiterlaufen lassen. In wenigen Stunden wären seine Schützlinge dann in alle Winde zerstreut gewesen.

»Signalgast!« bellte er. »Machen Sie an beide Schiffe, sie

sollen mit der Fahrt heruntergehen und Nebelfässer* ausbringen. Backbord-Ausguck, holen Sie den Bootsmann!«

Als die Signallampe klapperte, ordnete er seine Gedanken. Ehe die Dunkelheit hereinbrach, bestand gerade noch die Möglichkeit, das erste Schiff zu erwischen und es zum Rest der Herde zu scheuchen.

Unerschütterlich wie immer erschien Raikes.

»Übernehmen Sie das Ruder, Bootsmann. Wir laufen jetzt an der Reihe entlang hinter dem Spitzenschiff her.«

»Aye, aye, Sir.«

Unter dumpfem Getöse schoß das Boot vorwärts in die Waschküche, und binnen einer Sekunde war sein Vorschiff hinter einer dicken, undurchdringlichen Wolke verschwunden. Zögernd ging Royce mit der Fahrt herunter. Alle Mann strengten Augen und Ohren an.

Da dröhnte voraus der dumpfe Schrei eines Nebelhorns auf. Royce schaltete den Lautsprecher ein. Da, wieder, diesmal näher.

»Seltsam, Raikes«, murmelte er. »Er muß gestoppt haben. Wir kommen viel zu schnell näher.«

Raikes nickte, seine scharfen Augen suchten die hohe gelbe Wand ab, die sie umgab. Das MTB schien frei im Raum zu hängen.

Dann das regelmäßige Pochen eines Diesels, lauter und lauter.

»Maschinen stopp!«

Auf der unsichtbaren See leicht schaukelnd und mit schmerzenden Augen warteten sie in den dicken Schwaden ab.

Royce sah den kaum wahrnehmbaren Schatten glücklicherweise zuerst. Dann kamen mit furchtbarer Plötzlichkeit zehn Meter über ihren Köpfen zwei Anker in Sicht:

* Auffallend bemaltes Faß, das an langer Leine im Kielwasser geschleppt wird und dem nachfolgenden Schiff das Positionshalten erleichtert (Anm. d. Übers.).

zwei riesige Augen, die auf sie herabblickten. Während er zum Sprachrohr sprang, hatte er einen verschwommenen Eindruck von dem hohen, rostgestreiften, direkt auf ihn gerichteten Steven.

»Backbord äußerste Kraft voraus. Hart Steuerbord!« rief er gepreßt.

Dröhnend sprangen die Maschinen an, der schlanke Rumpf drehte. Im selben Moment ragte die riesige Masse der *Bentaur* über ihnen auf. Hilflos sahen sie zu, wie die dumpf glänzende Bordwand an ihnen vorbeizog und sie nur um Zentimeter verfehlte. Dann war sie vorüber. Ohrenbetäubend dröhnte ihre Sirene.

Royce kochte vor Wut. Schnell griff er zum Lautsprecher, seine Stimme hallte hohl in der Nässe.

»*Bentaur*, stoppen Sie! Sofort!«

Als Antwort hörten sie nur ein schreckliches Krachen und das Reißen von Metall.

»Ach du liebe Güte, er hat einen von den anderen erwischt«, zischte Raikes.

In diesem Augenblick tauchte Carver auf, stand verlegen im Hintergrund und war nicht ganz sicher, was da vorging.

Aufs äußerste gespannt und voll böser Ahnungen brachte Royce das Boot auf Kurs zurück. Voraus ragte ein anderer dunkler Schatten auf.

»Sind Sie beschädigt?« quakte sein Lautsprecher zu dem dritten Frachter hinüber.

Als Antwort drang eine heisere Stimme zu ihnen herab.

»Nein. Aber wenn ich hier zwischen diesen verdammten Idioten stoppen muß, kann das leicht noch passieren.«

Sie schoben sich weiter und entdeckten schließlich die beiden ineinander verklemmten Schiffe; *Bentaurs* Steven hatte sich tief in das Vorschiff des zweiten Frachters gebohrt. Das Rasseln einer auslaufenden Ankerkette drang schwach zu ihnen.

Sie schoren heran.

»*Bentaur*, ahoi! Welche Schäden haben Sie?«

Lange Pause, dann: »Wir nicht viel. Aber ich fürchte, der andere sieht schlimmer aus«, kam die fröhliche Antwort.

Royce schnob zornig.

»Gehen Sie drüben an Bord, IWO, und sorgen Sie dafür, daß die sich wieder auseinanderfummeln.«

Carver war erleichtert, daß er etwas tun konnte. Er ging nach vorn und wartete, daß man ihm eine Strickleiter zuwarf.

Tief in Gedanken schritt Royce auf und ab. Das hatte ihm gerade noch gefehlt! Was geschehen war, lag auf der Hand: Der wachhabende Offizier der *Bentaur* hatte plötzlich den Nebel bemerkt und daß die anderen verschwunden waren. Er verlor den Kopf und fuhr zurück, um sie zu suchen.

Neben ihm tauchte Leachs klägliches Gesicht auf.

»Es war alles meine Schuld, Sir. Ich wußte nicht, daß Nebel so schnell aufkommen kann.«

»Nun wissen Sie's.« Mehr getraute er sich nicht zu sagen. Leach sackte neben dem Kompaß in sich zusammen.

Als Carver atemlos und schmuddelig zurückkehrte, rechnete Royce mit dem Schlimmsten.

Doch: »Das Schiff macht nicht viel Wasser«, meldete Carver. »Und der Kapitän sagt, der Nebel wird bald verschwinden.«

Noch war er jedoch so dick wie zuvor.

Royce zuckte die Schultern. »Ich hoffe, Sie haben dabei etwas gelernt, IWO?«

»Sicher. Ich möchte das unter keinen Umständen verpaßt haben.«

Royce wußte nicht, ob er lachen oder fluchen sollte.

»Das reicht! Gehen Sie zurück, und behalten Sie die Dinge im Auge!«

Er schüttelte den Kopf. Was sagte man zu einem Mann, für den eine derart mißliche Situation nur ein interessantes Schauspiel war?

Der Handelskapitän war in Wetterkunde erfahren. Innerhalb der nächsten halben Stunde begann der Nebel zu weichen. Er lichtete sich nicht, sondern schob sich, getrieben von einer schwachen Brise, nur einfach weiter.

Die beiden Schiffe boten einen traurigen Anblick: zwei Dschungelriesen im Todeskampf. Die *Bentaur* war noch am besten davongekommen; das andere Schiff jedoch, ein alter Frachter mit dem seltsamen Namen *Madame Zest*, hatte ein Loch im Bug, groß genug, um ein MTB aufzunehmen.

Der dritte Frachter hatte geankert und lag etwa eine Meile entfernt als fröhlicher Zuschauer.

»Brauchen Sie Schlepperhilfe?«

Madame Zest überlegte kurz.

»Nein, danke. Wir können mit etwa drei Knoten laufen. Alle Schäden sind oberhalb der Wasserlinie.«

»Tut mir leid, daß es Sie erwischt hat.«

»Mir nicht. Jetzt kriegen wir endlich eine ordentliche Werftüberholung.«

Langsam lichteten sie Anker und formierten sich erneut; die *Bentaur* schlich schuldbewußt hinter ihrem waidwunden Gegner her.

Die Nacht brach herein, war aber klar genug, ihnen das Positionshalten zu erleichtern.

Raikes brummte: »Mit Ihrer Erlaubnis, Sir, mache ich unter Deck weiter und sehe nach, ob das Schiff richtig abgeblendet ist.«

Das war ein höflicher Hinweis, daß er nicht weiter am Ruder stehen wollte.

Royce grinste, ein anderer übernahm. Dabei erinnerte er sich an Leach.

»Mein Gott, Mid, Sie sind ja so still?«

Leach stotterte: »Ich habe heute wohl schon genug gesagt, Sir.«

»Vergessen Sie's. Wenn Sie erst ein bißchen länger dabei sind, werden Sie so etwas jeden Tag erwarten.«

Leachs Gesicht strahlte vor Dankbarkeit. »Oh, danke, daß Sie das sagen, Sir. Sie wissen gar nicht, was es mir bedeutet.«

»Doch, das weiß ich. Und nun gehen Sie, und holen Sie uns Kakao.«

Als die kleine Gestalt nach unten huschte, mußte Royce lachen. Du gibst ganz schön an, sagte er zu sich selbst.

»Wie bitte, Sir?« fragte der Rudergänger.

»Oh, hm, ich sagte, halten Sie das Spitzenschiff im Auge«, murmelte Royce leicht errötend.

Die Fahrt, wurde ein besserer Test für die Schiffsbesatzung, als Commander Wright je geahnt hatte. Im ganzen Boot knisterte es vor Spannung, die Seeleute diskutierten, was wohl als nächstes geschehen würde. Grimmig beobachtete Royce, wie einige Leute beim Kommen und Gehen das Backbord-Torpedorohr mieden. Dort lagen im Dämmerlicht die dunklen, segeltuchverhüllten Leichen der Flieger, Kameraden bis zum bitteren Ende.

Voraus flackerte ein winziges Licht: Der Frachter an der Spitze kündigte etwas an. »Nach Süden laufender Geleitzug voraus, etwa zwei Meilen entfernt«, wiederholte der Signalgast.

»Wie zum Teufel ...«, begann Royce, doch dann wurde ihm klar, daß bei der verhältnismäßig ruhigen See die dunklen Schatten von der hohen Brücke des Frachters aus klar zu erkennen waren.

»Schnell, Erkennungssignal!« stieß er aus, doch schon schoß der führende Zerstörer mit drohendem Blinken auf sie zu.

Die Lampe klapperte, und bald waren die stillen dunklen Schatten vorübergezogen. Die See gehörte wieder ihnen allein. Als die Morgendämmerung hereinbrach, waren sie alle steif und durchgefroren und sehnten sich danach, ihre schwerfälligen Schützlinge loszuwerden, die so gemütlich querab dahinzogen.

Royce fand, es sei nun an der Zeit, sich etwas Schlaf zu gönnen.

»Rufen Sie mich, wenn etwas los ist, Mid. Irgend etwas. Klar?«

Kaum hatte er sich hingelegt, pfiff das Sprachrohr.

»Tut mir leid, Sir, aber da kommt ein Zerstörer schnell von achtern auf.« Die Stimme klang nervös.

Wieder enterte er die Brücke. In dumpfem Grau, mit blauen Flecken, lag die See düster vor ihm. Der Himmel hatte zwar aufgeklart, war aber ohne jede Farbe. Der Zerstörer kam schnell näher. Nur eine Kabellänge entfernt drehte er auf, der Schwell seines Kielwassers ließ das MTB heftig schlingern.

Eine metallische Stimme dröhnte herüber.

»Kommen Sie längsseit, ich habe neue Befehle für Sie.«

Royce wurde lebendig und schüttelte die Müdigkeit ab wie einen alten Rock.

»Denton, klarhalten zum Wahrnehmen des Depeschenbeutels! Bootsmann auf die Brücke. Mid, veranlassen Sie, daß die Steuerbordwache mit Fendern klarsteht, wenn wir längsseit gehen.«

Mit brummenden Motoren steuerte Raikes das Boot in Lee des dunkelgrauen Rumpfes, während Royce besorgt über das Schanzkleid hing und beobachtete, wie sich der Wasserstreifen zwischen ihnen verengte. Ein allzu kräftiger Stoß mußte zu einem Haufen Papierkram führen.

An der Zerstörerreling stand ein Sub-Lieutenant mit einem Segeltuchsack, den er beim Passieren elegant Royce vor die Füße warf.

Erneut dröhnte die Stimme der Obrigkeit.

»Ich stelle eine meiner Korvetten zu Ihrer Herde ab. Sie selbst laufen nach Rosyth und bunkern Treibstoff. Auf der Rückreise sollen Sie Presse mitnehmen. Alles Gute. Wir aber sind im Krieg und müssen weitermachen.«

Royce fiel keine schlagfertige Antwort ein. Sein Kopf wirbelte: Rosyth, das hieß Julia! Fieberhaft riß er den Umschlag auf. Das Schreiben besagte in dürren Worten, daß er nach Brennstoffergänzung in Rosyth unverzüglich wieder zur Flottille stoßen solle. Um jedoch die Reise nicht vergeblich zu machen, solle er drei Kriegsberichter auf dieser Fahrt mitnehmen, die Atmosphäre schnuppern wollten.

Royce summte vergnügt vor sich hin und beugte sich über die Karte; all seine Sorgen schienen jetzt unwichtig. Er würde endlich Julia wiedersehen!

»Auf dreihundertfünfzehn Grad gehen, halbe Fahrt. Ja, was ist los, Mid?«

Leach trat von einem Fuß auf den anderen. »Der IWO, Sir! Er ist immer noch auf der *Madame Zest!*«

Carver sprang zitternd von der gefährlichen Leiter herab an Bord.

»Herrgott, ich dachte schon, Sie wären mir böse«, lachte er. »Aber bei den Kerls wäre ich nicht gern geblieben. Das sind ja richtige Seeleute!«

Immer noch prächtig in Farbe, alle Mann auf Stationen, fuhr das MTB elegant zwischen einer schmuddeligen Korvette und zwei Vorpostenbooten an die Ölpier von Rosyth.

Die letzte Leine flog an Land, zitternd kam das Boot zum Stehen. Danach rief Royce seine Offiziere auf die Brücke und unterrichtete sie über die neuen Befehle. »Als wichtigstes müssen wir uns jetzt an die Ausbildung machen, sie drillen, bis sie schwitzen. Haben Sie bemerkt, wie sie auf diese Flieger reagierten?« Er hätte hinzusetzen können: »Und Sie auch.« »Ich habe das Gefühl, wenn wir zur Flottille stoßen, werden wir allerhand erleben. Machen Sie sich also ran!«

»Wann kommt die Presse, Sir?« Carvers Gesicht war völlig unbewegt.

»Jederzeit. Kümmern Sie sich um die Leute, bis ich zurückkomme. Ich gehe nur mal schnell zur Signalstation.«

»Soll ich das vielleicht erledigen, Sir?« fragte Leach eifrig.

»Hm, nein, es handelt sich um etwas Besonderes.«

War da ein Funkeln in Carvers Auge? Das werde ich abstellen.

»Gut, IWO, Sie können gleich anfangen, während Sie auf den Brennstoff warten. Üben Sie Schiffssicherungsdienst, und versuchen Sie, die Zeit für ›Feuer im Schiff‹ um fünf Minuten abzukürzen.«

»Aye, aye, Sir.« Aber Carver lächelte immer noch.

In fiebernder Hast rasierte sich Royce, warf sich in eine anständige Uniform und eilte an Land. Nach ermüdender Suche zwischen Ölleitungen, hölzernen Verschlägen und exerzierenden Heimwehrtrupps fand er schließlich das hohe, weiß glänzende Gebäude der Signalstation, das auf den Ankerplatz hinausblickte.

Er war erstaunt über den regen Betrieb. In jede Richtung hasteten Läufer mit Nachrichten, aus den Büros klang das hektische Klappern von Schreibmaschinen und Fernschreibern. Sorgfältig inspizierte er die Türschilder, bis er das mit der Aufschrift »Stabsoffizier Fernmeldedienst, bitte eintreten« fand. Vorsichtig öffnete er. Drinnen fiel sein Blick als erstes auf einen Hutständer, an dem drei Offiziersmützen hingen, reichlich mit Goldstickerei verziert. Leise zog er die Tür zu und ging weiter. Auf der nächsten Tür stand gar nichts, voller Hoffnung öffnete er. Vor einem Wandspiegel stand dort eine Wren und wandte sich um, als er auftauchte.

»Die Offizierstoiletten sind am Ende des Ganges«, verkündete sie wütend. Entschuldigungen murmelnd zog sich Royce zurück.

»Kann ich Ihnen helfen, Sir?«

Royce wandte sich errötend um und erblickte eine andere Wren, die lächelnd vor ihm stand. Sie wollte offenbar in den verbotenen Raum.

»Ja, bestimmt«, antwortete er dankbar. »Ich suche Julia Harston. Sie ist hier in der Fernmeldeabteilung.«

»Richtig, sie gehört zu meiner Wache. Gehen Sie die

Treppe hinauf in den Turm, und fragen Sie dort den Second Officer. Sie heißt Mannering.«

Royce bedankte sich und begann mit einem Herzen voller Vorfreude die Treppe hinaufzusteigen. Das war ein wichtiger Augenblick, dachte er beschwingt.

Das Fernmeldezentrum entpuppte sich zu seinem Erstaunen als ein Wirbel von Wrens in weißen Hemden und einer riesigen Menge flatternder Papiere. Der Lärm war überwältigend. Mindestens sechs Mädchen lasen oder wiederholten Nachrichten an einer Batterie von Telefonen, andere riefen einander rätselhafte Zahlen und Hinweise zu. An einem überladenen Schreibtisch saß telefonierend ein draller Second Officer und führte anscheinend eine heftige Auseinandersetzung, was sie nicht daran hinderte, gleichzeitig Tee zu trinken. Keiner nahm Notiz von Royce, er schien unsichtbar. Die Rückwand des Raumes bestand aus Glas und führte auf den Signalstand. Dort hantierten in der Kälte mehrere Mädchen dick eingemummt an einem mächtigen Signalscheinwerfer. Aus einer kleinen Tür tauchte ein Signalmeister mit rosigem Gesicht und qualmender Pfeife auf. Es tröstete Royce, daß zumindest er überrascht war, einen anderen Mann in diesem Raum zu sehen.

»Haben Sie sich verlaufen, Sir?«

»Ich suche . . .« Er hielt inne, sein Blick ging über die breiten Schultern des Signalmeisters zu Julia. Gerade war sie vom Signalstand hereingekommen, nahm Öljacke und Mütze ab, schüttelte ihre dunklen Locken und rieb sich die Wangen. Deutlich hörte er sie zu einem anderen Mädchen sagen: »Da liegt ein MTB am Kai, was macht das hier?«

Blind stürmte er an dem erstaunten Signalmeister vorbei und fegte einen Stapel Fernmeldeformulare vom Tisch, bis er direkt hinter ihr stand.

»Das ist mein Boot. Wollen Sie ein Stück mitfahren?« sagte er heiser.

Sie fuhr herum, die braunen Augen groß vor Erstaunen.

»Du lieber Himmel, Clive! Was um alles in der Welt ...« Die kleinen Hände flatterten über ihr zerknittertes Hemd und glätteten ihre windzerzausten Haare. »Das ist auch eine Art, ein Mädchen zu besuchen!«

»Bin gerade reingekommen und muß in zwei Stunden wieder auslaufen. Kann ich Sie irgendwo sprechen?« Die Worte sprudelten nur so aus ihm heraus. »Ich freue mich ja so, Sie hier zu treffen. Sie sehen viel besser aus, das Kommando bekommt Ihnen offenbar gut.«

Sie blickte ihm genauer ins Gesicht. »Eigentlich kann ich nicht weg. Aber ich spreche mal mit dem Second Officer.«

Schon sah er sie zu dem Schreibtisch eilen, wo die telefonische Auseinandersetzung immer noch im Gang war. Die Vorgesetzte schaute in seine Richtung und sagte ins Telefon: »Bleiben Sie dran, Flags. Aber ich kann Ihnen nur sagen, Sie irren sich!« Dann knallte sie den Hörer so laut auf den Tisch, daß es »Flags« die Trommelfelle zerreißen mußte.

»Halten Sie Miss Harston nicht zu lange von der Arbeit ab, Lieutenant. Also gut, zehn Minuten, weil Sie ein Fremder sind. Oder sind Sie das etwa nicht?«

Die Wrens kicherten.

Julia zupfte ihn ungeduldig am Ärmel. »Los«, flüsterte sie, »gehen wir, ehe die anderen über Sie herfallen.«

Draußen hatte Nieselregen eingesetzt, aber sie schlenderten trotzdem wie Spaziergänger durchs Gelände. Royce war hin- und hergerissen: einmal unsagbar glücklich, wieder bei Julia zu sein, andererseits betrübt und irritiert, weil es nicht so lief, wie er sich das in seinen Träumen ausgemalt hatte. Es war wie bei der Verabschiedung eines lieben Menschen auf dem Bahnhof. Die beiden warteten, schwiegen oder machten höchstens eine Bemerkung über das Wetter. So wurde die kostbare Zeit vertan.

Verzweifelt wandte er sich ihr zu. »Können wir nicht irgendwo eine Tasse Tee bekommen? Ich möchte Ihnen soviel sagen.«

»Nur in der Kantine für Hafenarbeiter, da drüben.«

Der Sprühregen wurde stärker. Dankbar stießen sie die schlecht schließende Tür der kleinen Nissenhütte auf und sahen sich in der spartanischen Kantine um.

Sie war mit gescheuerten Holztischen ausgestattet, an denen die Arbeiter ihre Butterbrote essen konnten, einer kleinen Theke und einem dickbäuchigen Ofen, der vor Hitze glühte. Zwei Männer in Overalls lehnten an der Theke und schwätzten mit dem pausbäckigen Mädchen dahinter. Alle sahen überrascht auf, als der besorgt dreinblikkende junge Offizier und eine attraktive Wren in regentriefendem Ölzeug in ihre Welt einbrachen.

Royce führte Julia zu einer Bank neben dem Ofen und beobachtete jede kleine Einzelheit an ihr. Sie nahm die Mütze ab, schüttelte sie über dem Ofen und fuhr sich mit den Fingern durchs Haar.

»Puh, ich fürchte, ich sehe nicht besonders gut aus. Auf Besuch war ich nicht gefaßt. Tut es Ihnen schon leid, daß Sie gekommen sind?«

»Mein Gott, Sie sehen doch wunderbar aus! Wirklich großartig«, brach es aus ihm heraus.

Sie musterte ihn mit einem kleinen, verstohlenen Lächeln. »Hoffentlich meinen Sie das auch ehrlich«, sagte sie.

»Aber sicher. Ich . . .«

Eine rauhe Frauenstimme unterbrach ihn. »Wenn Sie was essen wollen, müssen Sie an die Theke kommen. Kellner gibt's hier nicht.«

Die beiden Arbeiter grinsten.

Royce fummelte in der Tasche und knallte Kleingeld auf die Theke.

»Zweimal Tee.«

Er hastete wieder zu Julia zurück und vergoß dabei viel Tee auf den Fußboden. Das schreckliche Weib sagte etwas von »Zeig ihm, wo die Tür ist«. Den Grund für ihre Feindseligkeit begriff er nicht, er war ihm aber auch egal.

Julia wärmte sich die Hände an der Tasse, ihre großen

braunen Augen blickten nachdenklich. »Ich hätte mir gern Ihr Boot angesehen – wie in alten Zeiten mit John«, sagte sie versonnen. Plötzlich strahlte sie, und er erkannte den schnellen Stimmungswechsel ihres Bruders bei ihr wieder. »Aber das macht nichts. Erzählen Sie mir von sich. Wie ist es Ihnen ergangen?«

Royce holte tief Atem. Die Initiative lag nun bei ihm.

»Ich bin nicht so wichtig.« Er beugte sich vor und sah ihr ernst in die Augen. »Um Sie mache ich mir Gedanken.«

Nein, das war nicht gut. Er versuchte es erneut.

»Ich wollte Sie unbedingt wiedersehen. Sie können sich gar nicht vorstellen, wie oft ich an Sie gedacht habe.«

Er wartete auf eine Erwiderung, doch sie hörte ihm nur mit niedergeschlagenen Augen zu, während er den dunklen Bogen ihrer Wimpern betrachtete.

»Ich finde, das ist nicht in Ordnung. Sie sitzen hier oben, und ich bin am anderen Ende Englands festgenagelt. Ich möchte Sie so gern öfter sehen«, schloß er lahm.

Sie lächelte zu ihm auf. »Aber Sie kennen mich ja kaum.«

Plötzlich ergriff er verzweifelt ihre Hand; dies war der Moment, jetzt oder nie.

»Bitte glauben Sie mir, wenn ich Ihnen sage, daß ich das ändern möchte. Ich möchte Sie sehr gern besser kennenlernen, wenn Sie es mit mir versuchen wollen.«

Sie hatte ihre Hand nicht zurückgezogen und auch nicht protestiert. Vor Erregung merkte er gar nicht, daß die drei Typen an der Theke sie genau beobachteten.

»Das würde ich ja gerne«, sagte sie leise. »Aber was können wir schon daran ändern?«

Royces Herz machte einen Freudensprung.

»Was wir ändern können?« Seine Stimme hob sich: »Sie müssen sich zu Ihrer alten Flottille zurückversetzen lassen!«

»Pst!« Sie hob den Finger. »Seien Sie leise!«

Er grinste etwas dümmlich. »Verzeihung. Ich bin ein

bißchen aus dem Häuschen. Nicht gewohnt, mit einem so hübschen Mädchen zusammenzusein.«

»Von wegen hübsch. Im Augenblick bin ich eher eine Vogelscheuche.« Aber seine jungenhafte Aufrichtigkeit beeindruckte sie.

Er warf einen Blick auf die Uhr.

»Mein Gott, ich muß gehen«, knurrte er.

Beide standen auf, knöpften ihre Mäntel zu und traten mit sichtlichem Widerwillen hinaus in den Lärm der Werft.

Hinter ihnen rümpfte die Kantinenwirtin ihre Nase. »Haben nicht mal den guten Tee getrunken!«

Bei der Signalstation stellten sich Clive und Julia in einem Torbogen unter.

»Sie sind mir nicht böse, daß ich hergekommen bin, um Sie zu sehen?« fragte er.

»Ich bin sogar sehr froh darüber. Was haben wir nun beschlossen?«

»Hören Sie, bald ist Weihnachten. Was haben Sie dann vor? Haben Sie noch Urlaub, fahren Sie nach Hause?«

Sie wies mit der Hand zum Hafen. »Das ist jetzt mein Zuhause«, sagte sie tonlos.

Er hätte sich am liebsten die Zunge abgebissen. »Ich bin ein Idiot, daran habe ich nicht gedacht. Könnten Sie nach Südengland kommen?«

»Weshalb?« fragte sie.

Er lachte unsicher. »Das weiß ich auch nicht. Ich weiß nicht mal, ob ich dann im Einsatz bin oder nicht. Aber Sie könnten im ›Weißen Hirsch‹ wohnen. Wollen Sie?« Seine Stimme klang flehend. »Das wäre wunderbar!«

Sie kräuselte die Nase. »Ich wollte schon. Mal sehen, ob das geht.«

Sie wußte sehr wohl, bei einem solchen Vorschlag hätte ein anderer wahrscheinlich nur eine einzige Sache im Kopf gehabt. Doch erkannte sie auch, daß dieses besorgte Gesicht keine derartigen Gedanken verbarg. Nachdem sie zu diesem Schluß gekommen war, fühlte sie sich wohler. Als hätte sie ein neues Leben begonnen.

»Ich muß los. Meine Chefin kriegt bestimmt schon Anfälle.«

Er hielt ihre Hände in den seinen, konnte sich nicht trennen. »Denken Sie manchmal an uns, ja?«

Sie nickte ernst. »Passen Sie gut auf sich auf, bitte.«

Er ließ sie los und trat zurück, dabei war ihm, als zerschnitte er ein Band zwischen ihnen. Dann begann er, weiter rückwärts zu gehen, während sie immer noch mit regennaßem Gesicht unter dem Torbogen stand.

Plötzlich durchfuhr es ihn heiß, und er ballte die Fäuste. Es mußte jetzt sein, sagte er sich. Er konnte hier nicht weg, ohne sie wenigstens einmal im Arm gehabt zu haben. Entschlossen ging er zu ihr zurück. Sie öffnete den Mund zu einer Frage, aber er nahm sie bei den Ellbogen und zog sie vorsichtig an sich.

»Leb wohl, Julia.« Seine Stimme zitterte. »Laß es dir gutgehen.«

Bei diesen Worten beugte er sich vor und küßte sie schnell auf den Mund. Einen Augenblick fühlte er ihre weichen Lippen – frisch, verlockend, warm. Dann wandte er sich um und stolperte davon. Erst nach ein paar Schritten wurde ihm klar, daß sie überhaupt nichts gesagt hatte. Ängstlich schaute er sich um. Das Gesicht im Schatten, stand sie immer noch da. Jetzt winkte sie ihm noch einmal zu, drehte sich um und war verschwunden.

Erst als er an Bord stieg, merkte er, daß er den ganzen Weg durch die Werft gelaufen sein mußte. Geistesabwesend erwiderte er Carvers Gruß und ging wortlos auf die Brücke. Verzweifelt wünschte er sich, jetzt allein gelassen zu werden.

Doch Carver stapfte hinter ihm her und redete pausenlos: Der Brennstoff war an Bord, das Boot war seeklar, die Kriegsberichter saßen in der Messe und kippten den Gin in sich hinein – und so weiter.

Royce zwang sich zur Konzentration.

»Alles an Bord? Gut, dann erbitten Sie vom Signalturm Auslauferlaubnis, und lassen Sie die Maschinen an.«

Dankbar lehnte er sich an den Kartentisch, den Rücken zum Signalgast, der eifrig mit seiner Lampe blinkte.

Julia hatte sich nicht gewehrt, hatte ihn nicht gefragt, ob er wohl verrückt geworden sei. Das wiederholte er sich immer wieder. »Julia«, flüsterte er vor sich hin und sah sich schnell um, doch keiner hatte etwas bemerkt.

»Signalturm hat bestätigt, Sir.«

Vorsichtig legte das Boot ab und steuerte mit regennassem Deck und wachsender Bugwelle durchs Fahrwasser.

»Signal vom Turm«, meldete der Signalgast überrascht. »Sie wünschen uns ›frohe Weihnachten‹, Sir.«

»Was meinen sie denn damit?« murmelte Raikes am Ruder konsterniert. »Es ist doch erst November!«

Doch Royce hastete über die Brücke und hob schnell sein Glas. Sofort fand er sie auf der Signalplattform. Die schlanke, schimmernde Gestalt stand winkend neben dem Scheinwerfer.

Das Glas vor Augen, winkte Royce, bis der Turm schließlich hinter einem hochaufragenden Kreuzer verschwand.

Da wandte er sich ab. Selbst die mit den Trossen an Deck arbeitenden Seeleute fand er großartig.

»Wunderbarer Tag, Bootsmann, nicht wahr?« strahlte er.

Raikes lutschte an seinen Zähnen und studierte aufmerksam die Bojenreihe.

»Für manche bestimmt, Sir«, grinste er.

7

Die Rückreise verlief gut, besonders für Royce, und völlig ereignislos. Noch immer drehte sich das Gespräch der Besatzung voll Sorgen um den ersten Teil der Erprobungsfahrt, um die toten Flieger und die bedrückende Gefahr des Nebels. Royce wußte jedoch, daß all das in entsprechender Gesellschaft an Land schließlich zu Angeberei verblassen und mit der Zeit kaum noch einer Bemerkung wert sein würde. Danach würden sie sich dann genauso gelassen verhalten wie alle kämpfenden Seeleute, vorausgesetzt, sie durften lange genug leben.

Er war froh, die Kriegsberichter loszuwerden. Sie schienen ihm reichlich oberflächlich und gönnerhaft, sprachen unentwegt von ihren Erfahrungen, die sie anscheinend auf jedem Frontabschnitt erworben hatten außer auf diesem hier. Sie waren groß in rührseligen Ausdrücken wie: »Nichts ist zu gut für unsere Jungs in Blau«, und sprachen von der Handelsmarine als »den Helden mit dem kleinen silbernen Abzeichen«. Diese letzte Bemerkung veranlaßte den armen Raikes, unter dem Vorwand von Magengrimmen von der Brücke zu verschwinden.

Royce hatte den Eindruck, daß viele dieser Journalisten, deren einzige Aufgabe darin bestand, der verwirrten Öffentlichkeit daheim Nachrichten vom Krieg zu übermitteln, sich nicht sonderlich bemühten, diese Nachrichten auch zu verstehen. Doch vielleicht war das ungerecht, vielleicht hatte nur er das Pech gehabt, mit solchen Leuten beglückt zu werden. Zudem beherrschten ihn die Führung seines neuen Schiffes und die Gedanken an Julia völlig.

Besorgt sah er zu, wie die Seeleute MTB 9779 an einer Boje hinter der *Royston* festmachten, bereit, sofort mit den Maschinen rettend einzugreifen, wenn einer aus Lampenfieber die Leine ins Wasser fallen ließ. Das Manöver gelang, dankbar schüttelte er den »Herren von der Presse« die Hände und sah sie in eine tadellose Pinaß klettern, die man zu ihrem Abtransport geschickt hatte. Wahrscheinlich war es von ihrem Standpunkt aus bedauerlich, daß die Fahrt ohne jeden Zwischenfall verlaufen war. Doch ihre Phantasie würde diesem Mangel zweifellos abhelfen.

Nach einer Viertelstunde saß er auf *Royston* mit den anderen Kommandanten der Flottille im Lagezimmer, glücklich, die alten Gesichter wiederzusehen und neue zu begrüßen. Nachdem er solange im Abseits gestanden hatte, war er froh, nun endlich Nützliches geleistet zu haben.

Als er eintrat, räusperte sich Kirby an der Wandkarte geräuschvoll. »Ah, Royce, Sie sind ziemlich spät dran. Wir haben Sie bereits vor einer halben Stunde erwartet. Verlief die Fahrt nicht glatt?«

Die müden jungen Gesichter wandten sich ihm zu. Blöderweise kam er sich wie ein zu spät gekommener Schuljunge vor.

»Ich mußte erst noch meine Passagiere loswerden«, sagte er kurz.

»Na ja, immer das Wichtigste zuerst, was?« Kirby wandte sich um und starrte die Karte an, während Royce auf einen Stuhl sank.

»Na, Alter, wie macht sich das Bootchen?«

Er blickte in das zerknitterte Gesicht von Jock Murray neben sich. »Prima. Aber ich weiß jetzt, was für ein Schwachkopf ich gewesen sein muß, als ich anfing.«

»Wer sagt, daß du das jetzt nicht mehr bist?« zischte ihm Benjy grinsend über die Schulter.

»Wenn Sie fertig sind, meine Herren?« Kirbys Stimme klang mürrisch. Er wartete, bis sie ihm zuhörten, und fuhr dann fort. Er sieht viel älter aus, dachte Royce.

»Ich nehme an, daß Sie mit dieser Karte alle vertraut sind.« Sie zeigte das Küstenvorfeld von Ostende mit einer Orgie von Farben, die Minenfelder, Überwachungsgebiete und andere Einzelheiten darstellten. »Der Nachrichtendienst meldet, daß die schnellen deutschen Minenleger, die im Kanal und auf den Zufahrtswegen verheerend gewirkt haben, nun hier stationiert sind. Wie wir wissen, besteht ihre Taktik darin, bei Nacht mit hoher Geschwindigkeit vorzustoßen, die Minen loszuwerden und vor der Dämmerung wieder zurückzukehren. Bisher wußten wir aber nicht, wie sie unsere Zerstörerpatrouillen umgingen.«

Er machte eine Pause und betupfte sich den Mund mit einem tadellos weißen Taschentuch.

»Jetzt wissen wir es. Gewisse Informationen über Küstengeleitzüge werden von deutschen Agenten hier in England direkt nach Frankreich gefunkt. Sobald der Gegner diese Nachricht empfängt, schickt er sofort Minenflugzeuge zur Themsemündung, der Ansteuerung von Southampton oder an die Südwestecke, manchmal auch an die drei Stellen gleichzeitig. Alle unsere Kommandostellen konzentrieren dann unverzüglich ihre Minensucher und Sicherungsfahrzeuge auf diese Stellen, um die Häfen offen zu halten, obwohl diese Streitkräfte eigentlich zum Schutz unserer Geleitzüge benötigt würden.«

Er sah sie mit kühlem Blick an.

»Dies ist der Augenblick, meine Herren, in dem die schnellen Minenleger, die eigentliche Gefahr, Ostende heimlich verlassen und ans Werk gehen.«

Sie warfen sich bedeutungsvolle Blicke zu.

»Da die Überwachungsgebiete so groß sind, müssen wir sie gleich beim Auslaufen vernichten. Das schafft nur ein Schnellboot. Kein anderes Fahrzeug hat diese Geschwindigkeit, könnte hinlaufen und wieder zurück sein, ehe die feindliche Luftüberwachung eintrifft. Das ist unsere Aufgabe.«

Lebhaftes Gemurmel klang auf, Kirby hob die Hand.

»Ich schlage vor, daß Sie Ihre Bemerkungen lieber an mich richten. Also bitte.« Er setzte sich.

Benjy rappelte sich auf, sein joviales Gesicht war erstaunt.

»Wie erfahren wir, daß die Minenleger draußen sind, Sir? Die werden uns doch kaum ein Telegramm schicken.«

Allgemeines Gekicher.

Kirby musterte ihn mitleidig.

»Wir werden in jeder Nacht, wenn einer unserer Geleitzüge ausläuft, paarweise vor Ostende patrouillieren. Unser Nachrichtendienst wird uns jede Hilfe geben.«

Ein lautes Murren. Murray erhob sich hastig.

»Wäre es nicht besser, sie zu schnappen, wenn sie weiter draußen sind? Dann könnten wir sie alle zur Strecke bringen.«

»Es wäre nicht besser!«

Offensichtlich war Kirby zu weiteren Diskussionen nicht bereit. Dies war seine Veranstaltung, und damit hatte es sich.

Als sie nachher an der Bar standen und ihren Gin schlürften, wurde der Einsatzplan ausführlich besprochen. Ein Gedanke beherrschte sie alle: »Solange es uns nur nicht Weihnachten vermasselt.«

Am nächsten Tag saß Royce, während Carver mit der Besatzung exerzierte, in seiner Kajüte und setzte einen Brief an Julia auf. Er war so erfüllt von der Aussicht, sie in absehbarer Zeit wiederzusehen, daß es ihm schwerfiel, sie über Einzelheiten wie Wetter, Verpflegung und seinen Gesundheitszustand zu informieren. Schließlich faßte er sich ein Herz und berichtete genau, was er empfunden hatte, als sie ihm zum Abschied winkte. Fast schuldbewußt schob er den Brief in einen Umschlag und stürzte an Deck, um die Postordonnanz noch zu erwischen. Als das Dienstboot davontuckerte, seufzte er auf. Nun war der Brief unterwegs, er hatte einen neuen Anfang gemacht.

Einige Zeit lehnte er sich an das Backbord-Torpedorohr und hörte zu, wie Raikes geduldig fünf Seeleute im Gebrauch von Kletternetzen unterrichtete.

»Das ist so: Ihr hängt das über die Bordwand, und dann schickt ihr zwei der stärksten Burschen runter, einen auf jede Seite. Dadurch hängt das Netz ruhig, und die beiden können die Überlebenden aus dem Wasser fischen. Noch Fragen?«

Ein spilleriger Junge namens Cleavely, den Royce bereits kannte, weil er als Offiziersanwärter in Aussicht genommen war, trat vor.

»Aber wenn sie schwer verletzt sind, darf man doch sicher nicht so mit ihnen umgehen?« fragte er entrüstet.

»Entweder ihr kriegt sie raus, oder sie bleiben im Wasser«, erwiderte Raikes abschließend.

»Das scheint mir ein bißchen antiquiert. Warum nicht einen Davit klarmachen?«

»Weil Sie bestimmt genug anderes zu tun haben«, entgegnete der Bootsmann milde.

Lächelnd ging Royce weiter. Raikes war noch nie ein Mann großer Worte gewesen.

Bei seinem Rundgang kam er zu der Ansicht, daß die Männer ihr neues Handwerk sehr willig lernten. Zudem bewunderten sie offensichtlich die kampferprobten Boote rundum.

Ein MTB drehte von der Ausrüstungspier ab, kroch vorsichtig ins Fahrwasser und nahm Fahrt zur *Royston* auf. Als es Royce seine blinkende Seite zudrehte, konnte er die große weiße Nummer deutlich lesen: Watsons Boot. Unter dem Surren seiner schweren Maschinen zog es wie immer zu dicht am Mutterschiff vorbei. Benjys rotes Gesicht über der gelben Fliegerkombination mit dem roten Schal leuchtete wie die Sonne.

»Wie geht's?« bellte er. »Kommst du heute abend in den ›Weißen Hirsch‹?«

»Bestimmt. War seit endlosen Zeiten nicht mehr da.«

Das MTB drehte auf, die Seeleute an den Leinen und Fendern verstanden ihr Handwerk. Benjy hob das Megaphon.

»Guck nicht so neidisch! Nicht jeder kann so gute Leute haben!«

Royce drohte ihm lachend mit der Faust. Es war schön, wieder zurück zu sein.

Der »Weiße Hirsch« war an dem Abend randvoll, aber niemand schien sich an der rauchgeschwängerten Luft zu stören, als Royce, Watson, Deith und Murray hereinschlenderten. Irgendwie fanden sie einen leeren Tisch, von dem sie alles überblicken konnten.

»Wer wird nun als erstes Paar auf diese verrückte Patrouille geschickt?« fragte Murray geistesabwesend.

»Vermutlich der Boss selber«, lächelte Deith. »Um sich zu vergewissern, daß es für uns ganz ungefährlich ist.«

Royce setzte seinen leeren Krug ab und warf ihnen einen schnellen Blick zu. »Glaubt ihr, ich kann hier ein Zimmer bestellen? So um Weihnachten herum? Für eine Freundin, meine ich.«

Bedeutsames Schweigen. Dann beugte sich Murray mit gespielter Vertraulichkeit vor.

»Hast du vor, dir ein paar heiße Nächte zu gönnen?«

Royce lächelte unbehaglich. »Nein, so ist das nicht, auch wenn ihr mir nicht glaubt. Ich habe ein Mädchen kennengelernt, und womöglich wißt ihr schon, wer sie ist. Aber warum zum Teufel versuche ich, euch das zu erklären?« platzte er heraus.

»Komm, komm, es wird eine weihnachtliche Romanze, zier dich nicht«, jubilierte Benjy. »Drinks für alle!«

»Um Himmels willen, du bist wie mein Bootsmann. Dem kann man auch nichts Privates erzählen.«

Es stellte sich heraus, daß das Hotel über sechs Zimmer verfügte. Der Besitzer versprach nach einem prüfenden Blick auf Royce, ihm eines bis auf weiteres für Weihnachten freizuhalten. Seiner Frau gegenüber äußerte er später, es sei höchst ungewöhnlich, daß ein Seemann ein Einzelzimmer miete. Aber man lerne ja nie aus.

Als Royce an den Tisch zurückkam, fand er Benjy in ernsthafter Unterhaltung mit zwei aufgetakelten reiferen Damen, die große Gläser Gin vor sich hatten und laut kichernd die Blicke wandern ließen, um ihre neue Eroberung allen kundzutun.

»Aber mein Lieber, du bist wirklich das Allerletzte!« girrte die erste, deren Make-up offenbar mit dem Malerpinsel aufgetragen war. »Wofür hältst du uns eigentlich?

Benjy blinzelte den anderen zu und tätschelte ihr das rundliche Knie.

»Ah, da kommt er ja. Ich hab' den beiden hier gerade erzählt, daß du auf der Suche nach zwei Brautjungfern für deine Hochzeit bist.«

Deith grinste hämisch. »Eine von ihnen war 1918 sogar Miss Chatham.«

»Unverschämter Kerl!« Schniefend traten die beiden Damen den Rückzug an.

Auf dem Weg zurück zur Pier wurde Royce weiterhin gnadenlos gehänselt, so daß er richtig dankbar war, als er wieder sein Deck unter den Füßen fühlte. Vor diesen Rabauken mußte er Julia schützen, beschloß er. Sie würde sonst einen falschen Eindruck bekommen.

Am frühen Morgen legten drei Korvetten und drei U-Jagdboote ab und steuerten die Hafensperre an. Die Geleitgruppe des Bereichs lief aus, ohne zu ahnen, daß der Nachrichtendienst erkannt hatte, ihre Routinefahrt würde Auslöser einer Falle sein. Irgendwo drüben, jenseits des grauen, verhangenen Kanals, übernahmen schnelle Minenleger vielleicht gerade in diesem Moment ihre tödliche Last. Royce sah die Gruppe auslaufen, hörte das Klatschen ihrer Bugseen an der Bordwand und frühstückte weiter.

Der Morgen verlief ohne besondere Ereignisse, wenn auch über der ganzen Flottille angespannte Bereitschaft lag. Alle Boote waren voll munitioniert, ausgerüstet und mit Treibstoff bis obenhin gefüllt. Nur für ganz wichtige Dinge ging noch jemand an Land, und auch das höchstens innerhalb des Werftbereichs.

Royce und Carver standen pfeiferauchend nebeneinander auf dem kleinen Achterschiff und beobachteten die Möwen, die kreischend herabstießen, als der Koch seinen Mülleimer über Bord kippte.

»Was haben Sie eigentlich fotografiert, ehe Sie zu uns kamen, IWO?«

»Oh, was sich gerade anbot. Modeaufnahmen, eigentlich alles. Wenn ich so was hätte fotografieren können«, er wies auf die Schiffe, »hätte ich damit einen Haufen Geld verdient.«

»Sie haben bei Ihrer Arbeit sicher viele Frauen kennengelernt«, meinte Royce beiläufig.

»Mein Gott, ja. Ich hab' schon was erlebt!« lachte er bitter.

»Waren sie hübsch?«

Carver wandte sich ihm mit blitzenden Augen zu. »Einige schon. Aber wenn ich das sagen darf, Sir: Keine war mit Ihrer Wren zu vergleichen, nach dem, was ich durch mein Glas sehen konnte.«

Verdutzt blickte Royce auf und hüstelte verlegen. »O ja, ja.«

Carver grinste gnadenlos. »Die Sonne steht über der Rah, Sir. Darf ich Sie zu einem Gin einladen?«

Unten räkelte sich Leach in einem Stuhl und las die Zeitung von gestern.

»Zwei Pink Gin*, Mid, ein bißchen fix. Und für Sie eine Limonade«, fügte Carver leutselig hinzu.

»Es wird Zeit, unsere Messe etwas zu verschönern.« Royce machte es sich bequem. »Wir werden sicher auch mal Gäste haben.«

Der Deckswachhabende erschien an der Tür, als sie gerade die Renovierung besprachen. »Allgemeiner Rückruf, Sir. Alle Boote melden, wenn Besatzungen an Bord.«

Vorsichtig setzte Royce sein Glas ab und verdaute diese Nachricht.

»Sehr schön. Haben wir noch jemand an Land?«

Der Deckswachhabende, ein grüner Junge aus Plymouth

* Gin mit einem Spritzer Angostura Bitter, ein beliebtes Getränk in der Royal Navy (Anm. d. Übers.)

namens Sax, meinte stirnrunzelnd: »Nur die Postordonnanz, Sir, und die muß jeden Moment zurück sein.«

Nun war es also soweit. Die Boote meldeten dem ungeduldigen Kirby eines nach dem anderen seeklar, und nach weiterem Signalaustausch warfen sie in aller Ruhe los, setzten sich hinter das Führerboot und hielten hinaus auf die offene See.

Sobald sie die Sperre hinter sich hatten, drehten sie auf, lösten sich mit beeindruckendem Wellenschlag aus dem örtlichen Schiffsverkehr und machten sich wieder mal nicht sehr beliebt.

Auf der Brücke gab Royce die letzten Anordnungen für alle Notfälle, die bei seiner ungeübten Besatzung eintreten konnten.

Carver machte ein großes Aufheben um das Positionshalten und achtete sorgfältig auf die anderen Boote. Als jüngstes Schiff waren sie die letzten in der Reihe – ganz angenehm, denn damit brauchten sie bei Nacht nur zum vorderen Boot Abstand zu halten, ohne zu befürchten, daß irgendein übereifriger Skipper ihnen hinten reinfuhr. Royce lächelte in sich hinein. Aus Erfahrung wußte er, daß Carver alles, was er tat, genau beobachtete, damit er nichts übersah, wenn er ihm das Kommando über die Brücke übergab.

In tadelloser Formation jagten die acht schimmernden Boote über die bewegte graue See. Vom scharfen Bug stieg schmutziggelbe Gischt auf, rollte nach beiden Seiten davon, wurde flacher und vermischte sich mit dem unruhigen Wasser. Kirby führte mit seiner neuen Nr. 2002 die Flottille an, Watson als sein Vertreter fuhr als fünfter in der Kiellinie. Royce richtete sein Glas nach vorn und versuchte, einen Blick auf Kirbys neuen IWO zu erhaschen, einen jungen, rothaarigen Burschen namens Crispin. Die kurzen Masten und flatternden Flaggen ließen jedoch nur einen unbestimmten Fleck erkennen. Armer Kerl, dachte er, kein schöner Posten für einen Neuling.

»In etwa anderthalb Stunden wird es dunkel.« Er schaute sich in der Runde um. »Ich nehme an, Kirby wird sehr bald Testschießen befehlen .«

»Glauben Sie, daß wir zurechtkommen, wenn wir auf den Gegner treffen?« Carver senkte die Stimme.

»Natürlich werden wir zurechtkommen. Sie müssen Ihren Geschützführern nur einschärfen, erst dann zu schießen, wenn sie das Ziel genau aufgefaßt haben. Sonst ist es für die Leute auf den anderen Booten verdammt verwirrend.«

Kirbys Signallampe begann zu blinken.

»Testschießen, Sir«, meldete der Signalgast schnell.

Royce blickte den etwas kurz geratenen achtzehnjährigen Jungen scharf an; in Payntons weit aufgerissenen Augen stand Nervosität. So geht das nicht, dachte er, zuviel hängt von ihm ab. Royce nahm sich im stillen vor, in Zukunft mehr für die Motivierung seiner Männer zu tun, und nickte Carver zu.

»Los, IWO, jedes Geschütz soll einen kurzen Feuerstoß in eine Richtung abgeben, die ungefährlich ist. Aber bis sie sich daran gewöhnt haben, möchte ich, daß die Geschütze einzeln nacheinander feuern.«

»Aye, aye, Sir.«

Aus irgendwelchen Gründen begann Carver mit der schweren Maschinenkanone achtern, vielleicht weil er da nicht in Sicht der Brücke war. Nach kurzer Pause donnerte sie los: ein dumpfes, eindringliches Rattern, als ob eine Million Spechte bei der Arbeit wären. Als nächstes kam die Backbord-Örlikon dran: ein bißchen unbeherrscht, viel zu lang. Das lag an A.-B. Rush, einem dicken Mann mit pickeligem Gesicht und ziemlich mürrisch. Trevor an der Steuerbord-Örlikon benahm sich wie ein Konzertpianist. Er streichelte seine gut eingefettete Kanone, als sei sie ein kostbares Instrument, dann feuerte er nach einem letzten Klaps einen kurzen, gleichmäßigen Feuerstoß ab; die Leuchtspurgeschosse pfiffen rauchend zum Horizont. Das war wirklich ein überlegter Schütze. Auch Leading Seaman Denton machte es mit der großen Bofors-Kanone auf dem Vorschiff recht gut. Das war eine interessante Waffe, deren Munition wie bei einem Gewehr in Rahmen zugeführt wurde und die mit scharfem, ohrenbetäubendem Knallen schoß. Denton war in allem gut. Vielleicht ein bißchen alt für die Küstenstreitkräfte, aber sehr verläßlich. Seine Mannschaft bestand aus Manners, der wie ein freundliches Nilpferd aussah, vor allem in seinem glänzenden Ölzeug, sowie aus Larkin, einem kleinen Seemann aus Irland. Sie hatten ihre Bofors mit großen, auffallenden Buchstaben »Vera« getauft.

Carver kam strahlend zurück.

»In Ordnung, Sir? Sie waren doch wirklich gut.«

»Ziemlich schrecklich«, antwortete Royce vergnügt. »Nun übernehmen Sie mal die Brücke, ich möchte mit den Torpedoleuten sprechen.«

Er genoß Carvers enttäuschten Ausdruck und stieg hinunter an Deck.

Torpedomaat Currie legte die Hand an die Mütze. »Alle Rohre klar, Sir.« Er war ein rotgesichtiger junger Mann mit der Sicherheit des technisch Versierten. Seine Helfer Barlow und Ash, beide sehr neu und sehr jung, beobachteten schweigend ihren Kommandanten, dessen Blick über die langen, schlanken Rohre glitt, die zu beiden Seiten der Brücke herausragten und deren komplizierte Mechanik mit Segeltuchhauben vor Spritzwasser geschützt wurde.

»Sehr schön. Ich wollte euch nochmals einschärfen, daß die Geschütze zwar eine Menge Krach machen, daß aber ihr es seid, die ich direkt vor Jerrys Tür fahren will, wo ihr dann eure Aale loswerden sollt.«

Er ließ diese Worte wirken und erinnerte sich an das Bild des Trawlers in seinem Torpedo-Zielgerät, an den Krach und den Schmerz. Der Herr möge diese drei vor all dem bewahren, dachte er.

»Wo kommen Sie her, Ash?« fragte er plötzlich.

Der untersetzte Mann im dicken Overall nahm Haltung an.

»Aus Surrey, Sir«, kam es zögernd heraus.

»Oh, aus welchem Teil Surreys?«

»Aus Dorking, Sir. Ich war Laufjunge bei der großen Schlachterei dort, Sir.«

»Ich komme auch aus Surrey«, sagte Royce freundlich. »Und was ist mit Ihnen, Barlow?«

»Ich war Schlepper, Sir«, grinste der Mann kleinlaut.

»Ein was?«

»Er meint Schlepper für einen Buchmacher, Sir«, erklärte der Torpedomaat. »War eine Goldgrube vor dem Krieg.«

Royce nickte und ging auf die Brücke zurück. Was für eine reizende Beschäftigung, dachte er, Schlepper für einen Buchmacher. Was der wohl beim Arbeitsamt als Beruf angeben würde?

»Es wird scheußlich kalt«, meinte Leach auf der Brücke und verzog mißvergnügt seine sommersprossige Nase. »Soll ich Kakao holen?«

»Ja, und zwar gleich für alle Mann, Wache und Freiwache, wenn Sie schon dabei sind«, setzte Carver hinzu.

Royce nickte. Langsam lernten sie's.

Leach eilte nach unten, um das klebrige, bei allen britischen Seeleuten so beliebte Getränk zu beschaffen. Royce stand am Schanzkleid und beobachtete das Boot vor ihm, Nr. 2003, einen weiteren Neubau vom Typ Fairmile, der unter dem Kommando eines scharfgesichtigen Lieutenant namens Mossbury stand. Er war von Harwich hierher versetzt worden und verriet bereits Anzeichen von Streß: ein bißchen durchgedreht und schießwütig.

Was auch hinter dem düsteren Horizont auf sie warten mochte, dachte Royce, das Boot machte sich gut. Sax stand am Ruder, hielt das Rad in behandschuhten Fäusten und pfiff, mit den Gedanken ganz woanders, leise durch die

Zähne, während Paynton vertieft eine neue Flaggleine spleißte.

»Das wird eine klare Nacht, IWO«, verkündete Royce schließlich und sah auf die Uhr. »Um sechzehn Uhr dreißig teilen wir uns in Rotten auf. Kirby und Page laufen als erste vor, um das Terrain zu sondieren.

Carver rieb sich die Hände. »Hoffentlich passiert dann bald was.«

Mehr Kakao, noch mehr Signale. Allmählich waren auf dem nächsten Boot keine Einzelheiten mehr zu erkennen: ein Zeichen, daß die Nacht hereinbrach.

Zur vorgesehenen Zeit teilten sich die Boote und fuhren von einem zentralen Punkt aus gleich Fangarmen mit verringerter Geschwindigkeit in ihre zugeteilten Sektoren. Royce gesellte sich zu Deith auf Nr. 1815. Während die anderen als Schatten in der wachsenden Dunkelheit verschwanden, schwenkte dieser auf Parallelkurs ein und rief ihn an: »Wir wollen zwei Kabellängen auseinander bleiben. Wenn irgendwas geschieht, kommt es von Südosten.«

Das war also Backbord achteraus.

»Auch für Jerries eine schöne Nacht«, rief Royce zurück. »Drei Küstengeleitzüge unterwegs, kein Mondschein und klare Sicht!«

Sie zogen die Boote auseinander und machten sich auf ihre einsame Patrouille. Irgendwo hinter ihnen würde Kirby jetzt auf Position gehen.

»Wenn Minenleger auslaufen, sind sie dann nicht stark gesichert?« Carver war nur ein dunkler Schatten neben ihm.

»Nein, sie verlassen sich auf ihre Geschwindigkeit. Wenn sie entdeckt werden, hauen sie ab, ohne eine einzige Mine zu werfen. Sie wollen nicht die Hälfte unserer Minensucher anlocken, die dann ihre ganze Arbeit zunichte machen würden.«

Leach tauchte auf. »Wie weit dringen sie in unsere Gewässer vor?«

»Bisher ist es ihnen gelungen, ziemlich dicht unter unsere Küste zu kommen. Es ist gar nicht mal so sehr die Zahl der Schiffe, die sie versenken – in Wirklichkeit sind es nicht viele –, aber sie halten den Betrieb auf, bis die armen Minensucher das ganze Gebiet gesäubert haben.«

»Was für eine Vergeudung«, bemerkte Carver nachdenklich. »Wenn wir sie erwischen, werden vermutlich andere ausgeschickt?«

»Vielleicht.« Royce sog an seiner kalten Pfeife. »Aber wenn wir sie nicht erwischen, könnte es bedeuten, daß dem Mid hier sein ganzer Weihnachtsurlaub vermasselt wird.«

»Und der meines Kommandanten«, warf Midshipman Leach schnell ein. Sie lachten.

»Geht und überprüft nochmals alle Geschütze. Ich weiß, das ist schon geschehen, ich möchte jedoch ganz sicher sein, daß die Ladenummern ständig Munition zuführen können. Darauf kommt's an.«

Nachdem er sie beide los war, wandte er sich dem Signalgast zu.

»Na, wie fühlen Sie sich, Paynton? Anders als auf der Signalschule, was?«

»Stimmt, Sir. Aber ich finde es gut. Wirklicher Frontdienst ist ziemlich komisch. So ganz anders, meine ich, Sir.«

Royce fühlte, wie ihn der Junge im Dunkeln anstarrte.

»Ja, weiß Gott! Das sollte man im Unterhaus zitieren. Ich höre schon den Ehrenwerten Abgeordneten von Wahlkreis X sagen: ›Frontdienst ist ziemlich komisch!‹ Das würde gut ankommen.« Er lachte.

»Wenn ich was mache, dann mach' ich's ordentlich«, sagte Paynton ernsthaft. »Das muß ich einfach.«

»Natürlich machen Sie's ordentlich«, entgegnete Royce beiläufig. »Ich ziehe Ihnen nämlich das Fell über die Ohren, wenn Sie ein falsches Signal setzen!«

Er wandte sich dem abgeblendeten Kompaß zu. Paynton würde es schon schaffen. Seine Nervosität war ganz erklärlich, auf einer offenen Brücke kam man sich immer nackt und ungeschützt vor.

»Irgendwo ist ein Flugzeug«, murmelte Sax und blickte zum sternübersäten Himmel auf.

»Geht uns nichts an, selbst wenn's ein Deutscher ist«, bemerkte Royce. »Wir dürfen leider nur auf unsere speziellen Ziele schießen.«

»Gut, daß er das nicht weiß«, meinte der Rudergänger finster.

Eine frische Brise war aufgekommen und peitschte den schwarzen, wogenden Teppich um sie herum zu ungemütlich steilen Wellen auf. Der samtschwarze Himmel mit seinen Millionen blasser Sterne wirkte höher als sonst. Nicht ein Wölkchen war zu erkennen, und kein Mondstrahl fiel auf die dunkle Wasserfläche, um sie zu leiten. Für Flugzeuge eine günstige Situation, doch riskant für ein Versteckspiel auf dem Wasser. Royce strich mit dem Handschuh über die Brüstung und fühlte ein Knistern. Die Eisbildung kam unerwartet. Eis konnte den Geschützführern die Beine unter dem Leib wegreißen. Würden sie Ruhe bewahren? überlegte er. Es war tröstlich, das kurze Kielwasser von Deiths Boot neben sich zu sehen.

Über ihnen dröhnte das Flugzeug dumpf und verschwand dann langsam. Eine Gischtwelle zeigte an, daß Deiths Boot näher kam.

»Ich meine, wir sollten uns eine Weile treiben lassen«, rief er. »In dieser Finsternis hören wir jedes Schiff, bevor wir es sehen.«

Die Motoren verstummten, die Boote dümpelten. Die Stille wurde nur durch das Klatschen der Wellen und das Klappern losen Inventars unterbrochen.

Carver hatte Station auf dem Vorschiff bezogen, auf beiden Booten waren die Männer in höchster Alarmbereitschaft. Raikes, der das Ruder übernommen hatte, schlug eine Faust in die andere und schwieg. Paynton, das Gesicht ein ovaler heller Fleck, richtete eifrig sein Glas achteraus.

Gelegentlich ein Husten, ein nervöses Lachen vom Deck nebenan, gefolgt vom schnellen Rüffel eines unsichtbaren Vorgesetzten. Dann wieder nur die Geräusche der See. Ein dicker Fisch sprang dicht bei aus dem Wasser und fiel mit einem schweren Plumps zurück. Die Flaggleinen knatterten in der frischen Brise, ein Bleistift rollte vom Kartentisch und krachte unnatürlich laut zu Boden. Royces Magen begann sich zu beruhigen, denn nun sah es doch nach einem ereignislosen Einsatz aus. Irgendwie erleichtert steckte er den Kopf unter das Verdeck des Kartentisches und schaltete die schwache Beleuchtung ein. Hier bei den vertrauten Zahlen und Bleistiftstrichen fand er Sicherheit und Trost wie ein Vogel Strauß, der den Kopf in den Sand steckt. Die Absurdität dieses Vergleichs löste seine Spannung und ließ ihn lächeln; er nahm den Zirkel und begann, die geringe Entfernung zur feindlichen Küste zu messen. War es vorstellbar, daß nur ein paar Meilen entfernt Belgier in ihren Betten lagen, sich gegen die Eindringlinge verschworen oder in der Hoffnung auf Freiheit hinaus auf die See schauten? Seltsame Gedanken.

Er ließ den Blick über die schmuddelige, von nassem Ölzeug durchweichte und mit Kakao verschmutzte Karte wandern, bis er auf die vertrauten Namen an der englischen Küste stieß: Ramsgate, Newhaven und das arme Dover, das täglich unter deutschem Artilleriebeschuß lag. Um mehr Halt zu haben, stellte er sich breitbeinig hin und fühlte unter dem Ölzeug einen kalten Schauer über den Rücken laufen. Erneut begann er seine Bleistifteintragungen zu überprüfen, und wieder wanderten seine Gedanken zu Julia. Was tat sie jetzt? Die Aussicht, sie zu sehen, klang bereits wie ein Märchen. Seufzend rieb er sich die Wangen, die von der salzigen Gischt bereits wund waren.

»Sir, da ist es!« Paynton quietschte fast. »Das Signal!«

Mit einem Ruck kehrte Royce in die Gegenwart zurück und stieß sich den Kopf. Fluchend hob er sein Glas an die Augen, doch das war unnötig. Da hinten im Südosten sanken vier Sterne langsam und anmutig vom Himmel. Zwei rote über zwei grünen – das Signal. Irgendwo zwischen diesen Leuchtgranaten und seinem Schiff stand der Feind. Seine Gedanken überschlugen sich, nur halb nahm er Raikes' knurrige Bemerkung wahr: »Denk daran, das nächste Mal korrekt zu melden, Paynton.«

Über das Wasser blinkte ein abgeblendetes Signal: Auch Deith rüstete sich zur Jagd. Mit dumpfem Rumpeln nahmen die Motoren ihre Arbeit auf und trieben sie vorwärts, gerade schnell genug, um eine kleine Bugwelle aufzuwerfen und den Rumpf vor Kraft erbeben zu lassen.

Die Falle war zugeschnappt: Auf den dunklen Gewässern vor Ostende schloß sich der Kreis der acht MTBs wie der Bügel eines Fangsacks, hinter sich einen schnellen Verband von Motorkanonenbooten, der ihnen notfalls zu Hilfe eilen konnte.

Langsam, wie Jäger hinter einem Wild, schlichen sie voran, jedes Auge und Ohr, jeder Muskel aufs äußerste gespannt, bis die Nerven schmerzten. Die Männer schluckten, ihre Kehlen waren plötzlich trocken, andere kämpften mit Übelkeit oder fluchten hilflos über die schwarze Wand vor ihnen. Fast war es eine Erleichterung, als der Horizont in grellem, weißem Schein aufleuchtete, der ihre Augen in die Höhlen zurücktrieb. Sekunden später hallte ein dumpfes Dröhnen durch die Nacht. Langsam sank der grelle Schein zu einem Flackern zusammen und legte einen schwindenden roten Vorhang über den Horizont. In dem Sekundenbruchteil, ehe das Licht völlig erlosch, erfaßte Royces starkes Glas einen Schatten, der sich von dem roten Schein so deutlich abzeichnete, als ob jemand dastünde und ihm die Sicht nähme. Zwinkernd setzte er das Glas ab.

Unten hörte er Carver erregt mit seinen Artilleristen schwatzen.

»Ruhe!« krächzte er und warf einen schnellen Blick auf den Kompaß. Sein Gehirn arbeitete angestrengt.

Wieder hob er das Glas, doch die ebenholzschwarze See

spottete seiner. »Da war irgendwas ganz Eigenartiges«, murmelte er. »Es schob sich da vor dem Feuer vorbei. Wenn nur das Licht etwas länger geleuchtet hätte!«

Plötzlich atmete er tief durch: Nun war es ihm klar. Da hatte sich ein Schiff heimlich nach Hause geschlichen in der Hoffnung, die Verwirrung über den Brand werde alle Aufmerksamkeit von ihm ablenken. Jetzt oder nie!

»Signalgast, machen Sie an Lieutenant Deith: ›Ich greife an.‹ Haben Sie das? Bootsmann, äußerste Kraft voraus, hundertfünfunddreißig Grad steuern!«

Es schien ihm wie eine Ewigkeit, doch tatsächlich waren es nur sieben Sekunden, dann sprang das Boot mit einem ohrenbetäubenden Aufheulen wie eine losgelassene Bestie vorwärts. Royce griff schnell nach einem Halt. Vor ihm hob sich der Bug, und zu beiden Seiten des Stevens schoß ein Schwall weißer Gischt empor. Achtern grub sich das schmale Heck tief ein, das weiße Kielwasser verschwand leuchtend in dem schwarzen Nichts dahinter.

Deiths Boot setzte sich auf Parallelkurs; ein kurzer Blick zeigte Royce, daß sein Kiel bis zur Höhe der Brücke zu sehen war. Seinem eigenen Boot mußte es genauso gehen, immer wieder hingen er und seine Brücke in der Luft, während sie über die Seen sprangen – es war unglaublich.

»Klar bei Torpedorohren!« brüllte er mit rauher Stimme, und zu Carver: »Feuer eröffnen, sobald die Kanonen das Ziel aufgefaßt haben!«

Nur der Himmel wußte, was Leach sich da unten auf dem bockenden Heck bei seinen Maschinenkanonen dachte. Vielleicht vertraute er, so wie er selbst einst, auf das Glück und das Können seines Skippers.

Das wäre eine schöne Blamage, wenn seine Augen ihn getäuscht hätten und sie nun auf ein Nichts oder ein anderes britisches Boot zurasten. Eine zweite Chance gab es nicht. Meilenweit mußten ihre Motoren jedes Schiff vor dem Angriff gewarnt haben.

Weiter und weiter, blind, mit knirschenden Zähnen und

schmerzenden Augen. Vielleicht war die Peilung falsch gewesen, vielleicht waren sie am Ziel vorbeigeschossen, vielleicht ... Mein Gott, was war das? Wie verrückt bockte das Boot und bäumte sich auf, fing sich wieder und raste weiter. Royce torkelte an der Reling und peilte nach Backbord querab. Nur kurz, ehe ihr Kielwasser alles verwischte, sah er eine weiße Bahn im Wasser achteraus verschwinden. Sie hatten gerade das Kielwasser eines anderen Schiffes gekreuzt!

»Hart Backbord«, rief er. Das Boot legte sich über, die Motoren brüllten, der verschwommene Schatten von Deiths Boot folgte dichtauf.

Sie wendeten und jagten hinter dem unsichtbaren Schiff her.

Noch sahen sie nichts als ihre eigene glitzernde Gischt, hörten nur das kraftvolle Brummen unter sich, das sich mit ihren eigenen Herzschlägen, stillen Gebeten und lauten Flüchen mischte.

Auf den nächsten Schritt des Gegners waren sie absolut unvorbereitet.

Völlig unvermutet sprang ein scharfer, hellblauer Lichtstrahl aus der Dunkelheit, schwankte ein wenig hin und her und verbiß sich dann in Deiths Boot. Zwar drehte und wendete sich der verzweifelt, doch das Licht hielt ihn gnadenlos fest.

»Schnell, Carver, Feuer eröffnen! Auf den Scheinwerfer!«

Verzweifelt drückte Royce auf den Knopf neben sich, das Klingeln hallte im ganzen Boot.

Sofort legte die Bofors los. Die Backbord-Örlikon und die Browning fielen im selben Moment ein, aber fast weinend vor hilflosem Zorn sah Royce ihre träge aufsteigenden Leuchtspurgeschosse am Ziel vorbeifliegen.

Von dem starken blauen Schein hypnotisiert und geblendet, gaben Deiths Artilleristen nur ein paar Schuß ab; niemand wußte, wohin sie gingen. Schließlich eröffneten die Deutschen ebenfalls das Feuer, und zwar mit einem rot-weißen Dreieck aus Leuchtspurgeschossen, dessen Spitze auf die Brücke des MTB zielte. Royce sah, wie Stücke der Schanzverkleidung durch die Luft gepeitscht wurden, ein losgerissenes Panzerblech flog in dem grellen Licht wie eine Geistererscheinung davon und verschwand über Bord. Er sah auch die kleinen Gestalten an den Geschützen fallen; eine rannte wild um sich schlagend zur Reling, wo sie in das aufgewühlte Wasser stürzte.

»Mit Hartruder auf die andere Seite, Raikes! Ich greife mit Torpedos an!«

Mit der Geschmeidigkeit eines springenden Leoparden schlugen sie einen Halbkreis; ruhig und langsam sprach Royce mit den Torpedoleuten, kümmerte sich nicht um das stoßweise Feuern der Kanonen, konzentrierte sich ganz auf sie und verschloß sich dem Entsetzen über das im Todeskampf liegende andere Boot. Als er auf der abgewandten Seite des Schiffes war, zeichnete es sich deutlich ab; eher ein kleiner Zerstörer als ein Minenleger. Doch als sie auf ihn zuhielten, drehte sich der große Scheinwerfer auf der Suche nach ihnen; als er dabei über sein eigenes Deck strich, erkannte Royce in den Gestellen auf dem Achterschiff den dumpfen Schimmer von Minen. Das war das Ziel!

»Torpedo los!«

Trotz des grellen Scheinwerfers war Royce insgeheim überzeugt, daß seine Torpedos richtig laufen würden. Automatisch sortierte sein Gehirn die Einzelheiten und ließ alles Unwichtige beiseite.

»Hart Backbord! Nebelbojen werfen!« Das war genau wie im Lehrbuch und wie er es so oft von Harston oder Kirby gehört hatte.

Dichter Rauch stieg von der Boje auf, legte sich wie ein Gespenst vor den Scheinwerferstrahl und schuf eine wahrhaft unwirkliche Szenerie. Raikes hatte sich nicht gerührt, nur seine Hände manövrierten das Boot in Sicherheit.

Paynton hieb mit den Fäusten auf das Schanzkleid und schrie: »Warum treffen sie nicht? Bitte laß sie treffen!« Sein Gebet wurde erhört. Der Aal traf direkt in die Eingeweide des Minenlegers.

Zu ihrer Überraschung drang nur ein gedämpftes Getöse zu ihnen herüber, mehr ein gewaltiger, heißer Hauch, der das ganze Boot einhüllte, ihre Kehlen zuschnürte und ihre Gesichter brennen ließ. Die riesige rote Wassersäule, die sich über dem getroffenen Schiff erhob, sahen sie wegen des blendenden Scheinwerfers nicht. Als dieser endlich erlosch, war von dem Schiff nichts mehr zu entdecken. Einige Minuten liefen sie wie betäubt weiter, rundum zischten und klatschten Wrackstücke in die See, dann war alles still. Royce ließ wenden und lief mit Höchstfahrt auf das weit entfernte, flackernde Licht zu.

Deiths Boot lag brennend mit dem Heck tief im Wasser. Das Dröhnen und Prasseln der Holzverkleidung, das scharfe Knallen explodierender Munition war deutlich zu hören. Verzweifelt eilten sie herbei, doch als sie hundert Meter vor ihrem Schwesterboot waren, geschah es: Eine gelbe Feuerwolke quoll empor, gefolgt von einem krachenden Dröhnen und dem Zischen von Dampf. Über dem zerschlagenen Rumpf schloß sich das kalte Wasser.

Betäubt und ungläubig starrte Royce hinüber.

»Maschinen stopp. Klar bei Kletternetzen!«

Seine Stimme klang ihm selbst fremd. Niemals würde er Deith wiedersehen, das war ihm klar, niemals mehr sein fröhliches Lachen hören oder seine herzliche Kameradschaft genießen. Es war immer wieder das gleiche Elend.

Ein Ruf vom Vorschiff.

»Zwei Männer im Wasser! Backbord voraus!«

Unbeholfen kletterten zwei Seeleute an Bord, blutend, Öl spuckend und leise wimmernd. Mit starrem Gesicht geleitete Leach sie vorsichtig nach unten. Mehr Überlebende gab es nicht.

»Noch eine Explosion, recht achteraus!« rief eine

Stimme. Ein seltsamer, pilzförmiger Schein stieg höher und höher, bis er plötzlich erlosch, für immer von der See gewischt.

Die drei Minenleger waren wie befohlen ausgeschaltet.

Royce zwang sich, seine ganze Aufmerksamkeit auf das Boot zu konzentrieren und alle persönlichen Empfindungen zu verdrängen. Fast unbeteiligt hörte er zu, was Carver und Leach zur Brücke meldeten.

»Ich kann das nicht begreifen«, murmelte Carver erschüttert. »Nicht ein Mann ausgefallen, keiner verwundet! Nur drei kleine Löcher achtern, eines im Heck, die anderen im Steuerbord-Achterschiff. Alle über der Wasserlinie.«

»Wie steht es bei Ihnen, Mid?«

»Keine Schäden, Sir.« Leachs Stimme zitterte. »Mein Gott, waren Sie großartig – wenn ich das sagen darf, Sir. Ich dachte, wir wären dran.«

Raikes hustete. »Signal, Sir! ›Ranschließen.‹« Er zeigte zu dem blinkenden Licht hinüber.

Royce fühlte sich plötzlich kalt und steif.

»Wissen Sie jetzt, worauf es beim Schießen ankommt, IWO?« Aber er war nicht mehr wütend, er wußte, daß sie beim nächsten Mal anständig schießen würden. Um ihrer selbst willen und für ihn.

»Jawohl Sir, sie haben schlecht geschossen. Aber sie haben ihr Bestes versucht, es war nicht ihr Fehler.«

»Ich weiß.« Royce zwang sich zu einem müden Lächeln. »Wir hatten eben Glück.«

Carver schwankte leicht mit den Bewegungen des Bootes. »Das war kein Glück, Sir. Sie allein waren es, der uns gerettet hat.«

»Seien Sie nicht solch ein Esel!« erwiderte Royce ärgerlich. »Jetzt besorgen Sie etwas Heißes zu trinken, für alle Mann. Wir verschwinden hier schleunigst.«

Der stürmische Morgen sah sie mit hoher Geschwindigkeit auf der Heimfahrt, Kirby an der Spitze der Flottille.

Einige Boote trugen zwar Spuren des Kampfes, doch abgesehen von Deith und seiner Crew waren die Verluste sehr gering. Für Whitehall würde es eine erfolgreiche Unternehmung sein, doch die Öffentlichkeit würde wahrscheinlich gar nichts davon erfahren.

Kirbys Boot drehte auf und fuhr heftig schlingernd die Reihe der Boote ab. Sein Lautsprecher forderte laut Berichte über Schäden und Verluste. Als er querab war, strengte Royce seine schmerzenden Augen an, um sich auf kurze Entfernung über Kirbys Rolle bei diesem Einsatz zu vergewissern. Seine beiden Torpedos waren ebenfalls verschossen, und auf der Bordwand zogen sich lange, wie von Krallen verursachte Kratzer hin. Er wurde nicht lange im Zweifel gelassen.

»Fleißig gewesen, Royce? Ich höre, Sie haben das zweite Schiff zur Strecke gebracht?«

»Jawohl, Sir.« Pause. »Deith hat's leider erwischt.«

Er verfluchte sich selbst und dieses Leben, das ihn zwang, mit bemühter Gleichgültigkeit von einem wahren Freund zu sprechen, der vor seinen Augen dahingemetzelt worden war.

»Sie kommen und gehen. Ich bin sicher, daß er diesen Abgang vorgezogen hätte. Ich habe den ersten Minenleger erledigt, Mossbury nahm sich den dritten vor. Wirklich eine schöne Leistung.«

Royce kochte. Hatte dieser Mann überhaupt kein Gefühl? Als ob irgendein Wesen, intelligent oder nicht, es vorziehen würde, bei lebendigem Leib gebraten zu werden! Er schluckte seine Wut hinunter und hob zur Bestätigung wortlos die Hand. Für Kirby jedenfalls war dieser Fall abgeschlossen.

Der Flottillenchef drehte ab und lief mit hoher Geschwindigkeit an die Spitze der Reihe. Royce sah ihm mit brennenden Augen nach. Was dieser Krieg uns antut, dachte er bitter.

Obwohl der Tag nun eigentlich angebrochen war, verringerten Dunst und Nieselregen die Sicht und verdunkelten den Himmel mit schnell ziehenden grauen Wolken. Bedrückend, aber typisch.

Der Tag brachte auch eine Änderung an Bord ans Licht. Statt wie bisher mit verworrener Entschlußlosigkeit, sammelten sich die Männer zielbewußt und schweigend um ihre Geschütze, über Nacht gereift und zur Crew geworden.

Einzig Paynton machte ein fröhliches Gesicht; er hatte an seinem ersten Gefecht teilgenommen und fühlte sich jetzt wie ein nervöser Patient nach einer schweren Operation. Er war buchstäblich froh, noch am Leben zu sein. Selbst als Royce sich erschöpft gegen das Schanzkleid lehnte, hörte er noch das leise Summen des Jungen, der seine Signallampe ölte. Er hatte an seinem Handwerk Gefallen gefunden. Doch wie Kirby es ausdrückte: »Sie kommen und gehen.« Royce mußte bitter auflachen, und Raikes wandte schnell den Kopf.

»Ich hab' Ihnen doch gesagt, daß sie es lernen, stimmt's, Sir?«

»Stimmt, Bootsmann. Und ich danke Gott, daß wir überlebt haben.«

»Flugzeug recht achteraus!« schrie Paynton plötzlich.

Das Signal durchlief die Reihe der Boote. Die Männer vergaßen ihre eisigen Füße und tauben Finger und griffen zu den Waffen. Als er das beschlagene Glas hob, hörte Royce Dentons barsche Stimme von der Bofors.

»Also, diesmal wird anständig geschossen!«

Da war es: ein schwarzer Käfer, dessen Umrisse größer wurden, während er sich durch die Wolkenlücken wand.

»Wofür halten Sie ihn, IWO?« rief er.

In seinem brandneuen Dufflecoat und der funkelnden Mütze, unter der das Haar hervorquoll, sah Carver mit jedem Zoll wie ein Filmstar aus, entschlossen, etwas Bedeutendes zu tun oder zu sagen, das ein Empire retten würde.

Statt dessen murmelte er zögernd nach langem Blick: »Ich glaube, es ist eine Wellington. Aber andererseits . . .«

»Er setzt zum Sturzflug an«, stieß Raikes plötzlich hervor und suchte Schutz hinter dem Ruder.

Drohend glitt das Flugzeug aus einer Wolkenbank.

Royce seufzte. »Nehmt euch Zeit zum Zielen, dann Feuer eröffnen!«

Das Flugzeug flog sie direkt an. Seine zwei Propeller leuchteten beiderseits der kugelförmigen Nase wie Silberkreise. Ein dumpfes Rattern in der Luft, ein Hagel von Geschossen, der das Wasser in wild fliegenden Schaum verwandelte, dann war es vorbei. Einen Augenblick hatte es ihr Deck mit seinen Fledermausflügeln verdunkelt und war mit seinem schwarzen Kreuz direkt über ihre Mastspitze geflogen.

Mit dröhnenden Motoren zog der Pilot seine Maschine hoch und suchte in den Wolken Sicherheit.

Bum-bum-bum kam es von der Bofors. In eifersüchtiger Hast fiel die Örlikon ein und jagte eine Geschoßgarbe hinter dem Flugzeug her. Über dem Donner ihrer eigenen Motoren hörten sie immer noch das dumpfe Brummen des Deutschen, der, offenbar unzufrieden mit seinem ersten Versuch, Kreise drehte.

»Das war keine Wellington, Sir«, rief Trevor hinter seiner Kanone. »Hat mir einen ganz schönen Schrecken eingejagt!«

Ein Kichern war zu hören, und Carver wandte sich hilfesuchend zur Brücke. »Sah ihr aber doch ziemlich ähnlich, finden Sie nicht?« Er war nie in Verlegenheit.

»Ich glaube, er kommt zurück.«

Das Flugzeug griff diesmal von Backbord achteraus im Steilflug an und stürzte mit feuernden Kanonen auf sie herab. Das Rattern war so laut, daß es alles Denken und Fühlen in ihnen auslöschte.

Zuerst donnerten die Brownings los, dann die anderen.

An den Rauchfahnen rund um Camerons Boot war abzulesen, daß sie von dort Unterstützung erhielten.

»Zwei Flugzeuge in Rot vier-fünf*!«

Tiefer als das erste Flugzeug, fegten die beiden kaum dreißig Meter über die See heran, gelbe Flammen aus den Flügelkanten spuckend. »Um Himmels willen, Kirby, tu was!« fluchte Royce.

»Wendung neunzig Grad nach Steuerbord!« gab Paynton japsend das Signal weiter.

Gott sei Dank brachte Kirby seine Boote in Dwarslinie und bot den Flugzeugen damit stärkste Feuerkraft. Jetzt gab es keinen unglücklichen Nachzügler mehr, den man sich in aller Ruhe vornehmen konnte. Sie wendeten und gingen auf Höchstfahrt, ihr dumpfes Dröhnen zerriß die Luft. Das Wasser wurde zu einem Wall von Bugwellen und rollenden Kielwassern aufgepeitscht. Auf allen Booten arbeiteten sie fieberhaft: Berufssoldaten und Amateure, alte Fahrensleute und junge. Metzgerburschen, Schreiber, Busfahrer und Fischer kämpften mit zusammengekniffenen Augen, knirschenden Zähnen und fest eingezogenen Bauchmuskeln. Royce riß das Lewis-Maschinengewehr an die Schulter und blinzelte durch die Zielvorrichtung. Alles war verschwommen, der graue Hintergrund, die dunklen Rückseiten des aufgeworfenen Wassers und dann die dahinjagende, hauchdünne Silhouette. Er zog den Abzug und fühlte die altertümliche Waffe gegen seine Schulter schlagen. Das erste Flugzeug drehte plötzlich vor der immer stärker werdenden Vernichtungsgarbe ab, das zweite hielt jedoch Kurs. Irgend etwas schlug in ihr Brückendeck, und achtern erhob sich ein Chor wilder Rufe. Das Flugzeug war mit seinem haifischartigen Unterleib jetzt über ihnen. Sich windend, drehte es ab, doch ohne die Unterstützung des anderen war es erledigt. Eine Feuerlinie deckte es von der Nase bis zum Schwanz ein. Dann fiel mit einem Husten

* an Backbord, Peilung 45 Grad

der eine Motor aus, und aus dem Cockpit stieg eine dünne schwarze Rauchfahne auf. Tiefer und tiefer trudelnd, fast im Nieselregen verschwindend, schlug es dort auf, wo See und Himmel zusammenstießen, prallte noch einmal ab, sackte schwer durch und verschwand in einer Gischtwolke.

Von den anderen beiden Flugzeugen war nichts mehr zu sehen. Die Flottille raste weiter in der nun sinnlos gewordenen Formation dahin.

»Vom Verband entlassen. Suchen Sie nach Überlebenden, falls welche da sind«, las Paynton Kirbys Signal.

»Scheiße!« Das macht er mit Absicht, dachte Royce wütend. Glaubt wohl, ich drehe wegen Deith durch.

»Bestätigen«, stieß er hervor.

Plötzlich wieder ohne die anderen, kam er sich verlassen vor. Mit verringerter Geschwindigkeit stießen sie erneut in das schlechte Wetter hinein. Royce rief seine Offiziere auf die Brücke.

»Was war das vorhin für ein Geschrei achtern, Mid?«

Leach lächelte verlegen, sein rosiges Gesicht wirkte verstört.

»Tut mir leid, Sir. Die Brownings waren knapp an Munition, und die Ladenummer, Cleavely, kam nicht. Meine beiden Jungs glauben, sie hätten den Deutschen erledigt, wenn sie ihm ein ganzes Magazin hätten verpassen können.«

»Gut, nehmen Sie sich Cleavely vor. Ich kann niemanden brauchen, der sich mitten in einer solchen Galavorstellung verdrückt.«

War er das, der so sprach, der harte Kommandant?

Schnell wandte er sich an Carver.

»Na, und Ihre Schäden?«

»Alles klar, Sir. Ich hab' ja gesagt, dies ist ein glückhaftes Schiff. Ein paar Löcher mehr für den Zimmermann, das ist alles. Wenn wir den deutschen Flieger finden, lasse ich ihn das Boot aufklaren«, meinte er lachend.

»Ich kann ohne Ihren Humor auskommen, danke«, entgegnete Royce spitz. »Und ich möchte Ihnen nahelegen, sich näher mit Flugzeugerkennung zu befassen. *Damit* können Sie sich nützlich machen.«

Wütend auf Carver und noch mehr auf sich selbst, stolzierte Royce zur Vorkante der Brücke. Sie halten mich für engstirnig, dachte er und warf einen schnellen Blick auf Raikes. Doch das Gesicht des Bootsmanns war völlig ausdruckslos. Leach war nach vorn gegangen, sich um die Kletternetze kümmern. Dabei hatte er ziemlich unglücklich ausgesehen, was Royce tief befriedigte.

Raikes warf einen Blick über seine Schulter. »Hol die neue Flagge, Signalgast, sie liegt in meiner Kammer.«

Kommandant und Bootsmann standen nun allein nebeneinander wie damals, als MTB 1991 gesunken war. Royce mit verkniffenem Mund und verkrampft, Raikes ruhigen Blickes und nachdenklich.

»Erinnern Sie sich, wie wir den Öltanker vor der Bucht versenkten, Sir?«

»Ja, ich erinnere mich. Damals war ich noch nicht lange an Bord.«

»Stimmt, Sir. Ich weiß noch, daß der Kommandant nachher sagte, Sie würden ein guter Offizier werden. Wissen Sie, warum, Sir?«

»Sagen Sie's mir.«

Raikes schaute unverwandt nach vorn. Sein Gesicht war grimmig entschlossen.

»Verzeihen Sie, Sir, aber er sagte das, weil Sie einen Witz darüber machen konnten, obwohl Sie gerade durch die Hölle gegangen waren.«

Royce spürte einen Kloß im Hals.

»Das war der höflichste Rüffel, den ich je bekommen habe, Sie Himmelhund!«

»Aye, aye, Sir.«

»Und vielen Dank.«

»Schon gut, Sir. Ich habe lange genug gedient, um zu wissen, daß auf jedem Schiff, Aschprahm oder Flaggschiff, die jüngeren Offiziere immer denken, ihr Kommandant sei vergreist. Die Marine ändert sich nie.«

Royce fühlte sich wieder frisch und vergaß seinen Kummer. Als der Signalgast zurückkehrte und sagte, er könne die Flagge nicht finden, fühlte er sich versucht, ihm zu sagen, daß Raikes ihn nur weggeschickt hatte, weil er seinem Kommandanten einen väterlichen Rüffel verpassen wollte. Statt dessen sagte er nur: »Na, dann holen Sie mal Kakao.«

Schließlich fanden sie die Flieger in ihren leuchtendbunten Schwimmwesten: drei Mann, die jämmerlich hustend und zitternd zum Bug hochschauten.

Das Kletternetz fiel herab. Zwei Seeleute, Jenkins und Archer, kletterten hinunter, bis ihre Beine vom eisigen Wasser überspült wurden. Denton sah von der Reling aus wachsam zu, Carver und Leach standen zum Empfang bereit. Mit großer Genugtuung bemerkte Royce, daß die Artilleristen unterdessen aufmerksam den Himmel beobachteten. Sie hatten wieder etwas dazugelernt.

Die drei Flieger standen triefend an Deck und blickten sich mit kaum verhohlenem Erstaunen um. Sie hatten wohl nicht damit gerechnet, daß man sie finden würde.

Einer, noch ein halber Junge mit Vollmondgesicht, steckte mit schmerzverzerrtem Gesicht seine verletzte Hand in die Bluse. Der Große, schmallippig und blond, redete ärgerlich auf ihn ein. Er richtete sich auf, als Royce von der Brücke herunterkam.

»Ich wäre Ihnen dankbar, wenn Sie sich um meinen Unteroffizier kümmern würden, Captain. Er ist leicht verwundet.«

Royce nickte. Leach trat mit der Erste-Hilfe-Tasche vor.

Der andere Deutsche, ein brutaler Kerl mit hartem Gesicht und einem Wust dunkler Locken, knurrte zornig.

»Ein Jammer, daß wir Sie nicht zuerst erwischt haben«, stieß er auf englisch, mit leicht amerikanischem Akzent hervor.

Der Offizier wies ihn zurecht und verbeugte sich dann

leicht vor Royce. »Der Mann ist ein Dummkopf, beachten Sie ihn nicht. Er hat noch nicht gelernt, sich an die Spielregeln zu halten.« Er lächelte knapp.

»Führen Sie sie unter Deck, Mid, mit einem bewaffneten Posten.«

Während die Fremden abgeführt wurden, schüttelte Royce seufzend den Kopf.

»Ich weiß nicht, IWO, ich dachte, sie sähen irgendwie anders aus. Herrenrasse, wissen Sie, und all das. Aber sie sind doch genau wie wir, finden Sie nicht?«

»Damit endet aber der Vergleich, Sir.«

Keuchend kam Leach zurück. »Alle gut und getrennt verstaut. Zwei Überlebende und drei Jerries. In der Messe, beziehungsweise im Unteroffiziersraum.«

Royce kletterte zur Brücke hoch, hielt auf der Leiter inne und sah hinab in ihre erwartungsvollen Gesichter.

»Übrigens, ich finde, ihr habt es beide sehr gut gemacht. Und dann, IWO, es tut mir leid, daß ich Sie vorhin angepfiffen habe. Das war nicht gerechtfertigt, bitte vergessen Sie's.«

Carver strahlte. »Ich hab's bestimmt verdient, Sir.«

»Nein. Ich hatte etwas vergessen, aber ich wurde rechtzeitig daran erinnert.« Er eilte den Niedergang hinauf.

Im Stützpunkt wurden sie mit Sirenen und Frotzeleien begeistert empfangen. Für Royce war es keine geringe Genugtuung, daß ein Kriegsberichter, den er von seiner Rosyth-Fahrt her kannte, mit offenem Mund staunend auf der Pier stand, als die drei gefangenen Deutschen an Land gebracht wurden.

Sobald sie zur Ruhe kamen, gesellte er sich zu seinen beiden jungen Offizieren in der Messe. »Ich will Sie nicht stören, möchte Ihnen nur einen kleinen Rat geben, um Ihnen Schwierigkeiten zu ersparen. Wenn Sie mit den anderen Offizieren reden, erwähnen Sie niemals die, die's erwischt hat. Ganz gleich, wie nahe sie Ihnen standen.«

Plötzlich fühlte er sich müde und bedrückt und sah lustlos Carver und Leach an, um ihre Reaktion auf seine Worte zu erfahren. Worte, die ihm bereits sinnlos schienen.

Carver streckte eine schlanke Hand aus und betrachtete sie nachdenklich.

»Schauen Sie, zitternd wie ein Pudding«, sagte er nachdenklich und hatte anscheinend gar nicht zugehört. »Meiner Meinung nach ist das, was Sie uns eben geraten haben, völlig richtig. Wenn ein Mann soviel durchgemacht hat wie Sie, dann muß er alle Fäden zur Vergangenheit kappen, vor allem wenn man einen Freund oder zwei verloren hat.« Dabei nickte er mehrfach wie ein alter Mann.

Leach blickte herausfordernd auf.

»Ich hatte überhaupt keine Angst! Ich konnte von hinten gar nichts sehen. Aber das brennende MTB ... Ich mußte immer daran denken, das hätten auch wir sein können.«

Royce zuckte bekümmert die Schultern.

»Wie auch immer, wir waren's nicht. Und das wird uns auch nie passieren, solange ich etwas dagegen tun kann«, setzte er hinzu.

Langsam stand Carver auf, streckte sich wie eine Katze und schüttelte alle Unannehmlichkeiten ab.

»Wollen Sie meine ehrliche Überzeugung hören, Sir? Wir haben nichts zu befürchten, solange wir einen solchen Könner zum Kommandanten haben.‹«

Mit leerem Blick sah Royce ihn an, suchte eine Antwort und fürchtete zugleich, die Last des Kommandos könne seine Willenskraft brechen. Er war so schrecklich müde.

Es klopfte, Paynton trat ein.

»Signal vom Flottillenchef, Sir: ›Alle IWOs setzen um zwölf Uhr Brandbekämpfungsübungen an.‹«

»Sehr gut«, sagte Royce. »Bestätigen.«

Carver sank wie ein Ballon, aus dem die Luft entwichen war, auf seinen Sessel zurück.

»Verdammt noch mal«, explodierte er. »Das ist wirklich

zuviel, Sir! Meint er nicht, daß wir doch etwas Ruhe brauchen? Was soll ich bloß tun?« Carver war verzweifelt.

»Als ich IWO war, habe ich diese Frage auch häufig gestellt«, grinste Royce und fühlte sich schon besser. »Rufen Sie mich, wenn Sie eine Erleuchtung brauchen.«

Er ging in seine Kajüte, warf sich auf seine Koje und lächelte. Mit einer solchen Besatzung konnte er zufrieden sein. Sie war zu wertvoll, um ohne Kampf geopfert zu werden.

Er schloß die Augen.

8

Royce saß bequem am Tisch in der Messe, eine Tasse Tee neben sich, las die beachtlichen Haufen von Dienstpost und Anforderungsscheinen erneut durch und prüfte sie methodisch. Dann lehnte er sich zurück, begann seine Pfeife zu stopfen und beobachtete dabei Leach, der am anderen Tischende offensichtlich völlig versunken in die Berichtigung der Flottenbefehle war.

Draußen prasselte Eisregen gegen den hölzernen Rumpf, über ihren Köpfen platschten die Schritte der Deckswachhabenden. Immer wieder stürmten starke Böen über das Hafengebiet und peitschten die schutzsuchenden Schiffe; die Festmacherleinen ächzten gequält, wenn das Boot scharf zurückstieß. Royce versuchte, das Problem, das seit ihrer Rückkehr in den Stützpunkt an ihm nagte, zu verdrängen. Wieder fiel sein Blick auf den Wandkalender: zehn Tage bis Weihnachten. Da war's wieder, das große Problem: ein Geschenk für Julia. Es mußte etwas Besonderes sein, aber was? Er runzelte die Stirn.

»Stimmt was nicht, Sir?«

»Wie? Ach so, nein, ich habe nur über Weihnachten nachgedacht«, sagte er wahrheitsgemäß.

Leach legte Schere und Leimpinsel weg.

»Es ist mein erstes Weihnachten bei der Marine«, meinte er aufgeregt. »Werden wir eine Party veranstalten?«

»Natürlich. Wir werden jeden einladen, nur um Ihnen eine Freude zu machen. Commander Wright hat gesagt, daß die Flottille über Weihnachten im Hafen bleibt. Natürlich nur, wenn nichts Ungewöhnliches passiert.«

Carver trat ein und eilte zum Ofen.

»Mein Gott, ist das vielleicht kalt an Deck!« Er schauderte. »Aber jetzt haben wir die letzten Vorräte verstaut. Die Männer machen Teepause.«

Royce nickte. »Ach, Mid, würden Sie mal zum Bootsmann gehen und ihn bitten, einige Truthähne fürs Fest zu besorgen?«

»Aye, aye, Sir.«

»Hören Sie, IWO«, sagte Royce, als Leach gegangen war, »ich brauche dringend Ihre Hilfe.«

»Selbstverständlich«, antwortete Carver lässig. »Alles, was Sie wollen. Außer Feuerlöschübungen natürlich.«

»Quatsch. Dies ist wirklich eine ernste Angelegenheit.« Er suchte nach Worten, während Carver ihn gelassen beobachtete.

»Mein, hm, mein Weihnachtsgast. Also, sie, das heißt ... Oh, verdammt! Ich meine, ich möchte ihr ein hübsches Geschenk machen, verstehe mich aber wirklich nicht auf solche Dinge.«

Carver schaute ihn pfiffig an.

»Und ich als leichtsinniger Hund kann Sie Ihrer Meinung nach in solchen Dingen beraten?«

»Meine Güte, so war das nicht gemeint! Aber Sie haben mal gesagt, daß Sie in punkto Frauen über einige Erfahrungen verfügen.«

»Haben Sie etwas Bestimmtes im Auge?«

Royce errötete leicht. »Ich dachte an ein Nachthemd. Sie wissen schon, etwas Besonderes«, meinte er.

»Dann lassen Sie mich mal machen. Ich kenne da einen Kerl in London, der an so was rankommt. Auf dem Schwarzen Markt natürlich, aber da Geld keine Rolle spielt«, er kniff vielsagend ein Auge zu, »findet er bestimmt etwas ganz Besonderes.«

»Sie fürchten nicht, daß sie das falsch verstehen könnte?«

»Möglich wär's. Aber Sie sollten sich darüber nicht allzu viele Gedanken machen. Besser so ein Geschenk als ein Paar Stricknadeln!«

»Da bin ich wirklich erleichtert. Sie sind ein Pfundskerl. Wann legen Sie los?«

»Ich rufe den Burschen morgen früh an und mache das mit ihm ab. Er wird es mir sicher zuschicken. Früher haben wir manches Geschäft miteinander getätigt.« Er lachte frech.

»Was machen wir aber mit der Größe?« fragte Royce plötzlich. »Ich weiß sie selber nicht.«

»Nur keine Sorge, das ist nicht so wichtig. Außerdem habe ich sie mir ziemlich genau angesehen. Natürlich könnte ich sie bitten, zur Anprobe zu kommen.«

»Unverschämter Kerl, das kostet Sie einen großen Gin«, rief Royce. »Aber erst mal vielen Dank, Sie können über meine Brieftasche verfügen.«

Fröstelnd kam Leach zurück.

»Raikes behauptet, Sie hätten die Truthähne bereits beim Kantinier bestellt«, brummte er. »Ich bin ganz umsonst naß geworden.«

»Ach ja, das hatte ich vergessen. Sie wissen ja, Mid, Irrtum ist ein Vorrecht des Kommandanten.«

Er wechselte einen kurzen Blick des Einverständnisses mit Carver. Das hatte geklappt.

Jenkins steckte den Kopf durch die Tür, von seinem glänzenden Ölzeug reflektierte das Licht.

»An Land ist gerade Voralarm gegeben worden, Sir«, krächzte er und warf schnell einen Rundblick durch die warme, gemütliche Messe. »Wind auffrischend aus Nordost, Regen wird stärker«, fuhr er düster fort.

Royce hätte ihn gern zu einem wärmenden Schluck eingeladen, doch Brauch und Disziplin verboten ihm das.

»Danke. Erinnern Sie den Bootsmann, daß er bei Fliegeralarm die Geschützbedienungen alarmiert.«

Wenn die feindlichen Flugzeuge dem Hafen zu nahe kamen, war es üblich, die Fliegerabwehr durch die Flottille zu unterstützen.

Kurz danach gab *Royston* das Signal für Fliegeralarm, und Carver rief seine Geschützbedienungen zu den triefenden Waffen. In der Ferne hörte man das Rumpeln der Flak, und am dunklen, sturmbewegten Horizont leuchteten rote Blitze detonierender Granaten auf.

Das Platschen des Wassers, das Stöhnen des Windes und den prasselnden Regen übertönend, erklang das gleichmäßig an- und abschwellende Dröhnen starker Motoren, das vertraute Brummen, das Nacht für Nacht den Männern, Frauen und Kindern Tod und Vernichtung ankündigte. Der Gedanke, daß an diesem scheußlichen Abend viele tausend Meter über ihnen einige Dutzend Menschen in engen, fliegenden Käfigen hockten und auf komplizierte Instrumente starrten, nur um dieser teuflischen Aufgabe willen, war irgendwie grotesk.

Ein dumpfer Knall von der Stadt her, ein greller Blitz, dann das hallende Rumpeln einstürzenden Mauerwerks. Die erste Bombe war gefallen, ihr folgte noch eine und noch eine; über den dunklen Ankerplatz schrillten Feuerwehrglocken. Dann entfernten sich die Bomber langsam aus der Reichweite der Geschütze, und die *Royston* gab das Signal zur Entwarnung.

»Waren für uns sowieso zu hoch«, grübelte Royce und blinzelte durch den Regen. »Ich glaube, das Schlimmste ist für heute vorbei. Wahrscheinlich waren sie auf dem Rückflug und wollten noch ein paar Bomben loswerden.«

Dankbar trabten die Männer in die Wärme ihrer Wohnräume zurück, nur die drei Offiziere standen noch an Deck und beobachteten die Brände an Land.

»Kein großer Angriff diesmal«, murmelte Leach. »Der Luftschutz scheint den Schaden schon im Griff zu haben.«

»Stimmt. Ich glaube, ich gehe mit dem IWO noch mal für ein Glas an Land«, sagte Royce plötzlich. »Heute nacht werden wir nicht mehr gebraucht, und es tut gut, sich mal die Beine zu vertreten.«

»Hm, ja, dabei könnte ich gleich noch ein wichtiges Ferngespräch führen«, fügte Carver trocken hinzu.

»So, und mich hier an der Boje allein lassen«, piepste Leach.

»Keine Sorge, Vater bleibt nicht lange . . .«

Als sie über das dunkle Gewässer des Hafens fuhren, wußten beide, daß sich Leach bei dem Gedanken, für eine Weile den Kommandanten spielen zu dürfen, trotz allem sehr geschmeichelt fühlte.

Carver machte sich auf die Suche nach einer Telefonzelle, und Royce schlenderte derweil durch die schmutzigen engen Straßen rund um die Werft. In einer herrschte ungewöhnliche Unruhe. Feuerwehrleute, Luftschutzwarte und Polizei hackten und zerrten an den Trümmern eines kleinen Hauses, dessen zerschlagene Frontseite quer über der Straße lag. Das schwache Licht abgeblendeter Handlampen gab den Blick frei auf kümmerliche, zerbrochene Möbel, heruntergerissene Tapeten und ein schief hängendes Bild. Die Luft war voll frischen Brandgeruchs. Während Royce noch zusah, trugen zwei Uniformierte ein kleines schlaffes Bündel ins Lampenlicht und legten es vorsichtig auf den Gehsteig. Nur das Silberhaar der alten Frau wehte schwach im Wind, die einzige Bewegung, die je von ihr noch ausgehen würde. Verbittert wandte Royce sich ab und schritt zurück zum Werfttor, wo Carver gerade aus der Telefonzelle kam.

»Alles geregelt«, grinste er. »Er schickt das Nachthemd so bald wie möglich. In jedem Fall aber, das hat er versprochen, bekommen Sie es rechtzeitig vor Weihnachten.«

Royce schüttelte sich und fror plötzlich. »Vielen Dank.

Aber nun wollen wir einen trinken gehen. Ist Ihnen übrigens aufgefallen, daß die Jerries ihre Luftangriffe in diesem Gebiet verstärkt haben?«

»Ich habe mich auch schon gefragt, ob es schlimmer geworden ist«, gab Carver nachdenklich zu. »Können Sie sich einen Grund dafür denken?«

»Wir haben in den letzten Monaten auf der anderen Seite so viel Schaden angerichtet, daß Jerry wohl entschlossen ist, uns sozusagen an der Wurzel zu packen. Das gilt der Werft, den Treibstofftanks, vermutlich auch der armen alten *Royston*.«

Sie stießen die Tür zum »Weißen Hirsch« auf, und Carver hielt noch einen Moment inne. »Solange sie nicht genauer zielen, soll's mich nicht kümmern.«

Royce mußte an die kleine Gestalt im Silberhaar denken. Wahrscheinlich wäre es für eine Menge Menschen besser gewesen, wenn die Bomber ihre wirklichen Ziele gefunden hätten.

Die blitzartigen Luftangriffe auf die Ostküste konnten jedoch die immer stärker werdende Offensive der Küstenstreitkräfte gegen die feindliche Schiffahrt kaum beeinträchtigen. Nach einem langen Einsatz mit dem strengen Kirby an der Spitze, der sogar eine Treibstoffergänzung in Harwich erforderte, konnten sie vier Tage vor Weihnachten noch einen deutschen Zerstörer versenken, das größte Kriegsschiff, das die Flottille bisher vernichtet hatte. Während die anderen Offiziere auf der *Royston* den Sieg feierten, schritt Royce unruhig in seiner Kajüte auf und ab, sechs Schritte hin, sechs Schritte zurück. Er wartete auf Carvers Rückkehr von Land. Unheil lag in der Luft, denn das versprochene Geschenk für Julia war noch nicht gekommen. Carver war an Land gestürzt, um der Sache telefonisch auf den Grund zu gehen. Nach endlos langer Zeit hörte Royce das Tuckern des Motorboots und setzte sich, den starren Blick auf die Tür gerichtet.

Carvers Gesicht strahlte jedoch.

»Er hat mir eine lange Erklärung für die Verzögerung gegeben. Sein Partner war schuld. Jetzt aber hat er fest versprochen, daß es bis morgen abend hier ist.«

Royce seufzte tief auf.

»Dem Herrn sei Dank!«

Mit der Aussicht, während der Weihnachtsfeiertage nicht auslaufen zu müssen, es sei denn in dringenden Notfällen, gingen die jungen Kommandanten daran, ihre Boote zu putzen und zu schmücken, damit die erwarteten Gäste zufrieden sein konnten. Royce schnüffelte mit dem ängstlichen Leach auf den Fersen in Wohn- und Maschinenräumen herum und stellte mit Genugtuung fest, daß sein Boot noch nie so gut ausgesehen hatte. Das Messing glänzte, die graue Farbe schimmerte hell, Papierketten und farbige, selbstgemachte Laternen machten die Besatzungsunterkünfte und die Messe fröhlich und menschlich. In der Kombüse mußte Royce beim Anblick eines aufgeschlagenen Kochbuches mit dem Bild eines brutzelnden Puters herzlich lachen. Er wandte sich an Petty Officer Raikes, der sich im Hintergrund hielt.

»So was hab' ich noch nie in einer Kombüse liegen sehen, Bootsmann.«

»Ich auch nicht, Sir. So machen wir Marinegeschichte.«

In der Messe gratulierte Royce dem erschöpften IWO, der schlapp in einem Sessel lag.

»Danke«, knurrte der. »Mir ist, als hätte ich das Boot selbst gewienert.«

»Das möcht' ich erleben!« knurrte Leach.

»Ich habe mir gedacht, wir bringen alle Routinefeierlichkeiten morgen am 24. hinter uns«, unterbrach Royce die beiden. »Gottesdienst und Musterung finden auf dem Vorschiff statt, wenn das Wetter schön ist, oder im Wohnraum, wenn's regnet. An Weihnachten selbst schieben wir eine ganz ruhige Kugel, IWO, mit gutem Essen für die Männer. Wie gefällt Ihnen das?«

»Prima«, entgegnete Carver strahlend. »Ich bringe das Grammophon wieder in Ordnung, und dann beschaffen wir uns vom Stützpunktpfarrer ein paar Platten mit Weihnachtsliedern. Wann kommt übrigens der Gast, Sir?«

»Hm, ja, so gegen zwölf. Sie fährt erst ins Hotel, und dann bringe ich sie zu einem Drink an Bord. Lassen Sie den Ginwimpel* setzen. Wir könnten gut noch ein paar andere Gäste brauchen, damit sie alle kennenlernt.«

»Können auch wir Gäste einladen?« fragte Leach.

»Aber sicher. Sowohl die Flottille als auch die *Royston* haben den ganzen Tag offenes Haus. Es geht also in Ordnung, Mid, sie kann kommen.«

Der Junge errötete bis über die Haarwurzeln, und Royce dachte: Ich hab' gut reden.

Am Abend stellten sie überall ihre Weihnachtskarten auf, von den anderen Schiffen, den Eltern, von Verwandten und Freundinnen. Leading Seaman Denton sowie Campbell, der Funker, waren die einzigen Verheirateten. Royce hängte Julias hübsche Karte über die Fotografie des Bootes.

Draußen hörte man Stimmen, der Deckswachhabende peilte herein. »Offizierspost, Sir, und ein Päckchen für den IWO. Einschreiben.«

In der Messe breitete sich Stille aus, alle Augen richteten sich auf das Päckchen in Carvers Hand.

»Hier ist es also. Machen Sie's auf, Sir«, grinste Carver und schob es ihm zu.

Ungeschickt drehte Royce das Päckchen hin und her. Leach zog ein Messer heraus und löste die Verpackung. Royce hatte zwar kein genaues Bild von dem, was er eigentlich erwartete, doch das, was da ans Licht kam, verschlug ihm die Sprache.

»Großer Gott!« stöhnte er. »Schauen Sie sich das an!«

* ein grün und weißer Wimpel als Einladung zu einem Drink (Anm. d. Übers.)

Er fühlte sich völlig hilflos. »Das kann ich ihr niemals schenken, ganz unmöglich.«

Da lag das Nachthemd nun auf dem polierten Tisch und bedeckte die Flottenbefehle: schwarz, bildhübsch und fast durchsichtig. Mit großen Augen beugte sich Leach vor und stöhnte: »Donnerwetter, ich kann tatsächlich durch beide Lagen die neuen Anweisungen über Feuereimer lesen!«

Carver war etwas betreten, bemühte sich jedoch, es nicht zu zeigen.

»Das ist es also«, meinte er trotzig. »Es war das Beste, was für Geld zu haben ist. Aber ich hatte keine Ahnung, daß der alte Schuft mir etwas so Aufregendes schicken würde. Glauben Sie mir, Sir, dafür würde jedes Mädchen alles hergeben!«

»Sie ist aber verdammt noch mal nicht jedes Mädchen!« platzte Royce heraus. »Daraus muß sie völlig falsche Schlüsse ziehen. Und nun sind alle Läden bis nach Weihnachten geschlossen. Was haben Sie da bloß angerichtet!«

Schwerfällig setzte er sich und starrte das Nachtgewand an. Die anderen standen unsicher um den Tisch. Doch Carver zeigte sich wie üblich der Situation gewachsen.

»Jetzt sind wohl ein paar doppelte Pink Gin nötig. Und einiges Nachdenken.«

»Meinen bitte dreifach«, ließ Royce sich vernehmen.

»Was machen Sie jetzt?« Leach hopste vor Aufregung hin und her.

Royce langte nach seinem Glas. »Das weiß der Himmel!«

»Ich verstehe nicht, warum Sie sich solche Sorgen machen«, meinte Carver gleichmütig. »Schließlich erwartet sie ja gar kein Geschenk von Ihnen. Sie können auch sagen, Sie hätten es in Irland bekommen, irgendwo gewonnen oder so.«

»Aber ich war nie in Irland, und überhaupt, so was gewinnt man nicht!«

Vorsichtig griff er danach und berührte es. Es war zauberhaft. Als er sich Julia darin vorstellte, wurde ihm ganz schwindelig.

»Verdammt noch mal«, krächzte er, »ich muß mir was ausdenken.«

Seltsamerweise war es Leach, der die Angelegenheit klärte, denn Royce hatte sich praktisch mit einer Niederlage abgefunden.

»Warum ihr nicht die Wahrheit sagen?« fragte er. »Erzählen Sie doch einfach, was wirklich geschehen ist.«

Die anderen beiden starrten ihn an, und langsam hellten sich ihre Gesichter auf. Es war nicht ganz das, wonach Royce gesucht hatte, aber immerhin eine Lösung. Die Entscheidung war gefallen. Schachtel und Umhüllung wurden wieder hervorgeholt, das durchsichtige Gespinst neu verpackt.

Alles übrige lag nun bei Royce.

Der Morgen des Heiligen Tages war bemerkenswert, sowohl wegen des Wetters als wegen des kameradschaftlichen Geistes an Bord. Musterung und Gottesdienst mit all dem Drumherum wie Anlegen der besten Uniform und anderen Reglementierungen hatten normalerweise bei Seeleuten auf kleinen Booten eine eher abstoßende Wirkung. Diesmal jedoch fühlte Royce sich beim Antreten der Wachen auf dem langen Vorschiff im Einklang mit diesen Männern, die er führte und die ihm vertrauten. Seltsamerweise hatte er sie so noch nie alle zusammen auf seinem Boot gesehen, denn Gottesdienst im Hafen war sonst eine Angelegenheit des Mutterschiffes, das über alle Einrichtungen dazu verfügte. Mit liebevollem Stolz beobachtete er, wie die Unteroffiziere und Gefreiten ihre Männer an Carver meldeten. Selbst Leach, untadelig in neuer Uniform, war ein ganz anderer als der wuschelköpfige Junge sonst.

Carver ließ die Männer stillstehen. Lässig wandte er sich um und legte die Hand an die Mütze.

»Besatzung zum Gottesdienst angetreten, Sir«, meldete er knapp.

Royce erwiderte den Gruß, und einen Augenblick standen sie Auge in Auge, während Carver gespannt auf den nächsten Befehl wartete. Was war eigentlich dran an der Marine, dachte Royce, daß sie durch Tradition oder besondere Methoden aus diesen Männern, die wie er blutige Laien gewesen waren, eine Waffe machen konnte? Sie hatte sie zu einer Gemeinschaft geschmiedet, die stolz und eifersüchtig über ihr Erbe wachte, obwohl sie, danach gefragt, das alle geleugnet hätten. Er fand die Antwort nicht. Statt dessen sagte er nur: »Weitermachen!«

Carver wandte sich um und ließ rühren.

Auf den Befehl: »Mützen ab!« entfaltete sich der Kirchenwimpel an der Rah, und Stille legte sich über das Boot. Die Mütze unter dem Arm, trat Royce vor.

In der leichten Hafendünung schwankend, standen die Seeleute in geraden Reihen angetreten. Hier und da flatterte ein blauer Kragen im frischen Wind, eine Haarsträhne bewegte sich. Ärgerlich schrie eine hochfliegende Möwe über ihnen, und irgendwo in der Ferne hörte man das Kettenklirren einer ankernden Fregatte.

Seine klare, ruhige Stimme gab den traditionellen Gebeten, in die sie wie Seeleute seit Generationen einfielen, Kraft und Stärke. Er hob den Blick vom Buch, denn die nächsten Zeilen kannte er auswendig. Die Augen auf die gesenkten Köpfe und die flatternde Kriegsflagge gerichtet, betete er: ». . . mögest Du uns in Deine Allmacht und Deinen gütigen Schutz aufnehmen, uns, Deine Diener, und die Flotte, in der wir dienen. Behüte uns vor den Gefahren der See und vor der Gewalt des Feindes . . .« Diese Worte besagten alles.

Nach dem kurzen Gottesdienst schritt Royce zur Musterung, sprach mit jedem Mann und versuchte,jedes Gesicht zu entschlüsseln. Raikes, der ruhige Berufssoldat, stand gedrungen und unerschütterlich da wie ein Fels; in der

Reihe hinter ihm sah Manners mit seinem dicken Bauch noch mehr als sonst wie ein Nilpferd aus. Dann Ash, früher Laufbursche in einer Metzgerei, Archer, der Neufundländer mit dem ständigen Grinsen, und Unteroffizier Anderson, der ohne seinen Monteuranzug und die Ölspuren völlig fehl am Platz wirkte.

Schließlich war es vorbei, die Männer wurden mit Weihnachtswünschen zu ihrem Rum entlassen.

Royce stand in seiner Kammer und beäugte sich im Spiegel. Es wurde bald Zeit, zum Bahnhof zu gehen. Seine Aufregung wuchs.

Ein letzter Bürstenstrich über das Jackett, dann ging er an Deck, wo seine beiden Offiziere am Fallreep warteten.

»Ihr Motorboot hat soeben von der Eisenbahnpier abgelegt, Sir«, meldete Leach.

»Viel Glück«, lächelte Carver. »Bringen Sie sie heil an Bord.«

»Ich werde all das Glück, von dem ihr immer redet, nötig haben«, sagte Royce mit Blick auf den fernen Bahnhof. »Vielen Dank.«

Der Bahnhof lag praktisch verlassen da, denn alle Weihnachtsurlauber waren längst nach Hause gefahren. Ungeduldig schlenderte Royce auf dem rußigen Bahnsteig auf und ab und dachte darüber nach, welche Schicksalsfügung dazu geführt hatte, daß er Julia vor kurzem an genau dieser Stelle begegnet war.

Er betrat den ungeheizten Warteraum, in dem der Geruch von sorgfältig gehortetem Schmutz hing, und starrte mit leerem Blick auf die Sicherheitsplakate. *Sorgloses Reden kostet Leben* warnte das eine und *Ein lockeres Mundwerk kann Schiffe versenken* besagte ein anderes. Stirnrunzelnd sah er zum zwanzigstenmal auf die Uhr. Ich möchte wissen, ob ... Dann hörte er in der Ferne das schrille Pfeifen der Lokomotive. Er riß die Tür auf, sah den kleinen Zug in den Bahnhof einrollen und mit einem letzten Zittern stehen bleiben. Gepäckträger riefen, Türen knallten, und mehrere Passagiere stiegen aus: ein paar Arbeiter von der Flugzeugfabrik, ein paar Marineinfanteristen, einige Seeleute und dann – das Herz begann ihm bereits in die Schuhe zu sinken – sah er sie aus dem letzten Wagen steigen und ganz ruhig auf dem Bahnsteig stehenbleiben. Einen Augenblick stand er wie angewurzelt da und sah nur zu ihr hin, erfüllt von dem Wunsch, sie vor allem und jedem zu beschützen. Dann hastete er auf sie zu. Sie wandte sich um, und als sie ihn erkannte, hellte sich ihr Gesicht auf und sie lächelte. In Gedanken an ihren letzten Abschied war Royce einen Augenblick völlig durcheinander.

»Hallo, Clive! Ich dachte schon, du hättest mich vergessen, und ich wäre hier gestrandet«, lachte sie.

»Ich könnte vieles vergessen, aber das nicht«, erwiderte Royce leise.

»Du siehst gut aus, Clive. Nett von dir, daß du mich eingeladen hast, doch ich fürchte, es war falsch von mir, das anzunehmen.«

Als sie die Bestürzung in seinem Gesicht sah, lächelte sie zu ihm auf. »Das war nicht ernst gemeint. Ich bin sehr froh, daß ich da bin, ehrlich.«

Er nahm sie am Arm, ergriff ihren Koffer und führte sie zu dem wartenden Taxi. Seine Worte überstürzten sich, als er ihr vom Schiff, vom Hotel erzählte, daß sie gleich zum Mittagessen an Bord gehen wollten und hundert andere Dinge.

Sie war gerührt. Er freute sich offensichtlich sehr, sie wiederzusehen, und bemühte sich so, sie glücklich zu machen. Seit dem Tod ihrer Eltern und dann ihres Bruders hatte sie nicht viel Glück gekannt, doch jetzt, an der Seite dieses straffen jungen Offiziers mit dem besorgten Blick, fühlte sie Wärme in ihr Inneres zurückkehren.

»Hier sind wir, das ist der ›Weiße Hirsch‹«, verkündete Royce und kletterte aus dem Taxi. »Wie lange brauchst du, bis du fertig bist?«

»Gib mir zehn Minuten«, sagte sie. »Das ist mindestens nötig nach der langen Reise von Schottland hierher.«

Er beobachtete, wie sie die breite Treppe zu ihrem Zimmer hinaufgeleitet wurde, konnte den Blick nicht abwenden, als sie anmutig über den abgetretenen Teppich schritt und den betagten Träger außer Atem brachte. Der Wirt kam aus seinem kleinen Büro und nickte grüßend.

»Ihr Weihnachtsgast ist also angekommen.« Er verzog das faltige Gesicht zu einer Art Lächeln. »Ich hoffe, Sie benehmen sich anständig, obwohl ich es bei ihr verstehen könnte, wenn Sie's nicht täten.«

Royce blickte in seine wässerigen Augen. »Keine Sorge, Sie werden mehr von ihr sehen als ich. Kümmern Sie sich gut um sie, ja? Egal, was es kostet.«

»Oh, also eine ernstgemeinte Angelegenheit, junger Freund?«

»Das hoffe ich sehr«, erwiderte Royce mit Inbrunst.

Der alte Mann legte ihm die Hände auf die Schultern.

»Gut, daß Sie das sagen. Sie geben mir direkt den Glauben an die Menschheit wieder. Kommen Sie und trinken Sie einen Whisky mit mir. Die Dame braucht eine halbe Stunde, wenn sie zehn Minuten sagt.«

Royce wußte, wie selten der Wirt einen ausgab, und daß er nun mehr als nur ein Kunde war.

Der Whisky war so echt wie die guten Wünsche des alten Mannes. Royce lehnte sich an die Bar und fühlte, wie ihn das Getränk innerlich erwärmte.

Plötzlich sah ein Lieutenant im Gastraum ruckartig auf, holte tief Luft und stellte, gerade als Royce zu ihm hinübersah, sein Glas hin. Er stieß seinen Kameraden an und sagte laut: »Meine Güte, ist das 'ne Augenweide!«

Royce wandte den Kopf und erstarrte. Unsicher stand Julia am Fuß der Treppe, eine Hand auf dem Geländer, und blickte sich im großen Raum um. Aber es war eine ganz neue Julia. Er hatte sie bisher nie in Zivil gesehen und auch nie darüber nachgedacht. Nun trug sie ein enganliegendes grünes Tweedkostüm mit einem gelben Schal um den Hals. Ihr schwarzes Haar reflektierte die vielen hellen Lichter im Raum, ihre Augen trafen die seinen und leuchteten in solcher Freude auf, daß er sein Herz pochen hörte.

Sie glitt schnell auf ihn zu, ihr Körper schien die Befreiung von der Uniform zu genießen. Niemand sprach, aber Royce wußte, daß alle Augen auf sie gerichtet waren, daß sie Julia bewunderten und ihn beneideten.

»Da bin ich, nach genau fünfzehn Minuten. Na, vielleicht waren's auch zwanzig. Ich hoffe, es stört dich nicht, daß ich mich umgezogen habe?«

»Stören? Himmel, nein, du siehst wunderbar aus«, sagte Royce laut.

Ihre Wangen verfärbten sich, ihr Blick wurde weich.

»Wollen wir gehen, Julia?« Er sprach mit so sorgfältiger Betonung wie ein Juwelier, der ein wertvolles Schmuckstück überreicht. »Ich möchte, daß du meine Freunde kennenlernst.«

Sie verließen die Bar. Der Wirt füllte sein Glas erneut, hob es der Tür zu und sagte heiser: »Fröhliche Weihnachten euch beiden!«

Der Hafen lag im blassen Sonnenschein ruhig da. Royce fand zu seiner Überraschung das Motorboot an der Pier bereits warten. Das hatte Carver gut gemacht. Sie fuhren an der Reihe der Festmacherbojen entlang, dann zeigte Royce voll Stolz auf sein MTB, das leicht in der Strömung schwojte.

»Da ist es!«

»Sehr schön. Sieht aber ziemlich groß aus.«

Sie gingen längsseit, der Bugmann hakte ein. Royce führte sie vorsichtig das Fallreep hoch und an Deck. Dort erwartete ihn eine weitere Überraschung: Carver und der Deckswachhabende standen beide in ihren besten Uniformen zur Begrüßung da, Leach und Raikes hielten sich in strammer Haltung im Hintergrund. Zweifelsohne wollte Carver eine große Schau abziehen.

Nun trat er vor und verbeugte sich leicht vor Julia, die mit einem amüsierten Lächeln an der Plattform stand.

»Willkommen an Bord«, sagte er feierlich. »Darf ich Sie im Namen aller auf Nr. 9779 begrüßen und Ihnen fröhliche Weihnachten wünschen?«

»Dieser schreckliche Mensch ist meine rechte Hand«, grinste Royce und winkte die anderen heran. »Und das ist Colin Leach, der dritte Mann.«

Sie begrüßten sich herzlich, dann wandte sich Julia an Raikes.

»Sie kenne ich doch«, sagte sie weich. »Fast wie in alten Zeiten, nicht wahr?«

Raikes nahm ihre Hand in seine große Pranke und betrachtete sie eingehend.

»Schön, Sie wiederzusehen, Miss Harston.« Seine Stimme klang heiser. »Und es ist diesmal besser als in alten Zeiten.«

»Wenn ich mir einen Vorschlag erlauben darf, Sir . . .« Eine gewisse Nervosität war in Carvers weltmännischer Art zu spüren. »Könnte der Mid Ihren Gast nicht im Boot herumführen?«

»Nun, ich dachte eigentlich, das sei mein Privileg.« Royce war etwas erstaunt.

»Gewiß, Sir«, entgegnete Carver geschmeidig. »Aber da ist noch eine kleine dienstliche Angelegenheit, die Ihre Anwesenheit erfordert. Das werden Sie sicher schnell geklärt haben, und dann hole ich den Cocktailshaker heraus.«

»Aha, verstehe«, erwiderte Royce. »Hast du etwas gegen einen kleinen Rundgang, Julia? Ich habe leider noch eine Kleinigkeit zu erledigen.«

»Ja, ja, die Last der Verantwortung«, lächelte sie. »Schön. Aber ich warne dich, möglicherweise höre ich schreckliche Dinge über dich.«

Aufmerksam führte Leach sie davon, und Royce wandte sich verblüfft um.

»Was zum Teufel ist da schiefgelaufen? Es ist doch nicht etwa Bereitschaft befohlen?«

Carver machte ein unbehagliches Gesicht. »Nein, Sir.«

»Los, raus damit!«

»Der Chef ist an Bord. In der Messe.«

»Was – Kirby? Das ist wirklich ungewöhnlich. Warum zum Teufel? Es ist doch nichts schiefgegangen in letzter Zeit, oder?«

»Ich glaube, Sie sprechen besser selbst mit ihm.«

Ungeduldig schritt Royce zum Luk und schwang sich innerlich fluchend den Niedergang hinunter. Wenn Kirby glaubte, er könne ihm seinen größten Moment ruinieren, dann würde er sich wundern. Er riß den Vorhang zur Seite. Kirby saß zusammengesunken in einem großen Sessel, und im ersten Augenblick konnte Royce nicht erkennen, was anders an ihm war. Seine Uniform wirkte tadellos wie immer, seine Frisur einwandfrei, doch als er aufstehen wollte, war Royce alles klar. Kirby war völlig betrunken. Royce war so entgeistert, daß er ihn nur anstarren konnte. Nicht zu glauben. Es war, als habe er einen Geistlichen in einem Bordell entdeckt.

Hinter ihm atmete Carver hörbar.

»Da sehen Sie's. Ich wußte nicht, was ich mit ihm anfangen sollte.«

»Was flüstert ihr beide da?« Kirby schwankte und hielt sich am Bulleye fest. Sein Blick war nicht mehr durchdringend, sondern glasig. »Ich wollte nur, wollte . . .« Er hielt inne und taumelte, das Haar fiel ihm in die Augen, der Mund öffnete und schloß sich tonlos.

Royce wurde aktiv.

»Schnell, die Kaffeemaschine an, ehe die anderen kommen.« Und zu Kirby: »Reizend von Ihnen, Sir, daß Sie uns besuchen. Bitte nehmen Sie doch Platz.«

Es war ein Alptraum. Unvorstellbar, daß dieses Wrack der selbstbewußte Supermann sein sollte, den sie nicht leiden konnten. Er fummelte in einer Innentasche seines Jakketts und murmelte vor sich hin. »Sah, wie Sie eine junge Dame an Bord gebracht haben.« Er machte eine Pause und stierte Royce an. »Vielleicht würden Sie gern ein Bild von meiner Frau sehen?« Er zerrte seine Brieftasche heraus.

Wütend und ungeduldig wartete Royce auf den Kaffee. Der Commander wedelte mit einer verblaßten Fotografie vor seiner Nase herum, und Royce sah eine zierliche Dame am Strand, die in die Sonne blinzelte und der Kamera zuwinkte. Royce hatte keine Ahnung, was Kirby hier herausgeführt hatte, doch er tat ihm plötzlich ausgesprochen leid.

»Sehr hübsch, Sir«, sagte er schließlich. »Ich hoffe, wir werden eines Tages die Freude haben, Mrs. Kirby kennenzulernen.«

Kirby hatte anscheinend gar nicht zugehört. Er verstaute das Bild sorgfältig wieder in seiner Brieftasche.

»Das war alles, Royce!« Mit einem Ruck stand er auf und fegte dabei einen Aschenbecher vom Tisch. »Wollt' euch nur sagen«, er stützte sich schwer auf Royces Arm, »ich hab' was aus dieser Flottille gemacht und bin verdammt stolz drauf!« Sein Magen blubberte bedrohlich. »Und ich bin verdammt stolz auf euch alle. So is' das.«

Er schnappte sich die Mütze vom Haken und taumelte auf die Tür zu. Dort stieß er mit Julia und Leach zusammen. Schwankend verbeugte er sich.

Leach wurde bleich, Julia sah erstaunt von einem zum anderen.

»Das ist Lieutenant-Commander Kirby, unser Flottillenchef.« Irgendwie schien Royce diese Erklärung aber so unbefriedigend, daß er hastig fortfuhr: »Ist ein Boot längsseit?«

»Gerade ist ein Motorboot gekommen«, sagte Leach, die Augen wie hypnotisiert auf Kirby gerichtet. »Soll ich dem Commander an Deck helfen?«

»Nein, ich bringe ihn«, sagte Royce hastig und geleitete Kirby zum Niedergang. Dort kämpften sie sich mit Carvers Hilfe an Deck. Aus dem Motorboot strahlte sie Commander Wrights rotes Gesicht an.

»Da ist er ja, der alte Gauner! Hat mich vielleicht an der Nase rumgeführt!«

Er reichte hinauf, um Kirby den Abstieg ins Boot zu erleichtern. Während dieser sich ins Cockpit fallen ließ, sagte Wright zum Deck des MTB: »Das ist Ihrem Freund Benjy Watson zu verdanken. Hat ihm einen Micky Fin* untergeschoben! Na, er wollte euch jedenfalls allen fröhliche Weihnachten wünschen.«

»Jawohl, Sir, ich weiß, daß er das wollte. Und ich möchte sagen, daß man ihn wegen dieses Ausrutschers eher respektieren als kritisieren wird.«

»Aber wir sind noch nicht durch. Wir müssen noch auf zwei weitere Boote!« Wright winkte, das Boot schoß davon.

Royce ging wieder zu den anderen und nahm mit zitternder Hand ein Glas entgegen.

»Puh! Hätte nie gedacht, daß ich je so was erleben würde. Armer alter Kirby.«

Carver hob sein Glas. »Auf unseren Gast. Darf ich Ihnen sagen, daß Sie die erste Vertreterin des schönen Geschlechts sind, die ihren Fuß auf diese heiligen Planken setzt?«

»Ich fühle mich geehrt«, erwiderte Julia. »Aber wie kommt das?«

Carver lächelte Royce zu. »Unser Kommandant wünschte es so.«

Royce fühlte, wie er rot anlief.

»Dies und die Tatsache, daß ich auf meiner Inspektionstour nichts Nachteiliges über dich gehört habe, macht dich bestimmt zum nettesten Kommandanten der Flotte.« Mit zärtlichem Blick hob sie ihm ihr Glas entgegen.

* präpariertes Getränk (Anm. d. Übers.)

»Danke, daß du die erste bist«, murmelte Royce und leerte sein Glas, ohne den Gin zu schmecken.

Er war grenzenlos glücklich und überließ gerne Carver und Leach die Unterhaltung beim Mittagessen; er saß einfach nur da und verschlang Julia mit den Augen.

»Morgen gegen vierzehn Uhr gibt es unser Festessen«, erzählte Carver, »nachdem die Männer ihres gehabt haben. Das läßt uns Zeit, zur Abwechslung mal ihnen das Essen zu servieren. Wir sind nämlich ein sehr demokratisches Schiff. Wann werden Sie kommen?«

Julia lachte. »Ich bin ja noch gar nicht eingeladen worden.«

»Du mußt kommen, sobald du kannst«, platzte Royce heraus. »Ich habe veranlaßt, daß das Kantinenboot dich herüberbringt, sobald du an der Pier bist.«

»Ich komme gern. Sind noch viele andere dabei?«

»Ach, nur ein paar«, kam es etwas vage von Carver. »Da Sie nun das Boot eingeweiht haben, kann auch der Mid seine Freundin mitbringen.«

Zu schnell kreisten die Zeiger der Messeuhr, bald wurde es Zeit, Julias Rückfahrt zu arrangieren. Als Royce ihr in das Motorboot hinunterhalf, lag der Ankerplatz im Dunkeln, die Sterne waren von jagenden Wolkenbänken verhüllt. Eine scharfe Brise peitschte das Wasser zu kleinen Katzenköpfen auf. Julia schauderte zusammen.

Royce fühlte diese Bewegung mehr, als daß er sie sah. Ohne weiter nachzudenken, stand er in dem schlingernden Boot auf, zog seinen dicken Mantel aus und rief ihr über den Motorenlärm hinweg zu: »Hier, zieh das an, oder du mußt dich morgen krank melden.«

Dankbar fuhr sie mit den Armen in den Mantel und schlang ihn um sich. Das Boot quietschte gegen die Pier, schnell liefen sie beide die schlüpfrigen Stufen hoch.

»Ich bleibe nicht lange, Bootssteurer. Lassen Sie sich auf der Wachstube inzwischen eine Tasse Tee geben.« Die vermummte Gestalt an der Pinne nickte. »Aye, aye, Sir.«

Beim Gang durch die kalten, verlassenen Straßen schob Royce seinen Arm unter den ihren und genoß ihre körperliche Nähe.

»Ich mag das, wie du immer an deine Männer denkst«, sagte sie plötzlich.

»Nicht mehr als jeder andere. Schließlich leben sie ja nicht ausgesprochen im Luxus, oder?«

»Es ist bei dir stärker als bei anderen Offizieren, die ich kenne. Einer, der manchmal in die Signalstation hereinschaut, brüstet sich damit, daß er nie mit jemandem unter Unteroffiziersrang spricht.«

»Ich wette, seine Männer lieben ihn geradezu!« meinte Royce und empfand wegen Julia einen Stich der Eifersucht.

Wie konnte er auf ihre Zuneigung hoffen, wenn erst wieder das ganze Land zwischen ihnen lag und sie in dem großen Marinestützpunkt von forschen Offizieren umgeben war? Viele von ihnen waren an Land stationiert und hatten offensichtlich kaum mehr zu tun, als die Signalstation zu besuchen.

»Ich wüßte gern, was du jetzt denkst.«

»Ach, gar nichts«, antwortete er traurig. »Ich dachte nur daran, wie schnell dieser Weihnachtsurlaub vergeht.«

Sie bogen in die Hauptstraße ein. Nun waren es nur noch etwa hundert Meter. Zögernd suchte ein Scheinwerfer den Himmel ab, drehte in kurzem Bogen und erlosch. Zwei Polizisten kamen vorbei, das Kinn tief in den Umhängen verborgen, und schoben ihre Räder.

Plötzlich blieb Royce stehen und zog Julia an sich. Suchend schaute er sich um, doch er sah nur abgedunkelte Fenster.

»Was ist los?«

»Weißt du, ich habe mich so sehr darauf gefreut, dich wiederzusehen. Und doch sind wir seit deiner Ankunft kaum einen Augenblick allein gewesen. Und nun gibt's hier nichts, wohin wir noch gehen könnten.« Er schaute in ihr emporgewandtes Gesicht.

»Ich weiß, aber so ist es nun mal. Vielleicht können wir es morgen irgendwie einrichten?«

Royce stöhnte innerlich, denn er wußte, wie es am Weihnachtstag an Bord zugehen würde.

»Schau, da ist etwas, das ich dir sagen muß, selbst auf die Gefahr hin, daß es dich böse macht. Und das möchte ich um nichts auf der Welt«, sagte er schnell. »Aber vielleicht hast du schon gemerkt, was du mir bedeutest.«

Sie setzte zum Sprechen an, doch er redete hastig weiter.

»Nein, laß mich, ich muß das jetzt loswerden. Es ist eine Tatsache, und glaub mir, ich habe viel darüber nachgedacht. Ich wußte es schon, als ich dich zum erstenmal auf dem schrecklichen Bahnsteig sah. Nämlich daß es für mich nie jemanden geben wird, kein anderes Mädchen, für das ich dasselbe empfinden werde wie für dich. Und dieses Gefühl hat mich seither nie verlassen. Du mußt wissen, Julia: Ich liebe dich.«

Einen Augenblick herrschte Stille, dann nahm sie seinen Arm, und langsam gingen sie zusammen weiter. Schließlich sprach sie, aber ihre Stimme war so leise, daß er sich zu ihr beugen mußte, um sie zu verstehen.

»Was soll ich dazu sagen, Clive? Natürlich bin ich nicht böse, wie könnte ich? Es tut mir gut. Aber du kennst mich doch erst so kurze Zeit. Vielleicht bin ich ganz anders, als du erwartest.«

Sein Herz blieb fast stehen, die Nacht verdunkelte sich. Er merkte, daß sie vor dem »Weißen Hirsch« anhielten, und in diesem Augenblick haßte er seinen Anblick.

»Aber«, fuhr sie ernst fort, »es gibt noch einen anderen Grund.«

Sein Herz sank in einen bodenlosen Abgrund.

»Glaubst du wirklich, es ist klug, so ernst über Liebe zu reden, wenn es jeden von uns an jedem Tag, zu jeder Stunde, so treffen kann wie meinen Bruder?«

Der Seiteneingang des Hotels öffnete sich, und der Portier steckte den Kopf heraus.

»Ah, da hab' ich doch richtig gehört, Miss. Hier ist Ihr Schlüssel.« Sie nickte ihm zu und wandte sich an Royce, der verstört im Hintergrund stand.

»Bitte, Clive«, flüsterte sie. »Ich bin müde nach der langen Reise. Und ich muß nachdenken. Verstehst du das?«

»Ja«, antwortete er kläglich. Aber er verstand überhaupt nichts.

»Möchtest du mich immer noch morgen wiedersehen?«

»Mehr als alles andere. Ich bin schon dankbar, daß du mir keine runtergehauen hast«, sagte er mit dem Versuch zu lächeln.

Sie nahm seine Hände. »Ich komme bestimmt. Hier nimm deinen Mantel, bevor dir kalt wird.«

Wie betäubt zog er den Mantel über.

»Also, gute Nacht, Julia.«

Ihren Ausdruck konnte er in der Dunkelheit nicht erkennen, nur die hellen Umrisse ihres Gesichts. Plötzlich streckte sie den Arm aus, und er fühlte ihre warme, weiche Hand an seinem Hals.

»Lieber Clive«, sagte sie leise und küßte ihn leicht auf die Wange. Dann war sie verschwunden.

Er überquerte die Straße und schaute zu den verdunkelten Fenstern des Hotels hinauf. Wie lange er so dastand, wußte er nicht, schließlich jedoch ging er in Richtung des Hafens davon und trat wütend gegen eine Papiertüte, die über den Gehsteig wehte.

Was hatte er eigentlich erwartet? Was konnte sie an ihm schon finden? Verdammt noch mal, fluchte er, sie ging also auf Abstand. Aber schließlich hatte sie noch nicht nein gesagt. Und sie hatte ihn geküßt. Wenn sie doch nur mehr Zeit gehabt hätten!

Das Boot wartete an der Pier, und er kletterte in das winzige Cockpit. »Alles in Ordnung, Sir?« fragte der Bootssteuerer.

»Nein, ganz und gar nicht«, stieß Royce aus. Dann tat es ihm leid. »Verzeihung, aber Sie wissen ja, wie das ist.«

»Ja, das weiß ich, Sir.«

An Bord warteten die anderen auf ihn, schläfrig und mit rosigen Gesichtern. In der Luft hing der Geruch nach Gin.

»Alles in Ordnung?« fragte Carver strahlend.

»Nein, alles ...« Er hielt inne und lächelte halbherzig. »Ich fürchte, wir haben das nicht besonders gut gemacht«, gestand er. »Aber vielleicht gelingt der zweite Anlauf morgen besser.«

»Ja«, piepste Leach. »Warten Sie mal, bis sie ihr Geschenk sieht!«

»Großer Gott, das Geschenk!« stöhnte Royce. Sein Blick traf sich mit dem Carvers. »Ich glaube, das müssen wir abblasen.«

»Überprüfen Sie mal die Festmacher, Mid«, sagte Carver dienstlich.

Leach lächelte. »Aye, aye, Sir, verstehe.«

Als er verschwunden war, klopfte Carver seine Pfeife aus und schaute nachdenklich in die Gegend.

»Sie sind im Irrtum. Über Julia, meine ich.«

»Wie zum Teufel wollen Sie das wissen?« fragte Royce irritiert.

Carver zuckte die Schultern. »Sie können es Intuition nennen, wenn Sie wollen, aber sehen Sie es mal so: Sie ist sehr hübsch und intelligent dazu. Man sieht ihr von weitem an, daß sie jeden Mann kriegen kann, den sie will.« Er grinste etwas schief. »Mich könnte sie jederzeit haben. Und doch kommt sie den ganzen Weg hierher, wohnt in einem Hotel, um mit uns äußerst ungemütliche Weihnachten zu feiern. Schließlich ist das Boot, auch wenn wir es lieben, keine Yacht. Und all das auf Ihren Vorschlag hin. Muß ich noch mehr sagen?«

Royce nickte, und Carver goß sich einen großen Gin ein. Er nahm einen Schluck und verzog das Gesicht.

»Na schön. Ich bin also der Ansicht, daß Sie ihr auch nicht gleichgültig sind.«

»Überlegen Sie mal«, unterbrach ihn Royce. »Sie war

schließlich hier stationiert, als ihr Bruder mein Kommandant war. Sie wollte sich nur umsehen und das Boot kennenlernen«, schloß er lahm.

»Wenn ich mal deutlich werden darf, selbst auf die Gefahr hin, vor ein Kriegsgericht gestellt zu werden: Sie reden verdammten Blödsinn!« Carvers Augen blickten bereits ziemlich glasig.

Royce sagte nichts, aber ein schwacher Hoffnungsstrahl wärmte sein Herz.

Schwankend erhob sich Carver und leerte sein Glas.

»Außerdem passen Sie prima zueinander!«

»Danke, IWO, Sie haben mir sehr geholfen. Es tut gut, einen Beichtvater an Bord zu haben.«

»Gerne, Skipper, jederzeit! Julia ist eine großartige Person. Und – wenn ich noch mal so frei sprechen darf – Sie sind ein ganz großartiger Kerl. Das steht nun mal fest!« Trotzig kam er zum Ende: »Jetzt geh' ich ins Bett, und wenn ich aufwache, will ich ganz toll Weihnachten feiern.« Damit schwankte er aus der Messe.

Royce lehnte sich entspannt im Sessel zurück. Ihm war, als hätte man ihn wieder auf die Beine gestellt.

9

Am Weihnachtsmorgen herrschte fürchterliche Hetze. Erst als die Besatzung im Wohnraum und in der Unteroffiziersmesse mit einem reichhaltigen Essen bedient worden war, als die Offiziere den Pudding probiert und allen zugeprostet hatten, kam endlich Festtagsstimmung auf.

Royce zog seine beste Uniform an und trat in die Offiziersmesse. In der Enge fuhrwerkten Carver und Leach um Tische und Stühle herum und berieten sich mit dem Steward.

Plötzlich erschienen Raikes sowie Able Seaman Sax an der Tür. Raikes war offensichtlich voll des ungesetzlich abgefüllten Rums und machte einen sehr feierlichen Eindruck.

»Na, Bootsmann?« fragte Royce überrascht darüber, daß sie ihre eigene Feier verlassen hatten.

Raikes stieß Sax roh nach vorn, und einen schrecklichen Moment lang dachte Royce, der rauhe Seemann habe etwas angestellt.

»Los, Junge, raus damit!« bellte Raikes.

Die anderen Offiziere traten zur Seite – sie hatten offensichtlich schon darauf gewartet –, und Sax holte tief Luft.

»Sir, ich bin von der Besatzung ausgewählt worden«, begann er sorgfältig, »Ihnen dieses kleine Geschenk zu überreichen.« Damit hielt seine mächtige Pranke Royce ein Päckchen entgegen. »Und wir hoffen, daß es Ihnen gefällt.« Pause.

»Weiter«, befahl Raikes.

»Ach ja, und außerdem sollen Sie wissen, daß wir den besten Skipper in der ganzen verdammten Marine haben!« Atemlos hielt er inne.

Royce nahm das Päckchen, aus dem schließlich ein Kästchen zum Vorschein kam. Ungelenk öffnete er es und nahm eine Pfeife heraus. Nicht eine gewöhnliche Pfeife, sondern eine von einer führenden Londoner Firma. Sie mußte eine Menge Geld gekostet haben.

Im Hintergrund piepste Able Seaman Manners: »Wenn Sie die nicht mögen, können wir sie umtauschen, Sir.«

Royce sah sich in der Runde besorgter Gesichter um.

»Mögen?« Er hielt sie sorgfältig in Händen. »Mögen? Ich werde sie in hohen Ehren halten. Und vielen Dank, Jungs!« Er mußte sich räuspern. »Vielen, vielen Dank«, sagte er nochmals.

»Los, Männer«, kam es rauh von Raikes. »Zurück zu eurer Fresserei.« Und die lachende laute Menge trampelte davon zum Vorschiff.

»Na, wie finden Sie das?« fragte Royce leise.

»Bestechung ist das«, lachte Carver. »Die Schwierigkeiten, diese Pfeife zu bekommen, waren viel größer als meine mit dem Nachthemd.«

Royce ging hinaus in den frischen Nordwind, stand an der Reling und hatte nur Augen für die neue, glänzende Pfeife.

Der Deckswachhabende, Ordinary Seaman Elton, nahm geräuschvoll Haltung an und räusperte sich laut.

»Die ist schön, nicht wahr, Sir?« sagte er fröhlich. Er hatte das Weihnachtsessen noch vor sich. »Die wollen Sie doch nicht etwa in den Bach schmeißen?«

Royce lächelte. Er war viel zu überwältigt von der unerwarteten Gabe der Besatzung, um etwas sagen zu können. Deshalb nickte er nur.

Plötzlich wurden die rotgeränderten Augen des Deckswachhabenden scharf.

»Ah, da kommt der Fischer wieder!«

»Fischer« wurde das im Stützpunkt stationierte Rettungsboot der Royal Air Force genannt, das von einem jovialen kleinen Fliegeroffizier aus Yorkshire kommandiert wurde. Er war bekannt für sein Talent, abgestürzte Kameraden überall wiederzufinden, ob sie nun in Gummibooten oder Schwimmwesten in der See trieben oder sich an ihr zerstörtes Flugzeug klammerten. In diesem Augenblick drehte das elegante, schwarz und gelb gestreifte Boot ins Fahrwasser. Nach geräuschvollem Gangwechsel stieg eine Gischtwand an seinem schrägen Steven auf, und das Boot hielt zielstrebig auf die Sperrlücke zu.

Als es querab war, hob der Skipper in abgenutzter grauer Mütze und wattierter Jacke sein Megaphon.

»Natürlich die verdammte Marine! Ihr liegt stinkend im Hafen, und wir müssen raus an die Arbeit!«

Royce legte die Hände trichterförmig um den Mund.

»Quatsch! Warum laufen Sie überhaupt aus? Wir haben doch kaum Flugverkehr gehabt.«

»Nein, aber *Coastal Command* hat in der Höhe von Mullion Flach ein leeres Dingi gesichtet, also müssen wir raus, es untersuchen. Ausgerechnet an Weihnachten!« Seine weiteren Bemerkungen gingen im Aufbrüllen der Motoren unter, das Sperrwachschiff hatte die Flagge gedippt, um anzuzeigen, daß die Sperrlücke frei war.

Royce winkte ihm fröhlich mit der Mütze nach und schüttelte sich in der plötzlichen Bö, die das Wasser aufwirbelte.

»Da kommt Wind auf, Elton.«

»Aye, Sir. Der Signalturm hat Sturmwarnung für den Kanal gegeben.«

Nun nahmen die plumpen Umrisse des Kantinenbootes, das zielstrebig um die Ecke qualmte, ihre Aufmerksamkeit in Anspruch. Das Deck war gedrängt voller Passagiere, die sich vorschriftswidrig von einem Schiff zum anderen mitnehmen ließen. Es steuerte direkt die MTB-Liegeplätze an.

»Da kommen Gäste. Halten Sie sich klar, ihnen an Bord zu helfen, und sagen Sie den Männern unter Deck, daß sie zur *Royston* übersetzen können, wenn sie an den Unterhaltungen dort teilnehmen wollen.«

»Aye, aye, Sir.«

Schon lange, ehe das Boot unbeholfen längsseit gegangen war, hatte er Julia darin entdeckt. Sie stand in einen Dufflecoat vermummt im Ruderhaus neben dem Schiffsführer. Er winkte ihr zu und fühlte zugleich den nun schon gewohnten Ruck im Innern, das überwältigende Verlangen. Sie winkte zurück.

Im nächsten Augenblick war sein Deck gedrängt voller Besucher: an der Spitze Benjy Watson und Jock Murray, begleitet von zwei Wren-Führerinnen vom Operationsstab, dazu Page und sein IWO sowie der junge Crispin, Kirbys rechte Hand, den Royce ausdrücklich eingeladen hatte. Kirby ließ ihn selten weg, und die Begeisterung auf seinem schmalen Gesicht zeigte an, daß er das jetzt auszunutzen gedachte. Ein auffallend bemaltes Mädchen in etwas sonderbarer Pelzjacke sowie eine hochgewachsene, aristokratische WAAF*-Führerin vervollständigten die Gruppe. Carver wieselte herum und geleitete sie unter Deck. Royce murmelte in jede Richtung Begrüßungen, ging dann aber direkt auf Julia zu.

»Fein, daß du wieder da bist.« Er nahm ihre Hände. »Laß uns schnell nach unten gehen.«

Mäntel und Mützen wurden verstaut, und die Damen zogen sich in Royces Kommandantenkajüte zurück, die jetzt als Damengarderobe diente.

Flaschen klirrten, dankbar hoben die Männer ihre Gläser.

»Mensch, das hat mir gefehlt!« stöhnte Benjy. »Der verflixte Wind hat mir den Atem genommen.« Er leerte sein Glas in einem Zug und sah sich anerkennend um.

»Gut, daß wir hierhergekommen sind, Clive. So viele Menschen könnte ich auf meinem kleinen Eimer nicht unterbringen.«

Page, der sich die Weihnachtskarten ansah, kicherte plötzlich.

»Hab' heute morgen von dir und dem Alten gehört, du Schuft! Nicht zu fassen, daß es dir gelungen ist, ihn betrunken zu machen. Mister Superman Kirby!«

Benjy kniff die Augen zusammen. »Es war nur ein bißchen Gin mit einem hochoktanigen Tropfen. Mann, der ging hoch wie 'ne Bombe! Doch er hat's mir heute morgen heimgezahlt. Wir sind Wachboot«, seufzte er schwer.

»Aber um Himmels willen, all deine Jungs sind doch stockbetrunken!« platzte Murray heraus. »Ein feines Wachboot. Stell dir vor, die *Tirpitz* kommt und beschießt den ›Weißen Hirsch‹. Ihr seid mir ein feiner Schutz!«

Royce lachte. »Schau dir das Wetter an. Heute kreuzt hier niemand auf. Old Benjy versteht sein Handwerk.«

* Woman Auxiliary Air Force, entspricht etwa den Luftwaffenhelferinnen (Anm. d. Übers.)

Zusammen mit dem jungen Mädchen, das scheu in die Runde grüßte, trat die große WAAF-Führerin ein.

Carver und Leach hasteten ihnen entgegen.

»Dies ist Jean Mannering, eine alte Bekannte«, verkündete Carver und stellte das Mädchen in tadellosem Luftwaffenblau vor. »War früher Modell. Stimmt's, mein Schatz?«

Benjys Augen leuchteten auf.

»So, das interessiert mich aber! Wir haben uns nachher bestimmt eine Menge zu erzählen.«

Sie lächelte, machte aber einen leicht gelangweilten Eindruck.

»Kann ich mir denken. Übrigens, diese junge Dame ist Ann Hardwick.« Sie schob das Mädchen in die Mitte, und Royce begriff, daß dies wohl Leachs Eroberung war.

»Freut mich, Sie alle kennenzulernen«, girrte sie und nahm ohne zu zögern den Gin von Leach, der sie mit stummer Bewunderung betrachtete.

Mein Gott, so einen Schafsblick habe ich auch, dachte Royce voll Reue.

Die beiden Wrens waren auf vertrautem Boden und machten es sich schnell gemütlich. Doch Julias Erscheinen schien das ganze Geschehen zum Stocken zu bringen. Als sie eintrat, merkte Royce, daß alle anderen – wie er selbst – nur dastanden und ihre Schönheit bewunderten. Sie trug ein einfaches, leuchtendrotes Cocktailkleid ohne jeden Schmuck, dessen Schlichtheit die atemberaubenden Linien ihres Körpers unterstrich.

Etwas verunsichert durch diesen Empfang blieb sie stehen.

»Gott sei Dank, mein Gast ist gekommen«, brüllte Benjy plötzlich und geleitete sie feierlich zu einem Sessel. »Ich fürchte, nun hast du keine Chance mehr, Clive!« lachte er und zwinkerte.

»Das habe ich befürchtet«, knurrte Royce.

Schon glaubte er, die Ereignisse glitten ihm aus der

Hand. Er wandte sich dem Messesteward zu, der sorgfältig eine Punschkanne abschmeckte. Da schob sich ein schlanker brauner Arm durch den seinen, und er sah in ihre lachenden Augen.

»Schau nicht so düster drein, Clive«, sagte sie leise. »Fröhliche Weihnachten!«

Royce war wie verwandelt. Am liebsten hätte er sie in den Arm genommen, hier und jetzt; statt dessen grinste er dämlich. »Manchmal komme ich mir wie ein Schuljunge vor.«

»Und das bist du auch. Aber genauso mag ich dich!«

»Hier, ihr zwei«, bellte Benjy. »Turteln hat bis später Zeit. Jetzt gibt's was zu essen.«

Das Eis war gebrochen, geräuschvoll klemmten sie sich um den Tisch, der mit verhüllten Munitionskästen vergrößert war.

Wie sie es schafften, sich durch die Berge von Essen zu kämpfen, konnte Royce später nicht sagen, aber schließlich lagen alle zufrieden seufzend in ihren Sesseln.

»Das war wie bei Muttern«, stöhnte Murray und sah mit glasigen Augen dem Messesteward zu, der den Tisch abräumte und die Teller in der Durchreiche stapelte.

Das Grammophon wurde aufgestellt, und bald erklang stimmungsvolle Musik.

Durch die Bulleyes sah Royce, daß sich der Himmel beängstigend verdunkelte und das unruhige Wasser sich purpurn färbte. Was ging es ihn an? Er fühlte sich unwahrscheinlich behaglich und zufrieden.

Hinter ihm strich Carver vorbei und zischte ihm zu: »Vergessen Sie das Geschenk nicht!«

Royce nickte und wandte sich zu Julia um, die in ein Gespräch mit Page vertieft war. Zärtlich strich sein Blick über die warme, weiche Linie ihres schlanken Halses. Ihre zarten Wangen wurden von dem schwarzen, glänzenden Haar wie von Rabenflügeln eingerahmt. Er mußte trocken schlucken.

Benjy sprang auf, schnappte sich eine Wren und zog sie zum Grammophon.

»Los, Dorothy, laß uns eine Sohle aufs Parkett legen.«

»Gerne, Benjy, aber ich heiße Alice.«

Royce beugte sich vor. »Wollen wir's riskieren, Julia?«

Unter ermunternden Zurufen tanzten beide Paare auf dem winzigen freien Raum. Royce spürte Julias Nähe und Leichtigkeit. Dazu dieser Hauch von Parfüm, das schwankende Deck – ihm wurde ganz wirr im Kopf. Sein einziger Wunsch war, sie fest an sich zu drücken.

Auch andere hatten nun zu tanzen begonnen. Das Gedränge um sie herum preßte sie dicht aneinander.

Schützend legte er einen Arm um ihre Taille. Durch den dünnen Stoff ihres Kleides fühlte er, wie sie sich sofort versteifte. Dann aber entspannte sie sich ebenso plötzlich und schmiegte sich an ihn. Deutlich fühlte er den zarten Druck ihres Körpers, der sich willig in seine Arme legte, und sein überwältigendes Verlangen veranlaßte ihn, seine Wange in ihr Haar zu pressen. Er wagte nicht, ihr in die Augen zu schauen.

Kreischend verstummte die Musik. Ein plötzlicher Ruck des Bootes ließ die Nadel über die Platte kratzen. Benjy und seine nach Luft schnappende Partnerin landeten lachend in einem Sessel, die anderen versammelten sich um das Grammophon. Leach versuchte seine kleine Freundin zu beruhigen, die bereits etwas mitgenommen aussah. Allein Royce und Julia verharrten regungslos inmitten der Menge. Ihm war nun klar, daß er sie nie wieder loslassen würde. Er legte ihr die Hände auf die Schultern, um sie zu stützen. Ihre Augen hoben sich zu ihm, waren sehr groß und sehr nah, voll starker gegensätzlicher Empfindungen, als fühle sie ähnlich wie er. Doch gleichzeitig flehten sie ihn an, für sie beide die Beherrschung zu wahren. Ihn überlief es heiß und kalt. Dann ließ er mit schnellem, fast Verzeihung heischendem Lächeln die Arme sinken und führte sie zum Sofa.

»Puh, laß uns mal aussetzen«, sagte er wenig überzeugend.

Sie nickte wortlos, mit glänzenden Augen.

Quietschend setzte die Musik wieder ein, und sofort begannen die anderen, sich geräuschvoll in einer Art Tanz zu wiegen. Still beobachtend saßen sie beide da, Royce wagte nicht, Julia anzusehen. Eine kühle Hand legte sich auf die seine, doch als er ihr einen verstohlenen Blick zuwarf, sah sie träumerisch vor sich hin.

Er horchte auf das schwache, aber durchdringende Stöhnen des Windes draußen. »Schade, daß nicht Sommer ist. Wir könnten sonst draußen Luft schnappen.«

Während er das sagte, sah er plötzlich einen einsamen, sonnenüberfluteten Strand vor sich. Julia lag in einem glänzenden Badeanzug an seiner Seite, hatte den Kopf auf seinen Arm gelegt und blickte in den tiefblauen Himmel. Zum ersten Mal wagte er es wieder, in die Zukunft zu sehen. Eine Zukunft war ihm bisher viel zu unwahrscheinlich erschienen.

Ganz instinktiv sagte er plötzlich: »Ich habe ein Geschenk für dich, Julia.«

»Clive, wie schrecklich! Und ich habe dir nichts mitgebracht. Das ist aber lieb von dir!«

Sie lächelten sich an, ihre Augen erforschten sein Gesicht. Steif stand er auf, die Drinks und die ganze Atmosphäre verwirrten ihn.

»Es ist in meiner Kammer. Würdest du mitkommen und es dir ansehen? Hier kannst du es nicht auspacken.« Er zeigte auf die anderen.

»Gern, aber es ist mir schrecklich, daß ich dir nichts mitgebracht habe.«

Du wirst dich noch viel schrecklicher fühlen, wenn du es gesehen hast, dachte er verzweifelt. Er half ihr hoch, ihr Haar strich über seine Wange; so stark durchfuhr ihn die Sehnsucht, daß er am liebsten laut aufgestöhnt hätte.

Als sie sich ihren Weg zur Tür bahnten, sah Carver, der

gerade Gin in das Glas der WAAF-Führerin kippte, plötzlich auf. Sein ermutigender Blick ging jedoch ins Leere. Royce sah ihn gar nicht, achtete auch nicht auf Benjys rauhes: »Na, also!«, sondern schob Julia in den verhältnismäßig ruhigen, engen Durchgang und tastete sich an den vertrauten Hindernissen vorbei zur Tür seiner Kajüte. Beim Anblick der über Koje und Sessel verstreuten Garderobe seiner Gäste blinzelte er einen Augenblick unsicher. Ihm war, als seien Fremde in diesen einzigen privaten Raum eingedrungen.

»Hübsch, deine kleine Zuflucht, Clive, richtig gemütlich.«

Während er sie stumm betrachtete, lehnte sie – ein Bild in Rot und Weiß – an der hellen Schottwand und musterte die schlichte Einrichtung.

Sein Auge fiel auf den Schreibschrank neben ihr. Eilig riß er eine Schublade auf und hielt ihr das Päckchen vorsichtig hin.

»Ehe ich es dir gebe, muß ich dir etwas erklären«, begann er und beobachtete ihr Gesicht. »Ich wollte dir zwar so etwas Ähnliches schenken, aber . . .« Er zögerte. »Es ist nun ein Geschenk geworden, das dich vielleicht kränkt, weil du nicht weißt, daß ich in diesen Dingen unerfahren bin. Und daß meine Absichten – all meine Absichten, die dich betreffen – völlig aufrichtig sind.«

Das war eigentlich nicht das, was er hatte sagen wollen, aber er hielt inne, sein Hirn war wie ausgetrocknet. Sie nahm das Päckchen.

Auf der Koje packte sie es aus, und eine lose Haarsträhne fiel ihr dabei in die Stirn.

Royce wappnete sich und beobachtete fasziniert, wie sie das Nachtgewand mit einer graziösen Bewegung aus dem Papier hob. Sie atmete tief ein und hielt es mit verzücktem Blick auf Armeslänge von sich ab. Langsam hob sie den Kopf und sah ihn an. Ihre Augen standen voller Tränen.

Er biß die Zähne zusammen. »Du bist mir nicht böse, oder?«

Heftig schüttelte sie den Kopf und hielt das schwarze Gespinst gegen ihren Körper.

»Böse?« fragte sie mit einem Schluchzen in der Stimme. »Es ist doch einfach bezaubernd! Und ich weiß genau, was du dachtest, als du es bekamst. Oh, Clive, es ist wunderbar, und ich bin begeistert!«

Eine Welle der Erleichterung durchströmte ihn. Mit zwei Schritten war er bei ihr und nahm sie in die Arme. Aufschluchzend legte sie das Gesicht an seine Brust, er stand glücklich und etwas verständnislos da.

»Kümmere dich nicht darum, Clive, halt mich nur fest. Du machst es mir so schwer . . .«

Zärtlich strich er ihr übers Haar, drückte sie fest an sich und schloß dankbar die Augen.

Eine plötzliche Bewegung an der Tür sowie Benjys laute Stimme ließ sie aufhorchen. Innerlich fluchend klopfte er Julia beruhigend den Arm und trat in den Durchgang.

»Na?« fragte er ungezwungener, als ihm zumute war. »Was ist denn los?«

»Los? Los?« Benjys purpurrotes Gesicht war zum erstenmal besorgt. »Ich will dir sagen, was los ist, alter Junge. Gerade habe ich Nachricht bekommen«, er schwenkte ein durchnäßtes Stück Papier, »daß ich auslaufen muß, jetzt!« Er hielt inne und schnappte nach Luft. »Du weißt, ich bin Wachboot«, setzte er hinzu, als ob das alles erkläre.

Hinter ihm tauchte Murray auf.

»Ich hab' dir ja gesagt, Benjy, du sollst dafür sorgen, daß deine Jungs sich nicht vollaufen lassen. Auch wenn Weihnachten ist«, setzte er grimmig hinzu.

Royce versuchte, seine Gedanken zu ordnen. »Weshalb zum Donnerwetter mußt du bei dem Sauwetter auslaufen?«

»Das verdammte Seenotrettungsboot der RAF hat bei Mullion Flach Maschinenschaden. Ich muß es einschleppen«, jammerte er. »Was soll ich bloß machen ohne Crew?«

Royce nahm die Nachricht aus seinen zitternden Händen und las sie. Dabei gewann ein wilder Plan in seinem Gehirn Gestalt.

»Leach, holen Sie den Deckswachhabenden und den Bootsmann«, rief er. »Ich werde auslaufen, Benjy. Und da ich am Ende der Reihe liege, können wir ablegen, ohne jemanden zu belästigen. Signal an *Royston*, IWO. Erklären Sie, daß Benjy Maschinenschaden hat oder so.«

Die anderen sahen ihn ungläubig an. »Mann, du bist ein Juwel!« murmelte Murray. »Aber was wird mit den Gästen?«

Royce rieb sich nachdenklich das Kinn. »Hm, ja, wir können sie auf Pages Boot absetzen, wenn wir auslaufen. Falls alles klargeht, brauchen wir nur eine halbe Stunde. Es sei denn . . .« Er schaute Julia mit leuchtendem, aber etwas unsicherem Blick an. »Möchtest du mitfahren, wie ich es dir versprochen habe?«

Sie hielt die Hände auf dem Rücken, um das Geschenk vor den anderen zu verbergen, doch ihr Gesicht strahlte. Sie nickte.

»Das wäre wunderbar. Aber bekommst du dadurch keine Schwierigkeiten?«

»Wenn's rauskommt, ja«, grinste Murray. »Aber er hat unwahrscheinliches Glück. Wir kommen auf jeden Fall mit und passen auf, daß er keinen Unsinn macht.«

Mit wirrem Haar trat Raikes vor. »Hab' ich richtig verstanden, wir laufen aus, Sir?« Seine Stimme klang nüchtern.

»Können wir, Bootsmann? Wie steht's um die Männer?«

»Etwa fünfzig zu fünfzig, Sir. Aber genug, um sicher bis Mullion Flach und zurück zu kommen.«

»Gut. Sagen Sie Anderson, er soll die Motoren anwerfen, und nehmen Sie zum Ablegen so viele nüchterne

Kerle, wie Sie finden, aufs Vorschiff. Kümmern Sie sich nicht um die auf der *Royston,* lassen Sie ihnen ihr Vergnügen.« Er deutete auf die anderen Offiziere: »Wir haben zusätzliche Männer zum Dienst gepreßt.«

Raikes gluckste und schüttelte den Kopf. »Wenn ich das sagen darf, Sir: Die Marine wird nicht mehr dieselbe sein, wenn diese Zeitsoldaten nicht mehr dabei sind. Grinsend eilte er davon.

Benjy wischte sich das Gesicht. »Puh, jetzt brauche ich einen Drink. Das war knapp!«

»Du brauchst immer einen Drink«, sagte Murray trokken und führte ihn in die Messe zurück.

Royce zog Ölzeug über und wickelte sich ein Handtuch um den Hals.

»Hier, nimm deinen Dufflecoat und Ölzeug und was du sonst noch Passendes im Schrank findest. Ich geh' schon mal rüber und erkläre den anderen Mädchen die Situation.«

Er wandte sich zum Gehen. Kursberechnungen wirbelten ihm bereits durch den Kopf. Da hielt sie ihn auf. Doch als er sie fragend ansah, trat sie zurück.

»Nein, nein, geh nur«, sagte sie schnell. »Jetzt bist du wieder Kommandant. Ich sag's dir später.«

Er lächelte ihr verblüfft zu und ging in die Messe. Dort stieß er mit Leach zusammen.

»Antwort von *Royston*: Wir sollen auslaufen, Sir«, keuchte er.

»Gut. Nun sagen Sie Ihrer Freundin Ann, sie soll sich Mantel und Hut holen. Ich setze die Gäste auf Pages Boot ab. Sie gehen mit und halten die Party in Gang, bis wir zurückkommen.«

»Mit all den Frauen?« fragte Leach entgeistert.

»Das schaffen Sie schon. Pages IWO hilft Ihnen, falls er noch gehen kann.« Lachend stürmte Royce auf die Brücke. Er lachte über die Mädchen, die beim Anblick eines verdatterten Seemanns in Unterhosen auf dem pitschnassen

Deck aufgeregt quietschten. Vor allem aber lachte er über sich selbst.

Donnernd röhrten die Motoren, das Boot zitterte vor Erwartung.

Neben ihm tauchte Carver auf. »Welche Karte, Sir?«

»Brauche keine«, schrie er. »Es ist nur um die Ecke.«

Über das Schanzkleid spähte er nach den verschwommenen Gestalten auf dem Vorschiff aus. Eine hob die Hand. »Klar zum Loswerfen, Sir!« Raikes' Stimme klang wie ein Nebelhorn.

»Hier, IWO, übernehmen Sie das Ruder.«

Die Nacht war pechschwarz, der peitschende Regen stach ihnen wie mit eisigen Pfeilen ins Gesicht.

»Los!« brüllte er heiser, und während die Trosse durch die Lippe kratzte, merkte er, wie das ungemütlich rollende Boot durch den Wind seitwärts versetzt wurde.

»Alle Maschinen halbe Kraft voraus«, befahl er vorsichtshalber. Die Motoren schoben das Boot mit kräftigem Ruck dem Wetter entgegen.

Ins Dunkle blinzelnd, konnte er gerade noch den verschwommenen Umriß der einzelnen MTBs an der Pier erkennen und näherte sich ihnen langsam.

Ein kurzer Blick aufs Mitteldeck überzeugte ihn, daß seine Gäste dort zusammengedrängt standen, bereit zum Übersteigen. Pages IWO winkte mit einer Flasche in seine Richtung. »Klar zum Aussteigen«, rief er. Vorsichtig brachte er das Boot in Lee der Steinmole neben das andere MTB, auf dem die vorgewarnte Besatzung zusammenströmte, um die Gäste wahrzunehmen.

»Alles von Bord, Sir.«

Mit dumpfem Röhren drehten sie ab und fuhren auf die Sperrlücke zu. Voraus blinkte ein grünes Licht, und Royce griff nach der Signallampe, um zu antworten.

»Also los denn, beide Maschinen alle Kraft voraus!«

Außerhalb des Schutzes der Landzunge erzitterte das Boot unter den stärkeren Windstößen. Sprühwasser stieg bis zur Masthöhe auf. Sie schienen in ein schwarzes Nichts zu rasen, nur die schwingende Kompaßrose und eine in der Ferne blinkende Wrackboje dienten ihnen zur Orientierung.

Schwer atmend, mit triefendem Ölzeug, kletterte Raikes auf die Brücke.

»An Deck alles seefest, Sir.«

»Danke. Übernehmen Sie das Ruder.«

Bereitwillig machte ihm Carver Platz, suchte Halt am Kartentisch und wischte sich das Gesicht mit einem durchnäßten Taschentuch.

»Was für eine Nacht! Aber immer noch besser, als jetzt mit den Deutschen Fangen zu spielen.«

»Es wäre wohl angebracht, wenn Sie nach unten gingen und sicherstellten, daß in der Messe alles in Ordnung ist. Wir brauchen die Gläser noch, wenn wir zurückkommen.«

Carver zeigte klar, zog den Kopf ein und kletterte hinunter.

»Sie kennen die Stelle, Bootsmann?« fragte Royce die unförmige Gestalt von Raikes.

»Aye, Sir. Wir können in etwa zehn Minuten dort sein.«

»Schön. Dann wollen wir die neue Schlepptrosse rausholen und auch ein paar Fender.«

»Schon geschehen, Sir«, grunzte Raikes.

In diesem Augenblick bemerkte Royce Julia, die sich hinten auf der Brücke mit beiden Händen am Flaggenspind festhielt. Mit einem Sprung war er bei ihr und führte sie auf die Leeseite hinter die Glasscheibe.

»Bist du allein hochgekommen?« rief er besorgt.

»Nein, ein süßer kleiner Seemann wollte mir helfen, aber praktisch mußte *ich* ihn ziehen.«

Bewundernd schüttelte er den Kopf. Sie war ein herzerwärmender Anblick in Dufflecoat und dem viel zu großen Ölzeug.

Darunter ragte ein unförmiges Paar Gummistiefel hervor. So stand sie da und lachte ihn an. Der Wind peitschte ihr Haar nach hinten, ihr Gesicht triefte vor Sprühwasser, und sie mußte kämpfen, um sich auf den Beinen zu halten.

»Na?« fragte er schließlich, als ihm klar wurde, daß er sie schon zu lange anstarrte. »Was hältst du davon?« Mit einer großen Armbewegung wies er über das abgedunkelte Boot.

»Wundervoll! Genau wie du gesagt hast und besser. Ich habe mir nie klargemacht, wie schnell diese Boote sind. Aber du bist vorsichtig, ja?«

Er lächelte. »Keine Sorge. Mit dir an Bord werde ich nichts riskieren.«

Wütend klatschte eine besonders große See gegen den Bug und ließ Julia über das schiefe Deck seitlich abrutschen; in den plumpen Stiefeln war sie hilflos. Schnell packte Royce sie um die Taille, griff mit der anderen Hand nach dem Handlauf und hielt sie fest gegen seinen Körper gepreßt. Dann stellte er sich hinter sie und packte beiderseits von ihr den Halt, um ihr bei weiteren plötzlichen Schiffsbewegungen als Kissen zu dienen.

»Puh, vielen Dank!« lachte sie mit zitternder Stimme. »Eben hättest du beinahe deinen Passagier verloren!«

Glücklich lächelnd zog er sie enger an sich und spähte über ihren Kopf nach den wilden Seen aus. Ihr feuchtes Haar flatterte gegen sein Kinn. Ihre Nähe, das Boot und das Wetter berauschten ihn.

Er zeigte nach vorn. Dort war plötzlich ein rotes Sternsignal im großen Bogen träge aufgestiegen, um langsam auf der gleichen Bahn wieder in die See zu tauchen. »Da ist es. Haargenau auf Position!«

Sie wandte sich in seinen Armen um und sah ihn an. »Was wirst du tun?«

»Ihn in Schlepp nehmen. Das ist alles, was wir im Augenblick tun können.«

Carver und Page hatten sich hinter der Brücke zu dem Knäuel der Seeleute gesellt. Undeutlich hörte Royce ihre gebrüllten Befehle beim Kampf mit der schweren Schlepptrosse. Er wandte seine Aufmerksamkeit wieder dem Rettungsboot zu. Raikes drehte mit dem MTB in einem Halbkreis auf, das Motorengeräusch verklang langsam. Nun konnte er deutlich die leuchtendgelben Aufbauten des vor Seeanker hilflos schlingernden RAF-Bootes mit dem überspülten Deck erkennen.

Julia fühlte, wie sich sein Körper straffte. Als er mit Raikes sprach, war seine Stimme ganz anders, hart und kühl. »So nah ran wie möglich, Bootsmann. Aber nicht zu dicht. Ich will Skipper sprechen.«

»Aye, aye, Sir.«

Royce blies in das Mundstück des Lautsprechers, der kläglich pfiff.

»Können Sie mich hören? Sind Sie sonst unbeschädigt?«

»Ich denke doch!« Die Stimme wurde vom Wind verzerrt. »Danke, daß Sie Ihre Party für mich alten Esel verlassen haben!«

Royce hörte die quälende Sorge hinter dieser fröhlichen Begrüßung deutlich heraus. Zu gut kannte er die Schwierigkeiten eines mit Maschinenpanne treibenden Bootes bei derartig hohem Seegang.

»Ich drehe noch mal auf und gebe dann eine Wurfleine für die Schlepptrosse rüber, okay?«

»Aye, aber passen Sie auf, daß sie nicht in die Schrauben kommt!«

Royces Antwort wurde vom Dröhnen der Motoren übertönt. Raikes drehte vorsichtig ab, um zu vermeiden, daß er von einer schaumgekrönten Welle, die mit plötzlichem Ungestüm von achtern auflief, gegen das andere Boot geschleudert wurde.

Unbewußt hatte Royce seine Pfeife herausgezogen und zwischen die Zähne geklemmt, während er die Lage abschätzte. Julia zog sich zurück, stand still in einer Ecke und beobachtete ihn, ohne auf das Sprühwasser zu achten, das ihr in den Nacken lief.

»An Backbord klar bei Leinen!« bellte Royce in der Hoffnung, daß Carver wieder einigermaßen klar im Kopf war. Er konnte sogar noch lächelnd an Benjy denken, der aller Verantwortung ledig unten mit Murray in der Messe lag und schaurig sang.

Da war das Boot wieder. Die weiße Nummer am flachen Heck, das in einem Neunzig-Grad-Bogen schlingerte, war gut zu erkennen.

Das MTB stürmte so schnell heran wie ein erfahrener Boxer. Dann, als sie Bug an Bug auf gleicher Höhe lagen, nur knapp zehn Meter voneinander entfernt, stoppte er die Maschinen. Ein stämmiger Seemann sprang an die Reling und schätzte die Entfernung.

»Los!« brüllte Royce. Der Arm des Seemanns holte weit aus und warf die Leine in die Dunkelheit. Ein leichtes Klirren war zu hören.

»Genau durch die Ruderhausscheibe!« stöhnte Raikes bewundernd. Ans Ende der Wurfleine war ein sieben Pfund schwerer Schraubenschlüssel geknotet gewesen. »Hol dicht!«

Die Flieger holten die Lose der Leine, so schnell sie das unter diesen widrigen Umständen konnten, zu sich herüber. Es schien eine Ewigkeit zu dauern, ehe das Auge der Trosse zwischen den beiden Booten schwang. Während der ganzen Zeit nutzten Kommandant und Bootsmann jeden Trick mit Maschinen und Ruder, um eine Kollision zu verhindern.

»Alles fest, Sir.« Carver schwenkte seine triefende Mütze.

Langsam und vorsichtig nahmen sie Fahrt auf und hielten die Luft an, als die Trosse aus dem Wasser tauchte, steifkam und wie ein Hund die Nässe abschüttelte, dann wieder absackte und erneut den Zug aufnahm. Das Rettungsboot drehte ein, setzte sich hinter sie und ließ sich heimschleppen.

Bis sie durch die Sperre und in den Schutz der windgepeitschten Molen krochen, ließ Royce das Boot jedoch nicht aus den Augen.

Sie brachten ihren Schützling an die Pier, und während Leinen an Land flogen, warf das MTB die Schlepptrosse los und verholte sich an seinen eigenen Liegeplatz.

»Meinen Dank der Marine!« Der »Fischer« winkte ihnen nach.

»Gern geschehen.« Royce atmete tief durch und streckte sich. »War nicht schlecht, was, Bootsmann?«

»Nicht schlecht, Sir!«

Grinsend wie Schuljungen erschienen Carver und Page auf der Brücke. »Wirklich eine originelle Party«, kicherte Page. »Es geht doch nichts über ein bißchen Aufregung. Möchte bloß wissen, was Kirby dazu gesagt hätte.«

»Komisch, ich dachte gerade, daß wir es vor ein paar Monaten nicht geschafft hätten. Keiner von uns. Das ist Old Kirby zu danken, er hat uns doch eine Menge beigebracht. Aber ich glaube, er hat auch ein bißchen von uns gelernt.«

Er beobachtete den Seemann, der den Bojenring zu fassen bekam und einpickte. »Maschinen stopp!«

Der Flutstrom packte das Boot und drehte es in Richtung der anderen an der Boje liegenden Fahrzeuge.

»Wahrscheinlich hast du recht«, räumte Page ein. »Aber trotzdem finde ich, er ist ein seltsamer Kauz.«

»So, und nun wollen wir die Party zünftig beenden«, sagte Royce. »Ich sehe schon unsere anderen Gäste mit dem Motorboot kommen. IWO, machen Sie an *Royston*: ›Auftrag ausgeführt.‹« Insgeheim wußte er, er wollte nur den Abschied von Julia hinauszögern.

»Komm nach unten, Julia. Du mußt völlig durchfroren sein.«

Sie schüttelte den Kopf. »Kein bißchen. Ich wette, die anderen sind schrecklich neidisch.«

Unten in der gemütlichen Messe wäre Royce all seine Freunde am liebsten sofort losgeworden – alle außer Julia –, doch er grinste reuig und ergab sich dem Trubel.

Julias Gesicht, frisch und voller Leben, strahlte nach der wilden Seefahrt. An der Tür blieb sie zurück und legte die Finger auf die Lippen. »So geh' ich da nicht rein«, flüsterte sie, »ich muß mich erst zurechtmachen.« Zögernd wandte sie sich ihm wieder zu, das Gesicht ganz ernst. Mit einem fragenden Blick trat Royce in den Durchgang.

»Du warst großartig«, sagte sie warm. »So werde ich dich immer in Erinnerung behalten. Dann verstehe ich besser, was du durchmachst, wenn du draußen bist.«

»Ich wollte dich nur beeindrucken«, grinste er verlegen. »Schließlich habe ich dir damals in Rosyth eine Mitfahrt versprochen.«

Sie krauste ihr hübsches Näschen. »Halt mich nicht zum Narren. Und nun geh und mach mir einen ordentlichen Drink, denn ich fürchte, binnen kurzem werde ich mich sehr schwach fühlen.«

Er blickte ihr nach. Mir ist bereits jetzt ziemlich schwach, dachte er.

Für den Rest des Abends saßen sie Seite an Seite, sprachen kaum, genossen die Nähe des anderen und nahmen den Trubel um sie herum nur zur Hälfte wahr.

Murray versuchte verzweifelt, in einer Ecke auf dem Kopf zu stehen und dabei ein Glas Bier zu trinken, bis Benjy unter dem Gelächter der beiden Wrens die Gelegenheit ergriff, ihm mit dem Sodasyphon in sein Hosenbein zu spritzen. Leach und das kleine Mädchen, das nun einen benommenen Eindruck machte, tanzten traumverloren in der Mitte der Messe, obwohl das Grammophon schon lange schwieg. Carver und die WAAF-Führerin waren nirgends zu sehen.

Glückstrahlend taumelte Page zu ihnen herüber, setzte sich schwerfällig auf den Tisch und grinste Julia an.

»Tolle Party, was?« Er holte sich noch etwas zu trinken und nickte schläfrig. Dann straffte er sich mit einem Ruck. »Kommen Sie übrigens nächste Woche her, wenn der Junge seine Lametta kriegt?«

»Lametta?« Fragend sah sie Royce an.

Ohne auf Royces Stirnrunzeln zu achten, schwatzte Page weiter. »Nun, er bekommt doch seine Medaille, ganz offiziell von irgendeinem Obermohr.«

»Ist das wahr?«

»Ich vergaß es dir zu sagen«, murmelte Royce verlegen.

Ihr Blick fiel auf das schmale Band an seiner Brust.

»Ich wäre wirklich gern dabei«, sagte sie leise. »Aber ich glaube nicht, daß ich so bald wieder Urlaub bekomme.«

»Ganz unter uns – mir graut etwas davor«, gab er zu. »Deshalb habe ich nicht mehr daran gedacht.«

»Schreib mir alles, ja?«

»Alles, Julia. Es war so wunderbar, dich hier zu haben.«

Sie sahen einander an und kamen erst wieder in die Wirklichkeit zurück, als ein Unteroffizier den roten Kopf durch die Tür steckte.

»Jemand mit an Land?« dröhnte er. »Ich sammle alle Gäste ein. Dies ist das letzte Boot.«

»Gib ihm einen Drink, schnell!« zischte Royce und stieß Page mit dem Ellbogen an. Schwerfällig stand er dann auf. »Ich hole dir deine Sachen.« Er sah zu, wie sie den geliehenen Dufflecoat anzog, den Seidenschal um den Kopf band und gar nicht auf die fröhlich lachenden Mädchen achtete.

Ein bißchen verlegen, mit rotverschmiertem Kragen, tauchte Carver mit der großen WAAF wieder auf. Royce und Julia ließen die anderen vorgehen. Beide fürchteten den Augenblick der Trennung.

»Wann fährst du morgen ab?« fragte er, obwohl er es bereits wußte.

»Um elf Uhr. Ich muß übermorgen rechtzeitig zur Vormittagswache in Rosyth sein.«

Er legte die Hände um ihre Taille und zog sie an sich.

»Ich möchte so sehr, daß du dir meine Worte durch den Kopf gehen läßt, Julia. Bitte glaube mir, wenn ich dir sage, daß es für mich nie eine andere geben wird. Niemals! Ich weiß, wir kennen uns erst kurze Zeit, und ich weiß auch, daß du jeden Mann kriegen kannst, wenn du nur mit dem kleinen Finger winkst. Aber ich will dich haben. Ich brauche dich.«

Einen Augenblick stand sie reglos, dann legte sie ihm mit plötzlichem Ungestüm die Arme um den Hals und drückte sich mit strahlenden Augen eng an ihn. »Das habe ich mir bis zuletzt aufgehoben«, murmelte sie. »Ich weiß jetzt, was ich will.«

Er fühlte ihr Zittern, aber ihre Hände umfaßten ihn noch fester. »Ich liebe dich, Clive, ich liebe dich sehr!«

Vor seinen Augen schien eine Leuchtrakete zu bersten und ihn zu blenden; in seinen Ohren dröhnte es. Im nächsten Augenblick küßte Julia ihn. Als sie sich von ihm löste, schmeckte er Salz auf ihrer Wange – Sprühwasser oder Tränen, das konnte er nicht sagen.

»Laß mich los, Clive, ich muß jetzt gehen«, schluchzte sie. »Aber wenn du mich brauchst, komme ich wieder, irgendwie.«

Blind rannte sie an Deck. Eine dicke Hafenbarkasse voll an lärmenden Passagieren stieß gegen die Bordwand, ungeduldig beugte sich der Schiffsführer über die Reling.

Royce bewegte sich wie im Traum. Halb lachend, halb weinend stieg Julia in das überfüllte Boot, und sofort wurden die Leinen losgeworfen. Die Kluft zwischen ihnen wurde immer größer. Zum Vergnügen der Passagiere verfolgte er rufend das Boot über die ganze Länge seines Decks. »Ich komme morgen zum Bahnhof!«

Er war nicht sicher, ob sie das noch gehört hatte. Aber sie winkte, bis das Boot von der Dunkelheit verschluckt wurde. Nur einer Sache war er sich ganz sicher: Er war der glücklichste Mann der Welt!

10

Beschließt ein Land, in den Krieg zu ziehen, ist es nicht nur die Bevölkerung, die sich, willig oder unwillig, einer neuen Ordnung unterwirft und wie im Falle Englands in sachlicher und hoffnungsvoller Toleranz gegenüber der erzwungenen Disziplin zusammenrückt – die gesamte Lebensform ändert sich: vom Buckingham-Palast bis zu den einfachsten Wohnungen mit ihren Verdunklungsvorhängen und den behelfsmäßigen Luftschutzräumen, von der Schule, die eine Unfallstation wird, bis zum Kirchenschiff, das über Nacht als Kommandostand der Heimwehr fungiert. Der Raddampfer von Southend sucht nun Minen oder eskortiert gemeinsam mit der Yacht eines Millionärs einen Geleitzug in die Bucht von Weymouth. All dies und viel mehr ist Teil dieser neuen Ordnung.

Auch das einst weitläufige Auktionshaus für den Fischfang an der Ostküste hatte eine solche Umwandlung über sich ergehen lassen müssen. In dem über hundert Meter langen Gebäude mit glattem Fußboden und hohem Innenraum waren zwei Seiten dem Kai offen zugewandt und den Elementen ausgesetzt. Das gemütliche Vorkriegschaos war Ordnung und Sauberkeit gewichen, mit weißgestrichenen Ziegelwänden und Ladebuchten für Lastwagen, die mit farbigen Markierungen und Pfeilen gekennzeichnet waren. Am Ende, wo sonst die Hafenweiber mit Genuß in den großen Heringshaufen gewühlt hatten, lagen Munitionskisten zur Ausgabe bereit, während in einer dunklen Ecke ein Torpedo ohne Kopf auf Lagerböcken ruhte, reichlich mit gelbem Fett eingeschmiert das Ende seiner Reise erwartend.

Normalerweise war der »Schuppen«, wie er in Marinekreisen hieß, ein Zentrum wirbelnder Aktivität, ein ständiges Durcheinander von Menschen und Material, das vom Büro zur Werft und vom Schiff zur See strömte. Heute war das anders. Heute war einer der besonderen Tage, die

die Marine bisweilen für einen außergewöhnlichen Anlaß freihält. In der Regel ist ihre interne Welt voller Geschäftigkeit und Lärm, voll schwitzender, in abgetragener Bekleidung schuftender, gehetzter Männer. Doch dann, ganz plötzlich, ändert sich das alles. Jetzt sind diese Männer in tadelloser Ordnung aufmarschiert, haben ihre besten Uniformen an und bilden mit ihren blauen Reihen drei Seiten eines Quadrates. Durch die unsteten Wolkenbänke bricht silbriger Sonnenschein, fällt kurz auf die starren Gesichter und wird einen Augenblick von den goldenen Abzeichen und blitzenden Bajonetten der Ehrenwache reflektiert. Für kurze Zeit sind sie hier zusammengekommen, in wenigen Stunden werden sie wieder bei ihrer Arbeit sein, werden die Marine und den Krieg verfluchen: Seeleute verschiedenster Art, vom Stützpunktpersonal bis zu den alterfahrenen Crews der Zerstörer und Minensucher, deren Hafenzeiten nur nach Stunden zählen. Die Masse der Männer aber stellen die Besatzungen der Leichten Küstenstreitkräfte, angetreten mit ihren Offizieren, um Zeuge zu sein, wenn die Nation ihre Tapferkeit würdigt. Denn obgleich nur wenige Orden überreicht werden, weiß jeder der hier Angetretenen, sei er Kommandant oder Signalgast, Artillerist oder Koch, Heizer oder Lieutenant, daß er teilhat an diesen Auszeichnungen und mit stolz sein darf auf die Taten, die ein kleines Stück blitzenden Metalls heute belohnt.

Royce und die anderen standen befangen in einer Reihe neben dem Podium. Ihm schlug das Herz bis zum Hals. Er versuchte, den Blick auf den schlanken Mast einer fernen Fregatte zu richten, doch immer wieder ertappte er sich dabei, daß er verlegen in die Menge der scheinbar fremden Gesichter starrte oder auf die vereinzelte Gruppe von Wrens, als suche er dort Unterstützung.

Vize-Admiral Sir John Marsh vertrat als Flaggoffizier bei solchen Gelegenheiten den König. Klein und aufrecht stand er auf dem Podium, den Kopf leicht vorgebeugt, die hellen Augen eindringlich und forschend auf die Gesichter vor ihm gerichtet. Er war mitten in seiner kurzen, aber sorgfältig formulierten Ansprache.

»So sind wir denn«, bellte er mit einer Stimme, die von den eisernen Trägern widerhallte, »mitten im härtesten Teil des Kampfes, der uns allen, jedem einzelnen von uns, eine überaus wichtige Entscheidung abverlangt.« Er hielt inne und ließ seine Worte wirken. Von irgendwoher kam das Klicken einer Winde, und über ihnen dröhnte träge ein Flugzeug. »Hier und jetzt müssen wir beschließen, härter und länger zu arbeiten und notfalls unseren letzten Blutstropfen für das gemeinsame Ziel herzugeben. Viele von uns sind gefallen oder werden auf diesem Weg fallen – aber es ist der Weg zum Sieg.« Er machte eine Pause und räusperte sich.

Royces Blick fiel auf Benjy, der vor seiner Besatzung stand, ein schmallippiger, grimmiger Benjy, der vorzeitig gealtert war.

Der Admiral wandte sich zu seinem Stabskapitän um, der ein Bündel Papier in einer Ledermappe bereithielt. Royce straffte sich, jetzt war es soweit. Die beiden anderen Lieutenants, die vor ihm drankamen, waren Kommandanten von Motorkanonenbooten. Royce ertappte sich dabei, daß er dem Verlesen der Verleihungsurkunden mit staunender Scheu zuhörte. Diese beiden jungen Menschen konnten doch unmöglich so viel geleistet haben! Er sah, wie der Flaggleutnant vortrat und dem Admiral ein Kästchen überreichte. Stille legte sich über die Menge, als hielte sie den Atem an. Dann heftete der Admiral das kleine Silberkreuz ans Jackett des Offiziers und schüttelte ihm die Hand. Royce schauderte, als der zweite Mann vortrat. Die eine Hälfte seines Gesichts glich einer Wachsmaske, so glatt und tot war sie. Das verbliebene Auge war starr nach vorn gerichtet, als dem Mann das Kreuz angeheftet wurde. Doch als der Admiral mit leiser Stimme zu ihm sprach, senkte der Lieutenant den Kopf, und sein ganzer Körper wurde wie von einem Krampf geschüttelt. Zwei

Sanitätsgasten führten den Offizier vorsichtig davon. Royce wandte das Gesicht ab – das war der Preis.

»Lieutenant Clive Royce!« Die scharfe Stimme unterbrach seine Gedanken. Mit zusammengebissenen Zähnen trat er schnell vor den Admiral. Die hellen Augen betrachteten ihn kühl, während der Stabskapitän laut aus seinen Unterlagen vorlas. Royce vernahm die Worte nur undeutlich, seine Gedanken waren immer noch bei dem anderen Lieutenant. So hätte es auch ihm ergehen können. »Hat angesichts größter Gefahr unter den erwähnten Umständen und ohne Rücksicht auf seine eigene Sicherheit, seine dienstliche Pflicht weit übertreffend, einen feindlichen Zerstörer vernichtet.« Die Stimme verklang, und er fühlte mehr als er sah, daß der Admiral ihm die Auszeichnung anheftete.

»Na, mein Junge? Ich hab' Ihnen ja gesagt, wir sehen uns wieder.« Jetzt spielte ein Lächeln um seine Augen, das gefurchte Gesicht entspannte sich. »Gratuliere!«

Es war wie ein Traum. Royce grüßte, trat zur Seite und sah mit aufrichtiger Freude, wie Raikes seine hart verdiente Medaille erhielt.

Der Stützpunktpfarrer sprach ein paar Worte, die Kapelle spielte den Marinemarsch *Hearts of Oak*, dann marschierten die blauen Reihen mit fast ungebührlicher Hast hinaus in die salzige Luft, zurück in den Krieg.

Royce und Raikes gingen zusammen zum Landungssteg, jeder in seine Gedanken versunken.

»Hat gar nicht lange gedauert, oder?« fragte Royce schließlich.

Raikes dachte kurz nach, den Blick auf die Möwen gerichtet.

»Ich weiß nicht, Sir. Ich bin da drin um zehn Jahre älter geworden.«

Royce schlug ihm auf die Schulter. Raikes' Offenheit hatte ihn wieder in die Wirklichkeit zurückgebracht.

»Wir hatten Glück, daß der Admiral nichts von unserer

Weihnachtseskapade erfahren hat«, lachte er. »Ich glaube nicht, daß er Wrens auf MTBs billigen würde.«

Raikes pfiff schrill und winkte dem wartenden Motorboot.

»Ich würde nicht drauf wetten, daß er's nicht erfahren hat«, antwortete er trocken. »So wird man nämlich Admiral: indem man alles erfährt.«

»Steuerbord zwanzig.«

»Steuerbord zwanzig, Sir. Ruder liegt Steuerbord zwanzig.«

»Recht so.«

»Recht so, Sir. Kurs einhundertfünfzig Grad.«

»Einhundertvierzig Grad steuern.«

Pause. Die Ruderketten knirschen und rattern, der Rudergänger beobachtet in der schwachen Beleuchtung angestrengt die schwingende Kompaßrose, läßt das Ruder in seinen Händen spielen. Er spricht der Kälte wegen nur mit zusammengebissenen Zähnen und auch, weil bis zur Morgendämmerung noch eine ganze Nacht vor ihnen liegt.

»Kurs einhundertvierzig Grad liegt an, Sir.« Der Steuerstrich zeigt auf die entsprechende Gradzahl der Kompaßrose.

»Danke.« Carvers Stimme klingt überanstrengt. Er richtet sein Glas nach vorn und sucht den unsichtbaren Horizont ab.

Am Ruder flucht Jenkins leise, denn eine weiße Gischtfahne ist über das Schanzkleid gesprungen und sucht sich nun einen Weg durch die Lücke in seinem Schal. In Gedanken ist er bei seiner Mutter und ihrem Fischladen in Brighton. Jetzt wird sie gerade schließen, die Luft riecht nach Essig und altem Fett. Er lächelt und leckt sich die Lippen.

»Achten Sie auf den Kurs!« Carver ist besorgt und ärgerlich. Irgendwo voraus stehen die Motorkanonenboote, zu denen sie Kontakt aufnehmen sollen, und irgendwo achteraus wartet Kirby ungeduldig auf sie. Paynton summt zwischen seinen Flaggen und Lampen vergnügt vor sich hin, von Leach ist nur das Hinterteil zu sehen, der Oberkörper verschwindet unter der Abdeckung des Kartentischs. Denkt wohl an sein Mädchen, sinniert Carver, und um seinen Mund spielt jetzt ein Lächeln.

Die Brücke ist wie eine kleine Bühne in einem riesigen, leeren, finsteren Theater, wo die Schauspieler auf den Beginn der Generalprobe warten. Doch diesen hier bleibt keine Zeit mehr für eine Probe.

Über der kreisenden Mastspitze ziehen tiefschwarze Wolken dahin, durchsetzt mit silbernen Rissen, durch die ihnen der Mond vergeblich den Weg zu zeigen versucht. Kurz ist in seinem Schein die See zu sehen, eine mächtige, dräuende Wüste pechschwarzer Wogen, von denen der schneidend kalte Wind gelegentlich weiße Fetzen reißt. Das ist die Nordsee.

Ein helles Klirren an der Bofors, Getrappel, jemand lacht. Dentons heisere Stimme bringt ihn drohend zum Schweigen.

»Brücke?« Aus dem Sprachrohr dringt eine blecherne Stimme.

»Hier Brücke«, entgegnet Carver und überlegt, wie es wohl sein muß, zwischen den brüllenden Maschinen hin und her gestoßen zu werden.

»Bitte um Erlaubnis, Heizer Barker ins Wohndeck zu entlassen, damit ihm der Kopf verbunden wird. Er ist gegen Pumpe eins gestoßen.«

»Ginge es ihm besser, wenn er gegen Pumpe zwei gestoßen wäre?« Carvers Stimme ist voller Sarkasmus.

»Wie bitte, Sir?«

»Lassen Sie's gut sein. Ja, schicken Sie ihn hinauf.«

Mein Gott, bin ich müde, denkt er. Dieses Mädchen bringt mich noch um. Vom Kartentisch kommt ein leichtes Schnarchen, wütend tritt Carver dem Midshipman in den Hintern.

»Wach auf, Colin, du fauler Hund!«
Die Wache verläuft ganz normal.

Unten in seiner Kajüte liegt Royce träumerisch auf seiner Koje, Geist und Körper sträuben sich, auf den Weg der Pflicht zurückzukehren. Er blinzelt über seinen voll angekleideten Körper bis hin zu den Seestiefeln, mit denen er sich in den beiden Ecken der Koje festklemmt, um nicht herauszurollen. Von einem Haken an der Tür hängt sein Bademantel in einem Winkel von fünfundvierzig Grad, schwingt dann in eine andere unmögliche Position zurück. Eine Weile sieht Royce dem faul zu und denkt dann wieder an Julias Brief, der auf seiner Brust liegt. Zufrieden seufzend beginnt er erneut zu lesen: » . . . Und so ist meine Versetzung zustande gekommen. Ich reise sofort nach Harwich ab, um dort an einem Signallehrgang für Fortgeschrittene teilzunehmen. Das ist mir nur recht. Jeder Anlaß, in Deiner Nähe zu sein, ist mir willkommen.« Er lächelte, ihre Worte taten seinem Herz wohl. Beim Umblättern freute er sich an ihrer runden, sauberen Schrift: »Sobald ich kann, komme ich zu Dir, um Dir von Harwich zu berichten. Wie ich schon sagte, haben wir neulich alle Dein Bild in der Zeitung gesehen, als man Dir die Auszeichnung verlieh. Ich war stolz und habe ein bißchen geweint. Aber nun muß ich schließen, um den Wagen zur Bahn nicht zu verpassen. Bald bin ich bei Dir.«

Die Unterschrift lautete einfach: »In Liebe, Julia.« Zufrieden streckte er sich. Es kam ihm immer noch wie ein Wunder vor. Er hätte gern etwas von Julia gehabt, um es zu berühren, festzuhalten, sich zu vergewissern, daß er nicht träumte. Sein Blick glitt durch die unordentliche Kajüte. Hier war sie gewesen, erst vor einer Woche, staunte er. Noch sah er sie deutlich vor sich, empfand ihren Duft, ihre Nähe.

»Kommandant?«

Er schluckte hart und drehte sich zum Sprachrohr um. »Ja?«

»Kanonenboote voraus. Entfernung etwa eine halbe Meile.«

»Danke. Der Bootsmann soll ans Ruder gehen, ich komme sofort.«

Er schwang seine Beine aus der Koje, hängte sich das Glas um und blieb an der Tür stehen. Noch immer ihr Bild vor Augen, stieg er innerlich lächelnd den Niedergang hoch.

Draußen nickte er den anderen zu und prüfte Kompaß, Karte, Wetter, Geschwindigkeit. In Ordnung. Nun wandte er seine Aufmerksamkeit den dunklen Schatten zu, die nur an ihren schäumenden Bugwellen an Backbord voraus zu erkennen waren.

»Erkennungssignal bestätigt?«

»Aye, aye, Sir. Der Flottillenchef kommt längsseit, um sich die Information zu holen.«

Während sie noch warteten, scherte eines der Kanonenboote aus und drehte auf Parallelkurs. Auf der Brücke konnte Royce helle Gesichter und glänzendes Ölzeug erkennen.

»Ahoi da drüben! Hier Flottillenchef. Was haben Sie mir zu sagen?«

Royce hob das Megaphon. Der Lautsprecher würde hier im Vorgarten des Feindes wohl nicht ganz passen.

»Lieutenant-Commander Kirby läßt Ihnen sagen, Sie möchten jetzt sofort anlaufen, ohne auf weitere Bestätigung zu warten. Sie wissen ja, daß zwei feindliche Transporter an der Küste schnell aufkommen, geleitet von einem Zerstörer der Hans-Lody-Klasse.« Er hielt inne; in der Salzluft fühlte sich seine Kehle wie Sandpapier an.

»Und was ist mit den verdammten Schnellbooten der Deutschen?« Die dröhnende Stimme klang gereizt.

»Sie bilden einen Sicherungsstreifen etwa fünf Meilen vor dem Geleitzug. Ihre Boote sollen wie bei einem normalen Aufklärungsvorstoß anlaufen und die Schnellboote auf sich ziehen. Mit dem Vorstoß sollten Sie um null-eins-null-null Uhr beginnen.«

Eine Pause trat ein. Die See zischte und klatschte zwischen den beiden Booten. »Okay! Ich hoffe, die Feindnachrichten stimmen endlich mal! Gute Jagd!«

Die Kanonenboote sammelten sich um ihren Führer und zogen in dichter Pfeilformation davon in die Nacht.

Zu Carvers kaum verhohlener Erleichterung übernahm Royce die Wache. Als sie endlich Kirbys vorsichtiges Signal identifizierten, stieß er einen tiefen Bewunderungsseufzer aus.

»Skipper, ich weiß nicht, wie Sie das hinkriegen, so genau auf den Treffpunkt zu stoßen.«

»Ganz einfach, IWO. Er hat signalisiert, also ist es der Chef. Hätte er geschossen, wäre er der Feind gewesen, klar?«

Mit gedrosselten Motoren liefen sie auf die unsichtbare Küste zu.

Raikes, der verdrossen das vor ihnen tanzende Heck von Camerons Boot angestarrt hatte, fuhr plötzlich zusammen.

»Herrgott, das habe ich ja ganz vergessen!« brach es aus ihm heraus.

Die anderen sahen ihn unsicher an.

»Gutes neues Jahr, meine Herren«, sagte er feierlich.

Carver lachte. »Stimmt ja. Alles Gute für uns alle!«

Sie schüttelten sich in der Dunkelheit die Hände. Carver rief es Leach zu, der nach achtern zu seinen Brownings gegangen war. Von dort hörte man gedämpfte Hochrufe.

»Ob es wohl das letzte Kriegsjahr ist?« meinte Royce nachdenklich.

Ein scharfes Krachen am Horizont und ein beeindrukkendes Leuchtspurgeflecht zeigten an, daß die Kanonenboote dort ihre Schau abzogen.

»Wir sind fündig geworden!« schrie Carver erregt. »Wo ist . . .«

Kirbys hastige Gefechtssignale und das anschwellende Dröhnen der Motoren unterbrachen ihn.

»Äußerste Kraft voraus! Klar bei Torpedos!« bellte Royce. »Los, John, nach vorn, und bleib in Deckung!«

Der Geleitzug war völlig überrascht, als die schlanken MTBs auf ihn herabstießen. Vertrauensvoll hatten seine Offiziere beobachtet, wie ihre Schnellboote die Kanonenboote abwehrten, und sich hinter dem mächtigen Rumpf des Zerstörers sicher gefühlt.

Kirbys taktische Überlegungen wurden planmäßig in die Tat umgesetzt. Zuerst kam der Zerstörer dran. Kaum zwanzig Sekunden nach dem ersten Schuß trafen ihn zwei Torpedos im Maschinenraum, und der dritte verwandelte sein Vorschiff in eine lodernde Hölle.

Verbissen schoß er weiter mit seinen leichten Geschützen auf die MTBs, die im Schein seiner Einäscherung sichtbar wurden; das Knattern von Maschinenkanonen und -gewehren zerriß die Nacht. Mit einem Blitz, der die Augen blendete, traf ein vierter Torpedo, und der Zerstörer rollte auf die Seite. Die Brände zischten und warfen hohe Fontänen kochenden Dampfes auf. Royce sah die Leuchtspuren über seinen triefenden Kiel streichen und abfallen. Dann verschwand das Schiff und hinterließ nur einen Fleck brennenden Öls.

Die beiden Transporter drehten auf die Küste zu, doch ehe ihr Ruder wirkte, wurde das erste Schiff zweimal von Torpedos getroffen. In ausströmenden Dampf gehüllt, legte es sich schwer über.

Royce drehte auf und feuerte seine beiden Torpedos in die Dunkelheit. Als er mit rasenden Motoren Kurs änderte, wurde die Nacht durch tausend vielfarbige Blitze erleuchtet: Der zweite Frachter zerbrach und explodierte. Aber auch eines der MTBs war in Schwierigkeiten geraten. Aus seiner Brücke leckten Flammen.

Erneut ein donnerndes Getöse: Der zweite Transporter hob den Bug und glitt auf den Meeresgrund.

Im Gewirr der durcheinanderlaufenden Kielwaser formierte sich die Flottille wieder in Marschordnung. Die See lag dunkel da, nur das eine MTB brannte zwei Meilen achteraus.

Benjys Boot machte kehrt, seine Stimme dröhnte über das Wasser.

»Kirby hat's erwischt! Du fährst am besten zurück und übernimmst die Jungs. Aber bleib nicht zu lange, Clive!«

Royce winkte bestätigend und beobachtete finster, wie Benjy die Führung der Flottille übernahm und sie dröhnend in Sicherheit führte.

»IWO, klarhalten auf dem Vorschiff. Ich gehe bei Kirby längsseit, um die Besatzung abzubergen. Wir haben nicht viel Zeit dazu, das Feuer greift bereits um sich.«

Er wandte sich nach achtern. »Sanitätstrupp! Bißchen dalli!«

Raikes saugte an seinen Zähnen, den Blick auf das brennende Boot gerichtet.

»Sache, sachte«, murmelte Royce. Der Gestank des Benzins und der heiße Hauch des Feuers würgten ihn in der Kehle.

Die Seeleute warteten an der Reling. Als sie längsseit schrammten, sprang Carver hinüber auf das schräge Deck des Havaristen.

Die Brücken der beiden Boote waren auf gleicher Höhe. Über die schmale Lücke sprangen die Männer in Sicherheit, andere wurden rücksichtslos über die Reling gezogen und schrien dabei jämmerlich wegen ihrer Verletzungen.

Kirby stand steif auf der zerschlagenen Brücke. Seine Kleidung hing in Fetzen herab, sein Gesicht wirkte gespenstisch.

Er schien Royce, der ihn ansah, zu erkennen. Eine Augenblick stand er reglos an der Reling. Dann bückte er sich langsam in einer grotesken Verbeugung, seine aufgerissene Kopfhaut glänzte matt, und stürzte zwischen die beiden aneinanderknirschenden Boote. Royce wurde es übel.

»Alle sind von Bord«, rief Carver. Mit vibrierendem Rumpf drehten sie ab und jagten den anderen nach.

Commander Wright schlenderte über die verlassene Pier und sog dankbar die frische Morgenluft ein.

Klagend erklang im Hafen ein Horn, eine kleine Barkasse überquerte den Ankerplatz und scheuchte die auf den Bojen wippenden Möwen auf. Noch schmeckte Wright den Kaffee auf der Zunge. Geistesabwesend summte er vor sich hin und suchte den farblosen Himmel ab. Alles sah nach einem prächtigen Tag aus. Als er die Stufen zum Signalturm erreichte, blickte er hinüber zum mächtigen Rumpf der *Royston*. Die Liegeplätze waren noch immer verlassen. Stirnrunzelnd sah er auf die Uhr und dann hinaus auf die glitzernde See, wo ein schmutziger Trawler schwerfällig dahinzog. Sie müßten eigentlich längst zurück sein, dachte er und trat ins Signalbüro. Mit vor Schlafmangel verquollenen Augen lehnte der Signalmeister in einem Sessel und wollte aufspringen. Wright winkte fröhlich ab.

»Bleiben Sie sitzen, Signalmeister. Ich möchte hier nur ein wenig warten. Die MTBs werden bald zurückkommen. Gibt's was Neues?«

»Wie Sie wissen, Sir, haben sie ihren Auftrag ausgeführt. Vor zwei Stunden ging ein entsprechender Funkspruch von den Kanonenbooten ein. Ich nehme an, die MTBs brauchten etwas länger, um die Zerstörer zu finden, die sie zurückgeleiten sollen«, meinte der Mann gähnend.

»Ja, so wird es sein«, sinnierte Wright und ging wieder hinaus.

Mit quietschenden Bremsen fuhr ein Marinebus vor, und Wright lächelte, als ihm etwa zwanzig Wrens entstiegen und sich zur Hafenkantine begaben.

Der ältere Fahrer rief ihnen nach: »Bleibt nicht zu lange, meine Engelchen. Eine halbe Stunde fürs Frühstück, dann geht's weiter.«

Überrascht sah Wright, daß eines der Mädchen sich von

der Gruppe absonderte und unsicher in seine Richtung strebte. Beim Näherkommen verwandelte sich sein bewunderndes Lächeln in Erkennen. Er grüßte und bemerkte mit Genuß, daß Julias kecke Mütze Schwierigkeiten hatte, die schwarzen Locken zu bändigen. »Einen schönen guten Morgen, meine Liebe«, dröhnte er. »Und ein gutes neues Jahr!«

»Guten Morgen, Sir.« Ein Lächeln lief über ihr Gesicht. »Hoffentlich nehmen Sie es mir nicht übel, aber ich möchte etwas für Lieutenant Royce hinterlassen.« In der Hand hielt sie ein braunes Päckchen. »Wir sind auf der Fahrt zur neuen Signalschule.«

Wright grinste spitzbübisch. »Er hat mir erzählt, daß Sie hierher versetzt sind. Hat der Bursche Glück! Aber er ist leider noch draußen im Einsatz. Müßte aber jederzeit reinkommen. Dann können Sie ihm das Päckchen selbst geben.«

Ein Schatten zog über ihr Gesicht, ängstlich blickte sie zu den leeren Bojen neben der *Royston*. »Hoffentlich war's nicht zu gefährlich, Sir?« In ihrem Ton lag bange Sorge.

»Natürlich nicht, meine Liebe. Nun kommen Sie erst mal mit ins Signalbüro und trinken Sie eine Tasse Tee. Ich lasse Ihnen auch was zu essen holen. Dann warten wir gemeinsam auf ihn.«

Dankbar lächelte sie, doch er sah den gequälten Blick ihrer Augen. Wright blätterte durch die Signalformulare und beobachtete, wie Julia beim Fenster stand, den schlanken Körper angespannt. Seufzend schüttelte er den Kopf. Wenn er ein solches Mädchen hätte . . . Laut erklang eine Glocke. »Chef der Küstenstreitkräfte am Telefon, Sir«, sagte ein Mann und deckte die Hand übers Mundstück.

»Was zum Teufel . . . Ach so, ja.« Wright nahm den Hörer und horchte gespannt. Die Stimme des Kommandeurs klang knapp.

»Signal vom Küstenkommando: Ein Boot hat es erwischt, deshalb sollten Sie das Übliche vorbereiten.«

»Hat es Probleme gegeben, Sir?« fragte Wright. »Ich dachte, der Einsatz sei ganz glatt verlaufen?«

Mit blassem Gesicht wandte sich Julia vom Fenster ab.

»Ich weiß noch nichts Näheres, Commander. Aber unterrichten Sie sofort das Lazarett.«

Die Stimme brach ab, langsam legte Wright den Hörer auf.

»Schlechte Nachrichten?« fragte sie heiser.

»Noch nichts Genaues«, erwiderte er ernst. »Kommen Sie mit. Wir gehen auf die Hauptmole, dort kommen sie rein.«

Schweigend eilten sie über das Hafengelände, der plumpe, rotgesichtige Commander und die kleine Wren an seiner Seite, bis sie am Molenkopf eintrafen. Wright straffte sich, denn am Signalmast des Sperrschiffes stiegen Flaggen auf.

»Meine verdammten alten Augen! An der Sperre müssen sie die Boote bereits sehen. Können Sie was erkennen, Julia?« Fest packte er ihren Am.

Über die glatte See hinweg sah sie in der Ferne die schnellen Boote zielbewußt durch die morgendliche Stille preschen und große Gischtfahnen aufwerfen. Die Luft zitterte, immer stärker wurde das Dröhnen der Motoren, bis es alle anderen Geräusche übertönte und der Boden unter ihren Füßen zu beben schien. Immer näher kamen sie, in tadelloser Formation und mit knatternden Flaggen, die leuchtende Farbflecke über den dunkelgrauen Rümpfen bildeten.

Wright zählte. »Fünf, sechs, sieben. Eines fehlt.«

Julia ballte die Hände, bis ihre Nägel in die Handflächen schnitten. Es kann nicht sein, es darf nicht sein, schrie ihr Herz. O Gott, erhalte ihn mir! Ihre Augen schwammen, bis sie die schlanken Bootssilhouetten, die um die Landzunge herum in den Hafen einliefen, kaum noch erkennen konnte. Das erste Boot hatte eine Reihe Narben am Vorschiff, auf dem verbogenen Deck lagen zwei stille Gestalten in Decken.

Der gute alte Benjy, dachte Wright, er hat's mal wieder geschafft.

Eins nach dem anderen drehten die Boote auf die Pier zu, dort warteten geduldig die Krankenwagen.

»Wahrhaftig!« dröhnte Wright. »Da ist er ja, der Ihre!«

Quietschend legte sich MTB Nr. 9779 an die Gummifender der Pier, Leinen flogen durch die Luft. Die Motoren schwiegen, Krankenträger gingen an Bord. Jetzt rannte Julia blindlings über die glitschigen Steine, mit glänzenden Augen und weit geöffneten Lippen.

Langsam stieg Royce auf die Pier, das Ölzeug fleckig und geschwärzt. Mit hängenden Schultern beobachtete er, wie die Verwundeten davongetragen wurden. Dann, mit einem Aufstöhnen verblüfften Erkennens, gewahrte er Julia. Sie hörte nicht auf zu laufen, bis sie atemlos in seine geöffneten Arme sank.

»Julia, was machst du denn hier?« Er hielt sie fest und verdeckte das, was hinter ihm geschah, mit seinem Körper.

»Ich hab' dir dein Weihnachtsgeschenk gebracht, Liebster.« Schluchzend hob sie das Päckchen. »Du bist in Sicherheit, du bist in Sicherheit«, murmelte sie dabei immer wieder.

Mit seiner freien Hand riß er das Päckchen auf. Es enthielt einen leuchtendgelben Schal. Lachend wickelte er ihn sich um den Hals, dann hob er zärtlich ihr Kinn und sah ihr ernst ins Gesicht.

»Bist du nun glücklich, Liebste?«

Sie nickte. Gemeinsam gingen sie die Pier entlang.

Hinter ihnen lagen ruhig und still die kleinen Schiffe.

»Außerordentlich dichte und fachmännische Beschreibung der Seeabenteuer.«

HAMBURGER ABENDBLATT

Indochina 1941: Nach der Besetzung Frankreichs operiert die *Soufrière,* der Welt größtes U-Boot, in asiatischen Gewässern. Die Briten müssen sie kapern, ehe sie den Japanern in die Hände fällt. Commander Ainslie hat dabei nicht nur dieses Monster der Tiefe zu zähmen, sondern sowohl den Kampf gegen den größten Flugzeugträger Japans als auch um das Leben einer jungen Witwe und ihrer kleinen Tochter zu gewinnen.

Alexander Kent
Feuer aus der See
Roman
322 Seiten
Ullstein TB 24400

Ullstein Taschenbuch